D村建筑性村地标

（左图作者摄；右图来自镇视频号"东疏张锐"）

D村粟裕广场、胜利广场

（作者摄）

2024年2月1日走访D村华东野战军攻济打援指挥部纪念馆

左起：戴安生（主要访谈人）、访谈介绍人DGF、作者父亲ZYJ、D村书记郜建国、作者、访谈介绍人LXL（ZJW摄）

2024年2月1日作者与D村主要访谈人座谈

（ZJW摄）

D村村志　　　　　　　　D村集会名吃：水煎包

（作者摄）　　　　　　　（视频号：哲文影像）

2024年5月D村赶春会

（视频号：哲文影像）

D村春会剧院听戏
（《大伯集村志》）

2011年4月24日D村春会剧场戏台
（访谈人DAS提供）

2024年5月D村邻村春会听戏
（访谈人DAS提供）

D村书记GJG介绍华东野战军攻济打援指挥部纪念馆（ZJW 摄）

D村鞋厂小作坊
（访谈人DAS提供）

M村主干路
(村委会工作人员FHB摄)

水乡江南M村
(村委会工作人员FYL摄)

M村房屋
(作者摄)

M 村家纺机器、成品印花
(村委会工作人员 FYL 摄)

M 村 丝绸文化馆

（作者摄）

作者在 M 村村委会访谈

左起：妇女主任 SQM、原村书记 SGQ、作者、现村书记 FQX、
村副书记 GZQ（村委会工作人员 FYL 摄）

乡村内源式发展与秩序再造
——鲁中与浙北村落的比较研究

张 静 著

学苑出版社

图书在版编目（CIP）数据

乡村内源式发展与秩序再造 ：鲁中与浙北村落的比较研究 / 张静著. -- 北京 ：学苑出版社，2024. 12.
ISBN 978-7-5077-7081-0

Ⅰ. F327.52；F327.55

中国国家版本馆CIP数据核字第20259MZ533号

责任编辑：陈　佳
助理编辑：余兴亚
出版发行：学苑出版社
社　　址：北京市丰台区南方庄2号院1号楼
邮政编码：100079
网　　址：www.book001.com
电子邮箱：xueyuanpress@163.com
联系电话：010-67601101（营销部）、010-67603091（总编室）
印　刷　厂：北京建宏印刷有限公司
开本尺寸：710 mm×1000 mm　1/16
印　　张：19
字　　数：260千字
版　　次：2024年12月第1版
印　　次：2024年12月第1次印刷
定　　价：80.00元

项目资助

2023 年度教育部人文社会科学研究青年项目
（23YJC840035）

2020 年度"江苏省省级高层次创新创业人才引进计划"
（CZ024SC20024）

2020 年度南京邮电大学校级引进人才科研启动金项目
（NYY220027）

序

收到张静博士（下称"作者"）的《乡村内源式发展与秩序再造——鲁中与浙北村落的比较研究》书稿，正值笔者参与纪念林耀华先生义序研究90周年之编辑出版工作，主编的中外学者义序后续研究文集《义序社区生活及其变迁》一书进入统稿编辑期，案头喜添青年学者当代本土乡村人类学新著，抚案不禁思绪翩翩。

近现代中国本土（乡村）人类学在全球工业（殖民）化、后工业（话语霸权）化浪潮席卷之神州大地缘起、波折和发展。百年救亡图存、实现"现代化"的中国发展道路（农村发展道路）之知识界的智识生产探索谅可大分为三个时期：一为20世纪初至中叶的缘起·辉煌期；二为改革开放后的学科重建期；三为21世纪初至今的"文化自觉"新探索期。缘起期权以燕京学派为代表，"结构功能""社区研究""乡土中国""宗族乡村"等是重要的研究范式与范畴；重建期整体或可以厦大、北大、中大人类学复兴为代表，关涉乡村及中国研究中的"村落共同体""宗族""市场圈""信仰圈""权力的文化网络"和"三角关系"论，以及"回访研究""海外民族志""历史人类学""政治人类学"等诸研究范式、范畴，而并行及反思"实体主义"与"形式主义"的乡村研究与探讨尤值记取；新探索期应可叠加乡村研究华中学派之"田野政治学"，学界近期的上海（长三角）人类学、云大民族学、人大人类学等院系所的显示度渐升，"家户制""民族乡建""整体人类学""世界社会""三圈说""以中释外"以及"多媒态人类学""赛博格人类学"等诸研究范式、范畴引人注目、省思。

十年前,作者入浙江大学门下研习人类学,谅正值中国人类学建设的上述二、三阶段的过渡衔接期。2010年浙大人类学所复建,该时期笔者自身教研及师生团队关注的乡村"内源性"发展之政治人类学研究,正朝着跨地域求证"宗族风土论"假说、衔接并拓展当代都市政治人类学等领域的方向展开。作者入学后,勤奋认真、出类拔萃,较早进入硕论选题师生互动阶段,遂提点文献研究、梳理中国乡村研究诸范式,以备选题选点推进硕论研究。作者硕士课程结业前先后提交了两份学术文本,一为较为详尽的"宗族""市场圈""权力的文化网络"等中国农村研究诸范式的文献综述,一为以鲁中"集市"村落为田野个案、尝试论述乡村"内源性"发展的硕论初稿。前文的完成度颇高,得到笔者的肯定,硕论选题顺遂;后文因作者随即转入了硕博连读课程,师从庄孔韶先生、另择博论选题而未进一步互动完善。案头的书稿或可谓作者硕论之"完善"版,抑或应为作者汇缀十年间多次走(住)访南北中国的两个村庄——鲁中"集市"村与浙北"(家纺)企业"村(博论田野村落)之考察成果。

作者选择的"集市"村与"企业"村,在当代中国乡村建设与发展及其研究的视域中,皆居城乡互动、新农村建设进程之扼要位相,具有关联"发展道路"研究的重要现实与理论意义。一则,这两类型的村庄是近代已降,现当代中国现代化发展进程中汇集型构"新农村"要素的典型性类型村。二则,结合该典型性村庄"实体研究"之"形式研究",对勾连"小农经济""亚细亚生产方式(共同体)""村社制与家户制"等理论遗产,从学理层面探究前瞻性的当代中国农村发展道路至关重要、深具战略性以至全球性之意义。仅据笔者的有限披览与研究,下述见解与相关民族志研究似乎密切关联作者著述及前述笔者的定位与评价。

直面"现代化"的"不死鸟"——传统中国乡村小农经济,因其长期立足家户制之农副业手工业的"自给自足",实则内蕴着培育、链接各层级"集市"(实现乡村内外互通有无,链接地方、区域物资与人力流动之所），对接近现代"全球化"型构，催生乡村新型手工业、工商业发展之"基因"。近百年前的《江村经济》（费孝通，1939），谅亦可看成将此种"基因"作用于转型期初始阶段的中国江南水乡的考察文本，精彩的"基因"激活与呈现样态（农副业、物流及手工业沉浮等）的乡村民族志精细描绘扣人心弦。21世纪初，从当代乡村工业化视角，对《祖荫下》（许烺光，1948）之西镇做延伸性回访研究的作品——"西镇人的家族企业"（张志华，2004），更是对当代乡村家族企业发展的产权、资金（借贷）、继承等各种要素及其关联做了详细的亦关涉"基因"的考察、描述，并结合相关的前沿理论——如，克林·盖尔西克的"家族企业三环模式"（Kelin E. Gersick，1997）等，做了初步的学理探讨。而作者的两类重要村落类型的个案整理与当代乡村社会建设样态的全方位呈现——聚焦两类型典型性村庄特质的悉心梳理与呈现见本书的第四章和第二章的第一、二节，无疑给该文脉的研究及本书的读者提供了新鲜的典型性村庄"实体研究"之个案。

  本书的第二个亮点，则是作者关涉"形式研究"的努力。书名明示了这种努力，有关"内源性"理论内涵的综述见诸本书第一章第三节。这种落实在当代中国乡村研究之上的学理探究的努力，展现了作者研究的国际学术前沿视野和对所研究问题之关键所在的把握能力。

  "内源性"概念最初来源于生物学，"二战"后在欧洲农业现代化和全球现代化运动中被挪用及理论化。战后欧洲推行自上而下的外源性农村发展模式，主张利用政策法规干预市场、改良土地、使农业生产规模化；认为乡村的发展倚赖城市，乡村是城市的附属；政府、企业是主体，农民是政策、资源的被动接受者。该模式使很多欧洲国家从小农经济走向了规模化、机械化、专业化的现代农业。然而，过度的干预造成了农产品的过剩、水土污染及食品安全等问题；农民的主体性散失、农村的发展成果多被外部享用；未能顾及农村生活的非经济方面，造成了扭曲性的发展。20世纪70年代以来，"内源性"在欧洲及全球现代化运动的反思中被较广泛地讨论。与此相关，联合国《1977—1982年中期规划》正式提出了"以人为中心的内源发展"的政策概念，"研究符合不同社会实际和需要的内源与多样化的发展过程，它的社会文化条件、价值系统、居民参与这种发展的动机和方式"，指出"每个社会都应通过在自己的技术、社会、文化和思想领域进行多种多样和多方面的革新，实现自己的现代化"。欧美学者将"内源式发展"视为解决发达国家乡村发展问题的一种新模式，认为当地的生态、人力、知识、文化和生产消费模式等资源"是左右自身可持续发展的关键"。80年代以后，日本学者也展开了相关研讨。鹤见和子等学者指出，后发国家不能仅仅模仿先进工业国，而要立足于自己的传统，改造外来的模式，使之适合于自己的社会条件，形成"内源的、自成的发展"。而晚近再度始于欧洲学界的"新内源性"实践与讨论，则是在新一轮全球化背景下，延续和综汇了始于战后，分别由后发国家探索自身现代化发展模式的实践与欧洲反思外源式发展模式，应对粮食、农村危机实践过程中再提起的内源性发展模式之研讨和实践。劳（Lowe P，1995）等学者注意到当代内外网络的重要性。雷（Ray C，2001）首先提出"新内源性"发展的概念，认为需要一种发展基于本地，但仍与周边及更广阔的区域有着动态的联系，内外互动的自下而上的治理模式。"内"指在地的农民主体，"外"包括政府、社会组织、市场等，以"内"的需求为本，"外"提供人力、资源、技术和资本，以此在微观上整合原有自然资本以及具有新的生产与消费功能的农村生计模式、营造韧性乡村，在宏观上构建"城乡、地方、全球的新型关系"，应对当今世界的不确定性。同时，还有学者（Brunori G & Rossi A，2007）敏锐地从新全球化必将裹挟着资本等要素构建乡村的视角强调"新内源性"之"新"的内源意涵与重要性（上文综述摘自：阮云星、崔若琳、相丽均，2023，未刊文稿，注释省略）。20世纪90年代以来，"内源性"理论、"内源性发展模式"和"新内源性"学理亦在国内持续被译介与研讨，这反映了当代中国式（乡村）发展道路探索中的一种实践与理论之迫切需求。笔者亦重视和参与推进"内源性"理论中国化的学术研讨，提示建设良性可持续的新农村和善治的现代中国，均需"内源性"学理来解构沉重的"大共同体本位"（秦晖，2003）政治文化传统和平衡以至消弭强势的自上而下、从外入内，忽视农民主体性的乡村管理制度与惯习。

从"内源性"视角观之,作者在本书中关注和讨论的鲁中集市村"商会"(第四章第一节)和浙北企业村"老年互助会(念佛会)"(第五章第三节)属珍贵的研究聚焦、发现及问题提起。

浙北企业村的"老年互助会(念佛会)"案例契合"内源性"理论视角,观察细致、呈现完整,且触及与内源性原理相辅相成的当代农村建设的新结构性问题,不可多得。"空巢村"(包括空巢格局村庄老人自助、互助养老)问题是当代新农村建设需直面和解决的一大结构性议题。这类"结构性"问题更需学者遵循学术研究、智识生产自身逻辑(而非"宏大话语"和"市场"逻辑),敏锐聚焦把握、潜心深入研究。衔接地域历史文化遗产资源,浙北乡村老年妇女通过念佛安身、念佛助人实现乡村自助、互助养老的本书案例,栩栩如生、催人省思地呈现乡村老人的内源性、建构性实践,在聚焦乡村"结构性"议题方面,具有重要的"实体研究"和"形式研究"的智识生产性。期待作者的后续研究能在这方面有更上一层楼的"形式研究"推进,亦即更好的案例内源性机制诠释和将案例之抽演对话经典理论、追求学理生产旨趣之努力。鲁中集市村"商会"之聚焦与呈现,更属乡村社会建设议题的"经典性"研究,本书的"内源性"理论视角与"特异性"案例,谅为生产性的"形式研究"之挑战性契机。作者或许可以反转"反例"之手法,反向探讨为何强势的"自上而下""由外入内"的乡村"治理",时常导致"事与愿违"的屡屡失败,而另一项关联的"形式研究"议题——"(新)内源性"学理是否可能衔接、重构"市场圈"(施坚雅,1964、1965)、"三角关系"(黄宗智,1985、1992)、"权力的文化网络"(杜赞奇,1988)等学理范式,在当今数智时代背景下的新农村建设中,提供自觉媒介蝶变、能够导引"自下而上""由内而外",依据内源性"上下对接""内外互动"乡建实践的学理方案和学术范式,则需学界有志者的潜心协力、不懈耕耘。

本文在内外学界悼念"弱者关怀"的跨界特异学者斯科特(James C. Scott)的安魂曲中落笔,或许《金翼》(林耀华,1944)倔强地"播种"、吟咏家族主义全球地方化的闽江船夫曲,《银翅》(庄孔韶,1996)执着地"穿行"，凝视乡土周易轮回、独奏悠远回荡之"盛衰循环均衡论"雅乐，正于本土呼应着斯科特亦追随应答着的学人天职之天音；或许那收笔暗夜中一望无际的点点烛火，应和着的正是那远逝的斯科特践行并留下的学人悲悯、天马行空与智识探奇之珊瑚磷光。愿以此结句，与作者及诸位天职学人共勉。

是为序。

阮云星

京都大学法学博士

浙江大学社会学系荣休教授

2024（甲辰）年仲夏于福州

目 录

引 言 / 001

第一章 乡村研究概述 / 013

第一节 中国乡村研究的"村落"范式 / 015
一、传统"单一村落"的研究 / 015
二、"村落"基础上的多元观察视角 / 017

第二节 中国乡村研究的"集市"范式 / 022
一、"集市"作为一种乡村研究范式 / 023
二、"集市"的转型与发展研究 / 025

第三节 内源式理论与社会秩序研究 / 031
一、关于内源性资源理论与运用的相关研究 / 031
二、中国情景下的乡村内源式发展与秩序维系 / 036

第四节 总结述评与研究设计 / 041
一、乡村发展与治理困境 / 041
二、研究设计与主要方法 / 043

第二章　鲁中D村与浙北M村的秩序基础与发展　　/ 049

第一节　鲁中D村与浙北M村　　/ 053
　　一、鲁中D村　　/ 053
　　二、浙北M村　　/ 065

第二节　经济支柱：D村的集市与M村的家纺　　/ 072
　　一、D村集市　　/ 072
　　二、M村家纺　　/ 078

第三节　文化支持：盛世修志　　/ 084
　　一、D村村志修撰　　/ 084
　　二、M村镇志修撰　　/ 088

第四节　案例村的选择、比较与分析　　/ 094
　　一、案例村特征异同　　/ 095
　　二、乡村秩序维系与挑战　　/ 097

第三章　乡村精英与治村之道　　/ 101

第一节　政治型精英　　/ 105
　　一、D村书记的治村经营　　/ 106
　　二、M村书记的治村经营　　/ 110
　　三、乡村振兴中的治村挑战　　/ 113

第二节　经济型精英　　/ 115
　　一、乡村企业家　　/ 115
　　二、创业带头人　　/ 116

第三节　组织型精英　　/ 120
　　一、党员带头人助力"稳发展"　　/ 120
　　二、妇联组织增强社会活力　　/ 123
　　三、卫生组织的健康维护　　/ 128

第四节　治村挑战与经验之道 / 129
一、村支书的"企业家"精神 / 129
二、治村之道：全局、执行力与合作治理 / 134

第四章　经济组织、发展与转型 / 139

第一节　经济组织与发展转型 / 143
一、传统"赶集"与商会组织 / 143
二、家庭企业、亲属组织与市场分化 / 147

第二节　市场：多元与创新 / 154
一、"集市圈+"的发展 / 154
二、企业园集聚生产与农村电商 / 157

第三节　新型权力文化网络 / 159
一、社会文化网络 / 160
二、家文化与经济的互嵌 / 161

第五章　文化底蕴：传统文化传承与振兴 / 165

第一节　红色文化：革命纪念馆 / 169
一、D村：华东野战军攻济打援指挥部纪念馆 / 170
二、M村：退伍老兵的故事 / 182

第二节　非遗文化：茧乡丝绸文化馆 / 184
一、茧乡丝绸文化馆的实践 / 184
二、推动"非遗文化产业+"发展 / 188

第三节　习俗信仰：精神互助团 / 191
一、信仰与祭祀：德政禅寺 / 191
二、互助性老年组织：精神寄托与养老 / 194

第六章　全面振兴：家风、乡建与景观再造　　/ 201

第一节　家文化：家风引领与和谐家庭建设　　/ 205
一、美好家庭引风尚　　/ 206
二、家风家训促和谐　　/ 207
三、优美庭院增振兴　　/ 209

第二节　文化礼堂：乡风文明与精神文明建设　　/ 214
一、M村文化礼堂多彩的活动　　/ 215
二、以文化空间凝聚共同体精神　　/ 217

第三节　生态景观：治理赋能与行动自觉　　/ 219
一、人居环境：D村村容改造　　/ 220
二、行动自觉：M村环保实践　　/ 223

第七章　秩序再造与平衡：内源式发展推动治理创新　　/ 229

第一节　以内源式发展推进全面治理　　/ 233
一、乡村精英多元化　　/ 233
二、治理共同体虚拟化　　/ 235
三、文化转型与行动自觉　　/ 237

第二节　以治理创新推进秩序再造　　/ 242
一、乡村振兴的内源性动力　　/ 243
二、建立长效机制，促进乡村秩序重构　　/ 251

余论　探寻乡村治理的可持续性　　/ 261

参考文献　　/ 265

附　录　　/ 283

后　记　　/ 287

引　言

乡村是中国社会的基础。无论是从社会结构、社会制度和社会性质等静态视角，还是从社会互动、社会运行机制等动态过程来看，乡土社会及文化底蕴深刻影响着人的思想观念和行为逻辑，乡村社会发展及当前的乡村振兴实践影响着中国的现代化推进。2017年党的十九大报告明确提出了"实施乡村振兴战略"，且后续一系列政策的出台，成为乡村振兴强劲的外源性资源支持与动力，并在中国乡村社会转化为地方特色多样的实践。但作为乡村社会主体的农民，需要在外源动力支持下，充分挖掘乡村社会原有的本土知识文化，进行创造性转化，实现文化自觉，主动参与和全面发展。党的十九届六中全会和党的二十大报告科学总结了中国共产党百年奋斗历程和重大成就，以宏阔的视角指出了党的百年奋斗的历史意义精神，也为进一步推进乡村振兴战略指明方向。

《中共中央国务院关于实施乡村振兴战略的意见》（2018年中央一号文件）对乡村振兴战略的实施做出具体的目标规划和任务分解，以2050年为完成点，乡村振兴分为三大阶段渐次实现：至2020年，乡村振兴的制度框架和政策体系基本形成；至2035年，乡村振兴取得决定性进展并基本实现农业农村的现代化；至2050年，乡村全面振兴，"农业强、农村美、农民富"的目标最终实现。①2018年中央一号文件指出乡村发展33年的总体规划,保证了乡村振兴战略实现的整体性和连续性,作为长时段横亘中国特色社会主义现代化建设历史的乡村振兴战略因此具有影响乡村发展走向以及重塑中国社会结构的深远意蕴。②按照"产业兴旺、生态宜居、乡风文明、治理有效、生活富裕"的总体要求,主流政策派和学者作出具体的内容阐释:在农业方面,实现质量兴农和绿色兴农,走生态循环发展之路,并做大做强高效绿色种养业、农产品加工、休闲农业和乡村旅游业、乡村服务业、乡土特色产业等,推进产业融合,实现产业兴旺;③在农村方面,加强绿色发展,生态兴村,推动农村人居环境整治,对一些自然文化遗产资源丰富的村庄,要坚持保护优先,把改善农民的生产生活条件与保护自然统一起来;④在农民方面,切实发挥农民在乡村振兴中的主体作用,维护农民群众根本利益、促进农民共同富裕。⑤

党的十九届六中全会通过的《中共中央关于党的百年奋斗重大成就和历史经验的决议》⑥(以下简称《决议》)明确指出,党的领导是党和国家的根本所在、命脉所在,是全国各族人民的利益所系、命运所系。党建引领是推动乡村振兴高质量发展的根本。《决议》强调,增进民生福祉是我们坚持立党为公、执政为民的本质要求;生态文明建设是关乎中华民族永续发展的根本大计,保护生态环境就是保护生产力,改善生态环境就是发展生产力;深

---

① 《中共中央国务院关于实施乡村振兴战略的意见》,载中华人民共和国中央人民政府网,2018-02-04,http://www.gov.cn/zhengce/2018-02/04/content_5263807.htm。

② 叶敬忠、张明皓:《豆书龙乡村振兴:谁在谈,谈什么?》,《中国农业大学学报》(社会科学版)2018年第3期。

③ 韩长赋:《大力推进质量兴农绿色兴农 加快实现农业高质量发展》,《甘肃农业》2018年第5期。

④ 尹成杰:《实施乡村振兴战略要坚持走绿色发展的路》,《农村工作通讯》2018年第2期。

⑤ 韩长赋. 要让农民成为大家抢着干的职业. 央广网.2018-04-19, http://news.cnr.cn/dj/20180409/t20180409_524192267.shtml。

⑥ 《中共中央关于党的百年奋斗重大成就和历史经验的决议》,中华人民共和国商务部网站,2021-11-18,http://www.mofcom.gov.cn/article/zt_dangshi/ghjd/202111/20211103218871.shtml。

入学习贯彻党的十九届六中全会精神,着眼于人民群众对美好生活的需要,从乡村振兴政策、理论到实践的过程中,既要有外部政策力量的主导,也需要乡村振兴治理主体和成果共享者的农民参与。叶敬忠等人[1]指出,在具体乡村振兴实践中,应该注重顶层设计和基层实践的"上下结合",引导农民积极参与到具体各环节行动中,开创乡村振兴合作治理的新局面。同时,保持对乡村振兴地方多元实践的包容心态,对乡村振兴的社会动力和地区差异等进行总结和理论提炼,最终形成政策、理论和实践的"大循环"。李文钢[2]认为,新时期乡村振兴战略的实施要避免过去由国家主导实施的乡村建设运动所面临的困境,需要在自上而下的政策实施过程中,寻找自下而上的平衡力量,鼓励地方社会的多元自主发展,寻找乡村发展的内生动力。从人类学的视角来看,实施乡村振兴战略的关键,是如何发挥地方社会文化的"创造性转化能力",增强内生性、适应性和可持续性,进而实现当地自主性发展。

在社会变迁的历史进程中,"国家与社会"互构实践影响乡村社会发展,秩序稳定和维系。政治和政策调整、城乡关系、城镇化建设等影响乡村社会秩序。如20世纪后半叶的户籍制度、统购统销、人民公社制度和城市福利与保障制度等的调整和变革,影响城乡二元结构;随着改革开放和小城镇建设,城乡流动性加强,二元分立有所松动。其中,城镇化进程是推进乡村社会秩序的变化和城乡关系转变的一个重要因素。20世纪80年代乡镇企业兴起和小城镇建设是城镇化建设的重要起步,尤其在江浙地区。如在费孝通《江村经济》[3]中所涉及的"开弦弓村",农村经济结构在此进程中不断调整,农、副、工都在增产。乡村工业的迅速发展也吸纳剩余农业劳动力,使得农业、农村实现了质变性发展。乡村工业的发展除了改变传统农业秩序外,同

---

[1] 叶敬忠、张明皓:《豆书龙乡村振兴:谁在谈,谈什么?》,《中国农业大学学报》(社会科学版)2018年第3期。

[2] 李文钢、张引:《当乡村振兴遭遇发展主义——后发展时代的人类学审思》,《西北民族大学学报》(哲学社会科学版)2018年第6期。

[3] 费孝通:《江村经济——中国农民的生活》,南京:江苏人民出版社,1986年。

时也与上层国家权力的调控形成互动,尤其是基层政权为乡村工业走向市场搭建桥梁,农民、农村社区和农村基层政权三位一体,共同推动发展进程。

20世纪90年代后期,乡镇企业走向衰落,对劳动力的转移吸纳能力减弱,经济发展动力不足,政府的城镇化政策开始向大中城市建设倾斜,小城镇模式受到冷落。[①]21世纪初,在"三农"问题成为国家面临的重要难题的背景下,国家将发展小城镇作为解决"三农"问题,实现农村社会稳定和加强农村建设的重要手段。党的十五大报告明确提出"搞好小城镇规划建设"。2005年国务院提出"建设社会主义新农村"战略,从政策上正式对"三农"及其农村前途问题进行回应,指出乡村城镇化的过程实际上就是城市的各种文明不断向农村扩散和辐射的过程。乡村在外部资源的激发和带动下,不断促成内部经济、社会、文化资源的整合与利用,探索全面进行自身建设的内源性机制,是新农村建设和村庄治理的必然选择。诺贝尔经济学奖获得者斯蒂格利茨曾预言:中国的城镇化和以美国为首的新技术革命将成为影响人类21世纪的两件大事。党的十八大后,推进新型城镇化成为国家战略,新型城镇化建设成为最大的结构调整。新型城镇化是以人为本的城镇化,关键在于"新":它将人的生活质量与生活水平的提高放在了最为突出的位置,其出发点和最终落脚点都是为了人的发展。与传统城镇化单纯地追求数量、规模、速度增减的现象相比,新型城镇化更加注重质层面的提高;更加注重科学、全面、可持续的发展;更加注重以人为本、环境友好、社会和谐、人民安居。随着我国综合国力的增强,以及对农业农村投入的逐年增加,农村的社会面貌和农民的生产生活水平均发生翻天覆地的变化,农村的社会事业取得长足发展。为响应美丽中国建设目标,推进城乡"等值化"发展,2013年中央一号文件提出建设"美丽乡村"的奋斗目标。美丽乡村是美丽中国在乡村的体现,是在农村生产生活条件改善、生态文明建设改进条件下综合生产生活生态的系统建设,是新形势下城乡协调融合发展的重要载体。美丽乡村建设的内容可以说是系统全面的,涉及产业发展、管理民主、

---

① 参见袁中金:《中国小城镇发展战略》,南京:东南大学出版社,2007年。

乡风文明、村容整洁、生活宽裕等多方面。各地因地制宜探索形成各种模式。党的十八大以来，习近平总书记围绕全面建成小康社会和社会主义现代化强国的战略目标和使命担当，以"新时代要建成一个什么样的全面小康社会、如何建成全面小康社会"为时代走向，提出了"小康不小康，关键看老乡""没有全民小康，就没有全面小康""精准扶贫""乡村振兴"等一系列新理念、新思想和新战略，不断在打赢脱贫攻坚战、全面建成小康社会的实践中探寻社会治理现代化的政治智慧和治理经验。

党的十九大提出我国社会主义建设进入新时代，新时代要实现建成富强民主文明和谐美丽的社会主义现代化强国的宏伟目标，则在很大程度上取决于乡村建设的现代化程度。"乡村振兴战略"对乡村作出阶段性谋划，科学有序推动乡村产业、人才、文化、生态和组织振兴，为乡村的长效可持续发展提供支撑。乡村是具有自然、社会、经济特征的地域综合体，兼具生产、生活、生态、文化等多重功能，与城镇互促互进、共生共存，共同构成人类活动的主要空间。乡村兴则国家兴，乡村衰则国家衰。但我国地域辽阔，区域发展的阶段和水平差异较大，有关的发展目标、建设标准、实施路径等应因地制宜，量力推行的同时，也应从乡村发展的长期性、系统性和持续性上部署和实践。总之，实施乡村振兴战略既是健全现代社会治理格局的固本之策，也是实现全体人民共同富裕的必然选择。

完善的乡村治理是中国全面建设的基础。"治理"一词在中国古代汉语、马克思主义经典文献以及中共文献中主要有控制、管理、统治的意思。随着社会的发展和治理问题与方式的多样化，治理的含义也在不断丰富和发展，较具代表性的定义有：1995年全球治理委员会将治理界定为各种公共的或者私人的个人和机构管理其共同事物的诸多方式的总和。中国学者徐勇针对中国研究语境也给出了定义："治理是通过一定权力的配置和运作对社会加以领导、管理和调节，从而达到一定目的的活动。"[①]2000年俞可平主编的《治理与善治》指出"治理"一词的基本含义：在一个既定的范围内运用权威维

---

① 徐勇：《中国农村村民自治》，武汉：华中师范大学出版社，1997年，第3页。

持秩序，运用权力去引导、控制和规范公民的各种活动，以最大限度地增进公共利益，满足公众需要。从政治学的角度看，治理是指政治管理的过程。它特别关注在一个限定的领域内维持社会秩序所需要的政治权威的作用和对行政权力的运用。① "治理"已不同于传统"统治"一词，表现出治理权威中心、主体的多元化，是一个以公众利益为目的，上下合作、协商的过程。从已有的研究可知，传统的中国治理结构主要表现为"双轨政治"，一是自上而下的"皇权"；二是乡村内发的"族权"和"绅权"，两者相互平行、相互作用。"政不下县"是对当时乡村治理的集中表述。但在民族救亡运动和现代化趋势之下，20世纪前期国家力量逐渐延伸到乡村社会内部。以国家权力在乡村社会的延伸为标志，整个20世纪中国社会先后出现了三种主要的乡村治理制度，即晚清与民国政府时期的"乡镇自治"、社会主义革命建设时期"政社合一"的人民公社制与改革开放以后的"乡政村治"的二元体制。以徐勇教授领衔的华中师范大学中国农村问题研究中心提出"乡村治理"这一更具包容性的概念来解释和分析转型、变革中的乡村社会。② 乡村治理资源的多元使得治理主体不仅仅是正式的政府机构，还包括性质不同的正式、非正式组织，乡村权力依赖与配置也呈现多元化，乡村社会的私权力在公共事务的治理过程中发挥着正式国家权力所不可替代的作用。所用治理手段和过程最终目的都是发挥村民自主性和实现最大限度的乡村社会公共利益。贺雪峰的《乡村的前途》在对不同区域乡村治理实践效果思考的基础上，提出新农村建设与发展的核心是提高农民的主体地位和文化感受能力。③ 吴光芸的《多中心治理：新农村的治理模式》则强调要从具体的角度关注新农村建设。④ 折晓叶、陈婴婴的研究表明乡镇企业的崛起对中国村庄发展的重要性，以及区别于传统乡、城形态的"超级村庄"与整合性、"内

---

① 俞可平：《治理和善治》，北京：社会科学文献出版社，2000年，第5页。
② 徐勇：《乡村治理与中国政治》，北京：中国社会科学出版社，2003年，第235页。
③ 贺雪峰：《乡村的前途》，济南：山东人民出版社，2007年，自序第1页。
④ 吴光芸：《多中心治理：新农村的治理模式》，《调研世界》2007年第10期。

源性发展"状况。① 在新型城镇化背景下，思考当下农村治理与发展路径，需要发挥农村自身优势，完善发展的动力机制。村庄治理就是在反思传统城镇化不足，新型城镇化背景要求下，不断完善自身，主动寻求推进自身城镇化的机制与机会。村民在现代化、城镇化趋势下主体地位的彰显，他们主动争取健全的公共服务，充分整合农村资源，积极应对信息化、市场化的潮流。② 事实上，众多的村庄参与式观察与研究也表明，乡村发展、转型与振兴，不仅仅是单个层面原因，还是外部政策性、结构性机制、内部资源性及内生性机制有机结合的结果。③

社会治理的基础在基层，薄弱环节在乡村。2020年中央一号文件指出：脱贫攻坚质量怎么样、小康成色如何，很大程度上要看"三农"工作成效。④ 中国正处于转型关键期，并面临多样化的主要矛盾：收入差距扩大带来社会矛盾、工业化带来人与自然矛盾、城镇化带来人与人的矛盾。同时，中国经济进入新常态的同时，也面临创新驱动转型，后工业化阶段的结构调整，以及人口结构，老龄化社会的挑战等。当下，在持续推进乡村振兴战略的过程中，"治理有效"是基础。加强农村基层基础工作，健全乡村治理体系，充分开发本土资源，推动乡村自我秩序的维系，确保广大农民安居乐业、农村社会安定有序，打造共建共治共享的现代社会治理格局，推进和实现国家治理体系和治理能力现代化。2021年中央一号文件⑤强调要实现巩固拓展脱贫攻坚成果同乡村振兴有效衔接，这种有效衔接是实现长效脱贫减贫，走向共同富裕和现代化的重要路径，因此，如何在巩固脱贫攻坚成果的

---

① 折晓叶、陈婴婴：《产权制度选择中的"结构—主体"关系》，《社会学研究》2000年第5期。
② 徐敏：《乡村治理转型视角下新农村社区治理研究》，山东大学硕士学位论文，2013年。
③ 林聚任、马光川：《改革开放四十年来的中国村庄的发展与变迁》，《社会发展研究》2018年第2期。
④ 2020年中央一号文件公布，提出两大重点任务，中华人民共和国人民政府网，2020-02-05，https://www.gov.cn/xinwen/2020-02/05/content_5474860.htm。
⑤ 2021年中央一号文件公布，提出全面推进乡村振兴，中华人民共和国人民政府网，2021-02-21，https://www.gov.cn/xinwen/2020-02/05/content_5474860.htm。

基础上，不断进行创新拓展，并与乡村振兴有效衔接，意义十分重大。[①] 无论是有效衔接，还是乡村振兴，都应以当地民众为主体，通过多元渠道帮助当地人将外部资源与内生动力激发，内生资源转化有机结合，建立起乡村发展致富的长效路径。2024年中央一号文件再次强调乡村人才振兴的支持计划，指出乡村全面振兴是中国式现代化的必要前提。为此，整合乡村本土的经济、文化、人才资源，与外部的政策、市场、技术等有机结合，推动乡村全面振兴和中国式现代化乡村发展。

一、提出问题

本书的问题意识，来自笔者2013年开始在山东、浙江多村的走访和驻村调研。通过长时段对乡村生活、自治组织运作和基层社会运行网络的观察和思考，试图运用乡村发展内源性机制来理解，在中国乡村发展与治理过程中，不同地域、不同村如何运用本土资源、精英资源和乡土文化底蕴，展开乡村有序、有效的治理实践，并在社会转型，外部市场机遇下，不断寻求新命运。

在与村支书、村民深度访谈中，我们发现有一些熟悉的东西在不经意间从他们的言谈举止中流露出来，如经过现代化浪潮冲洗后留存下来的传统乡风民德；一些祖辈流传下来的伦理观念：家庭和睦、赡养老人、合家团圆、设身处地、由己及人等，在今天的乡村依然有着生命力，是因为这些传统观念承载着人们的美好情感和共同的价值观，其赖以生存土壤的家庭依然存在。在乡邻话语间，流露出对乡村文化精英的夸赞，对村委执委人员的认可，以及对利于经济发展政策，具体做法的支持。在老年人一起打牌，参与念佛和文化礼堂的活动中，老人们说着家常，村内生老病死、婚丧嫁娶的故事，品尝人间百味。这些画面共同构成了今天乡村社会的整体图景。

[①] 黄祖辉、钱泽森：《做好巩固拓展脱贫攻坚成果同乡村振兴有效衔接》，《南京农业大学学报》（社会科学版）2021年第6期。

经济发达，生活方式和生活水平变了；治理振兴，发展途径和文化表现方式变了；亲属联系，集体事务讨论途径更多样了，但乡土社会的人文底蕴，人与人邻里联系的乡情，以及参与集体事务的传统色彩仍有保留。在传统与现代之间，在固守与改变之间，在发展与挑战之间，乡村社会秩序有其运行逻辑和应变之策。一方面，乡村在原有"熟人社会"的乡土人情、自治秩序和经济基础上，形成了具有地方特色的生活秩序景观；另一方面，在政策影响、外部环境变化冲击下，又在传统与现代化的变化中，思考如何应对、适应、调整和再造秩序。

所以，在参与观察和学理上，本书试图通过乡村（案例村）具体实践，展现社会秩序运行调整的实践图景，并在与现代化挑战相调节下，分析乡村实践和秩序不断平衡的机制、经验和模式，推动实现乡村振兴和可持续发展的同时，为其他相似村提供借鉴经验。

二、研究意义

乡村治理中的实践经验脉络、制度改革调适和治理体系更迭，要求我们把握其中演变规律，以促进破解农业、农村和农民的发展窘境。回顾历史实践、立足当前现实和着眼长远统一起来，乡村治理现代化面临着传统资源的现代性转化、治理现实问题的系统化考究、治理改革逻辑的阶段性总结、治理价值遵循的深入性解读以及治理期望目标的前瞻性展望。沧海桑田，日新月异，面对实现"两个一百年"奋斗目标，推进国家治理体系和治理能力现代化，乡村社会文明转变和发展中，需要思考和不断开辟"中国之治"新经验、新境界。

中共中央、国务院在关于实施乡村振兴战略的意见中指出，充分尊重农民意愿，切实发挥农民在乡村振兴中的主体作用，调动亿万农民的积极性、主动性和创造性。国家层面的政策设计为农民在乡村振兴过程中发挥主体性，积极探索具有地方经验支撑的发展实践提供了更大的空间。

（一）理论意义

文献梳理发现，关于乡村内源性资源与治理运用的研究，较多以单一、传统资源为主，或内外结合发展模式，对乡村资源传统与当代结合，再挖掘与运用，并将资源与行为主体和社会环境相结合进行的整体性研究较少。对于国家发展新常态下的乡村建设和振兴来说，政策和市场为乡村振兴和治理提供了现实和宏观支持，但乡村发展需要更多的是从本土资源基础，挖掘可利用的资源，并结合当下发展需要，进行新路径探索。本书从乡村振兴具体实践，对已有乡村治理进行补充，另外，从乡村内部视角和秩序重构视角，对现有调研村进行系统模式讨论和总结。

第一，学理视角上，本书丰富了社会人类学"乡村社会"研究的多样性。社会学和人类学视角下，已有对乡村的丰富研究，如传统单一村，多个村比较研究等，本书的两个村拓展"汉人社会"研究的传统课题，使之更加细密化；集市村和企业村在本土资源发展基础上，进行创新和振兴的实践经验，为我们在理论上讨论乡村研究范式提供了新视角。

第二，理论上，拓展了内源性资源理论脉络的广度与深度。相关研究在内源性资源理论分析，"地域文化多样"乡村发展与本土文化视角解说，以及反思农村治理与发展的内源性资源和机制等问题上，目前已形成了福利动态、依赖文化等一系列研究脉络。本书在现有理论的基础上发展了内源性资源理论的范畴，与当下乡村治理结合，重建了"三维体系"逻辑，拓展了理论脉络的广度与深度。

（二）现实意义

现阶段，乡村振兴的外部环境优越，是乡村发展的良好机遇。如果乡村文化系统完善、功能正常，农民作为系统的主体必然会对外部环境做出正确的反应，形成乡村发展振兴的动机，并转化为动力，这便是乡村振兴的内源性动力。谈乡村振兴，我们需要全面认识和了解乡村。因此，要重塑价值观，重新认识乡村的真正价值，并通过这种文化自觉去实践它，重构乡村共同体。所以深入乡村振兴实践，剖析在秩序调整和维系中的运行逻辑机制，

更好地总结地方经验,是乡村治理振兴和可持续,以及思考新时代,乡村共同体精神的重构及模式意义。具体而言:

第一,对乡村治理实践进行经验总结。中国的地域差异的乡村社会,治理经验和研究多样。本研究从理论与现实,传统与当下的结合出发,分析乡村本土资源的利用和对乡村振兴的积极作用,促进乡村社会可持续,最终实现治理振兴,乡村和谐和秩序平衡。因此,从乡村实践出发,结合内源性资源利用,对讨论当下乡村治理和总结模式、经验,具有补充意义;对促进乡村社会形成良好的秩序具有现实意义。

第二,推进乡村治理的可持续性发展。我国乡村发展的程度和变化趋势在一定程度上对乡村治理和新发展提出要求,从三农问题解决,城乡一体化,乡村振兴到全面小康,需要乡村治理在外部环境中寻求创新,可继续到治理方法和发展路径。传统的本土内源性资源在当下乡村振兴中,不断丰富、转化和再利用,不断形成相对稳定的治理基础和范式,为乡村的可持续发展奠定基础。

第三,讨论内源性资源再利用下,乡村秩序系统重构及模式。在政策、环境的变化下,乡村社会秩序在内外部因素的综合作用下失序、调适和秩序重构。本书聚焦于经验治理和本土资源的综合利用问题,丰富了乡村秩序认识和研究的内容,对可能的秩序维系模式讨论提供参考。此外,也是对乡村振兴战略实践的反思,促进政策长效,执行有力。

(三)创新之处

第一,跳出对单一乡村整体生活图景的全景式介绍,以内源性资源理论视角切入,聚焦鲁中、浙北两村资源、经济、文化和组织网络特性,透视乡村振兴实践,并对其传统与当下结合的乡村治理活动进行分析和总结,归纳调研乡村社会秩序构建的多元路径。

第二,根据 M 村的社会特点和治理实践,在经验研究基础上,本成果总结乡村治理振兴中秩序重构的"三维体系"架构,讨论新时代乡村共同体培育的合作精神,用于解读乡村振兴和乡村经营的运行机制。这也是本书的可推广应用价值之一。

第一章

乡村研究概述

第一节 中国乡村研究的"村落"范式

一、传统"单一村落"的研究

中国乡村研究中,最重要和典型的一个研究范式,即以一个村庄为研究单位,对村落进行整体研究。费孝通《乡土中国》认为"无论出于什么原因,中国乡土社区的研究单位是村落,从三家村起可以到几千户的大村"[①]。他通过对江苏省吴江县开弦弓村的调查研究,全面记述生活在一定村落中的人们的生产生活、商业贸易、婚丧嫁娶、教育文化等活动,并以此为基础展开对村庄结构及社会关系的探讨。另有杨懋春《山东台头——一个中国村庄》以自己对家乡——山东台头的熟悉和公正,有重点地全面描绘了台头的生活情况。[②] 但是面对当时对社区研究法由于过分专注于小社团而忽视村庄与外界联系的批评,杨氏在写作之初便在构建研究乡村社会生活的途径,并认为最好的方法就是"以初级群体中个体之间的相互关系为起点,然后扩展到次级群体中初级群体之间的相互关系,最后扩展到一个地区中次级群

---

① 费孝通:《乡土中国》,北京:人民出版社,2008年,第5页。
② 杨懋春:《山东台头——一个中国村庄》,张雄、沈炜、秦美珠译,南京:江苏人民出版社,2001年,第7页。

体之间的相互关系"。在具体操作上，以村内和家庭生活为主，同时考虑到村外关系（包括集市），旨在"描绘出一幅整合的总体的画面"。林耀华的《一个中国家族的史记》以黄村两个家族的兴衰史为主线，揭示在适应变革的社会运行中，家庭运作以及适应现代需要的内部动力机制。[1]费孝通、林耀华、杨懋春等通过对乡村微型社区的参与观察，以民族志撰写的方法对乡村社区进行全景式透视，揭示乡村社区的内部构造与人文社会生活。20世纪五六十年代，在国内政治和学术环境变动中，一批海外人类学者将研究领域转向港台地区，并取得丰硕成果。如波特的《资本主义与中国农民——一个香港村庄的社会经济变迁》[2]、沃森的《兄弟并不平等：华南的阶级与亲族关系》[3]、戴玛瑙的《鲲身：一个台湾的渔村》[4]等研究填补了大陆农村研究的空白。同时，他们对20世纪三四十年代的中国社区研究进行了反思：个别村落社区的微型研究能否或如何概括中国国情？英国社会人类学家埃德蒙·利奇（Edmund Leach）认为："这种研究没有，或者不应自称代表任何意义上的典型——它们的意义在于它们本身。"[5]费孝通从实践调研出发，去证明微型社区研究对于认识和探索中国整体社会的意义并提出了多村落与类型化的研究方式，他试图通过云南三村的研究，为比较性研究打下坚实的基础。此外，卜凯（J. L. Buck）、李景汉等也进行了多村落的联合研究。但通过多村落个案的研究并不能堆积出一个现实的中国来。[6]

---

[1] 林耀华：《一个中国家族的史记》，庄孔韶、方静文译，北京：生活·读书·新知三联书店，2015年，英文版序第X页。

[2] Jack M. Potter. *Capitalism and the Chinese Peasant: Social and Economic Change in a Chinese Village*, Cambridge University Press, 1968.

[3] （美）鲁比·沃森：《兄弟并不平等：华南的阶级与亲族关系》，时丽娜译，上海：上海译文出版社，2008年。

[4] Norma Diamond. *K'un Shen*. Holt Rinehart and Winston, 1969.

[5] Edmund Leach. *Social Anthropology*. London and New York: Fontana, 1982.

[6] 参见郑海花、李富强：《人类学的中国乡村社区研究历程》，《广西民族研究》2008年第4期。

二、"村落"基础上的多元观察视角

莫里斯·弗里德曼（Maurice Freedman）的研究单位介于村庄与社会之间，但主体上侧重宗族的研究范式，认为村落政治是国家政权通过宗族力量来加以运作的。①该模式超越了村庄，但未完全进入社会。②张仲礼的《中国绅士》③认为，士绅视自己家乡的福利增进和利益保护为己任；在与官方交往时，往往从本乡本土的利益角度出发。他们承担诸多公益活动、排解纠纷、兴修公共工程、组织团练自卫以及替代国家征税；绅士在协调国家与乡村社会利益方面也具有平衡作用。该模式具有一定的形式主义特点，忽视了基层乡村社会能动作用。黄宗智的《华北的小农经济和社会变迁》④在分析中国华北乡村社会的内部关系时，采用国家、乡绅、村庄这一三维分析模式，得出的结论会更加科学，只不过，他以探讨乡村社会中农户间的经济关系为切入点来考察中国乡村的社会结构与社会关系。但他并没有进行士绅与国家权力交换的实证分析，实际上，农民、地主与国家三者之间的关系在华北和长江三角洲地区的表现是不同的。而杜赞奇的《文化、权力与国家》⑤则超越士绅理论和村庄范式，从"权力运作"的视角，将帝国政权、绅士作用与乡民社会纳入一个共同体框架，提出著名的"权力的文化网络"来说明政权统治者通过运用跨越村庄的水利组织、宗族、宗教等文化价值符号和乡村士绅的权威来维持对广大农村的统治。不过，根据杜赞奇的说法，这一文化网络理论其实只是对理解中国政治体系的乡绅社会、儒家文化等本身不健

---

① （英）莫里斯·弗里德曼：《中国东南的宗族组织》，刘晓春译，上海：上海人民出版社，2000年。
② 邓大才：《超越村庄的四种范式方法论视角——以施坚雅、弗里德曼、黄宗智、杜赞奇为例》，《社会科学研究》2010年第2期。
③ 张仲礼：《中国绅士》，上海：上海社会科学院出版社，1991年。
④ 黄宗智：《华北的小农经济和社会变迁》，北京：中华书局，2000年。
⑤ （美）杜赞奇：《文化、权力与国家：1900—1942年的华北农村》，王福明译，南京：江苏人民出版社，2003年。

全的理论的补充。兰林友①、张静②等研究指出"他夸大了宗族在华北村落政治生活当中的重要性"以及乡村本身的能动性,他忽视了乡村社会化外来力量为我所用甚至与之进行"管辖权"竞争的方面。

随着国家-社会力量在乡村的此消彼长,学者们对乡村的关注视角越发多样化,如乡村社会自治的选举、管理、监督、决策等制度视角研究③;于建嵘的《岳村政治》④、吴毅的《村治变迁中的权威与秩序》⑤农村社会文化变迁;乡村发展内在的动力。克利福德·格尔茨(Clifford Geertz)把中国乡村社区视为具有乡村社会的文化结构和社会结构的共同体,重视作为文化体系的共同体和作为社会结构的村落之间复杂的关系,才能更好地找到乡村社会变迁的动力。⑥黄宗智、费孝通、庄孔韶的部分研究也表明中国乡村发展具有内生性,乡村利用自身特有的权威、文化网络和"自治"资源,不断在社会变迁中实现自身发展。尤其是20世纪90年代后,随着市场经济的快速发展,农民流动性增强,这对村庄政治、经济、社会的发展也产生双重影响。一方面,小农走出农村,小农社会化趋势明显;另一方面,村内生产、生活的市场化和交往的货币化也成为农村治理中明显的影响因素。从"农民的终结"到"村落的终结"⑦,学者们在社会变迁视角下,发现乡村结构、乡村中的人的变化,有学者提出"时代变了,人心不齐了"⑧,村落原有的道德秩

---

① 兰林友:《宗族组织与村落政治:同姓不同宗的本土解说》,《广西民族大学学报》(哲学社会科学版)2011年第6期。

② 张静:《基层政权:乡村制度诸问题》,杭州:浙江人民出版社,2000年。

③ 秦晖:《传统十论——本土社会制度、文化及其变革》,上海:复旦大学出版社,2013年。

④ 于建嵘:《岳村政治:转型期中国乡村政治结构的变迁》,北京:商务印书馆,2001年。

⑤ 吴毅:《村治变迁中的权威与秩序:20世纪川东双村的表达》,北京:中国社会科学出版社,2002年。

⑥ 何煦:《村落还是共同体?——基于浙江省赵宅的个案研究》,复旦大学博士学位论文,2016年。

⑦ 李培林:《村落的终结:羊城村的故事》,北京:商务印书馆,2004年。

⑧ 杨海晨、吴林隐、王斌:《走向相互在场:"国家—社会"关系变迁之仪式性体育管窥——广西南丹黑泥屯"演武活动"的口述历史》,《体育与科学》2017年第3期。

序、礼治规则发生改变，致使民间社会动员能力越来越弱，人与人之间的联结也日益趋向于"陌生人化"等。部分学者指出乡村社会转型伴生以传统乡村伦理共同体的式微，进而探讨了转型期中国乡村伦理共同体的概念，明确了新型乡村伦理共同体是一种建立在有机团结基础之上并与乡村工业化、市场化、城镇化相适应的新型乡村共同体，营造新型伦理共同体对解决乡村社会碎片化与各种失范问题具有必要性。① 具体的，如吴晓凯探讨了精准扶贫过程中村庄共同体面临的现实风险，指出乡土社会中的农民存在明显的"私文化"特质，该特质以自利观念为具体表征，存在阻碍乡村社会公共性发展的可能性。② 在乡村空间方面，曹海林指出乡村公共空间在其变迁过程中出现了正式公共空间萎缩与非正式公共空间凸显的整体趋势，使得乡村社区记忆、乡村社会交换形式、乡村经济交换基础等方面发生了变化，乡村民间组织获得了更多的发展空间。③ 此外，陈栋良等学者基于村庄社会结构的视角，指出乡村社会转型背景下农村人情的异化，并日益呈现出市场化、理性化的特征，前述变化反映了现代性冲击下以村庄分化、村社共同体离散以及社会个体化等为表征的村庄发展脱嵌实质。④ 在体系消解方面，闫丽娟认为，中国村庄共同体兼有地域共同体与精神共同体之双重属性，但现代化力量正在消解村庄价值生产的自主性，重塑了村庄道德原则、道德主体以及道德教化机制，使得村庄共同体在市场化的冲击下出现终结态势。⑤ 所以诸多研究也从"共同体"视角讨论传统村庄向现代村庄变迁。

在问题视角下诸多研究讨论共同体重塑的路径。张丽凤等学者基于农

---

① 王露璐：《乡村伦理共同体的重建：从机械结合走向有机团结》，《伦理学研究》2015年第3期。
② 吴晓凯：《精准扶贫过程中村庄共同体风险及其治理探索——基于G省长村扶贫实践的调查》，《兰州学刊》2020年第1期。
③ 曹海林：《乡村社会变迁中的村落公共空间——以苏北窑村为例考察村庄秩序重构的一项经验研究》，《中国农村观察》2005年第6期。
④ 陈栋良、郝少云：《异化与重塑：农村人情的变化、逻辑与调适——基于村庄社会结构的视角》，《安徽乡村振兴研究》2023年第5期。
⑤ 闫丽娟、孔庆龙：《村庄共同体的终结与乡土重建》，《甘肃社会科学》2017年第3期。

村"空心化"发展现状，针对性提炼出农村社区发展路径，提出农村社区需要建立"政府领导、社会广泛参与"的运行机制，以农业生产为基础，不断加强社区基础设施建设、丰富社区公共服务功能，推动社区民主向纵深发展。[①] 以高强度的农村文化建设助力乡村长效建设，推动形成新型村庄共同体。杨郁等学者认为乡村共同体解体是当前农村治理面临的最大困境，为了缓解该困境，国家权力需要在共同体重建中承担好价值引领者、制度供给者、利益调和者与服务提供者等角色，重视行政方式与民主方式的灵活运用，推动农民对农村在身份、利益与情感方面的回归，最终达至具有现代特征的村庄共同体重建的目标。[②] 此外，亦有学者在发展视角下总结提炼共同体营造路径。程军基于村庄共性，通过"一般重构路径+具体重构路径"的方式，提炼出四类村庄共同体的具体重构路径，在村庄利益与情感共同体构建方面具有正向影响。[③] 陈野基于个案研究经验，提炼出一条以文化治理为核心思想的共同体建构路径，包含以资源提供凝聚精神内核、通过规则秩序重构稳固内部环境、借公共空间优化提升社区生活品质以及传承在地优秀文化特质来增强文化价值认同感等实践策略。[④] 李春茹等学者基于实地考察，解析了数字技术要素在多元主体、利益表达、交流空间、交往机制以及集体认同等多个维度对乡村共同体建设的赋能逻辑，提炼出乡村数字治理共同体建构的实践路径。[⑤]

总之，中外学者们从不同的学科、研究视角分析中国乡村的发展与治理变迁。研究单位从村落，扩大到集市圈、乡镇和县域；研究切入点从传统的

---

① 张丽凤、占鹏飞、吕赞：《农村"空心化"环境下的社区建设模式与路径选择》，《农业经济问题》2014 年第 6 期。

② 杨郁、刘彤：《国家权力的再嵌入：乡村振兴背景下村庄共同体再建的一种尝试》，《社会科学研究》2018 年第 5 期。

③ 程军：《共性引导与分类推进：新型村庄共同体的重构》，《云南社会科学》2019 年第 5 期。

④ 陈野：《"后城镇化时代"村庄共同体重建的文化路向——以杭州市西湖区骆家庄为个案的研究》，《浙江社会科学》2016 年第 5 期。

⑤ 李春茹、黄君录：《数字治理赋能乡村共同体建设的实践经验及价值指向——基于苏南 L 村的考察》，《南京农业大学学报》（社会科学版）2024 年第 1 期。

宗族、国家-乡绅-村庄关系、"权力的文化网络"、"基层市场共同体"到现代村庄自治、治理、村庄转型与社区重构等。由于发展模式、城乡差距、收入水平悬殊等原因，中国社会形成城乡分离、"城乡二元化"结构。从改革开放初，费孝通提出"小城镇大问题"到结合中国现实，大城市、中小城镇和社会主义新农村三维结构同时并存的城镇化发展，也是"村庄再造"[①]"超级村庄"[②]"城中村"[③]"城乡接合部"[④]"村改居"[⑤]等不断出现与整合的乡村现代化及治理现代化的过程。在市场化、现代化的推动下，更多外部要素也加入乡村内在的发展和治理实践中。在早期农村社会研究中，社会化小农研究范式从经济着手，从农户开始，研究农民与市场、农民与社会的关系，也将农户、市场、社会和国家融合于一个整体[⑥]，到新型外部理性化市场，再到数字技术的赋能等。市场因素在中国乡村社会中的历史深远，传统村落集市是早期市场的雏形。

[①] 折晓叶：《村庄的再造》，北京：中国社会科学出版社，1997年。
[②] 蓝宇蕴：《城中村：村落终结的最后一环》，《中国社会科学院研究生院学报》2001年第6期。
[③] 李培林：《村落的终结：羊城村的故事》，北京：商务印书馆，2004年。
[④] 田毅鹏、齐苗苗：《城乡结合部"社会样态"的再探讨》，《山东社会科学》2014年第6期。
[⑤] 吴莹：《空间变革下的治理策略——"村改居"社区基层治理转型研究》，《社会学研究》2017年第6期。
[⑥] 邓大才：《中国乡村治理研究的传统及新的尝试》，《学习与探索》2012年第1期。

第二节 中国乡村研究的"集市"范式

集市是指定期聚集进行的商品交易活动形式,又称市集。在原始社会末期,社会生产有了一定的分工,生产者相互之间为了"以其所有,易其所无",用来补充自给自足生活上的不同需要,就产生了称为"市"的交换场所。①集市早在夏、商时代就逐渐形成了,千百年来从来没有间断过。据《易·系辞传下》载"包牺氏没,神农氏作,日中为市,致天下之民,聚天下之货,交易而退,各得其所",这是最初有关集市贸易的记载。由于生产力发展促进了社会分工和商品生产的扩大,使越来越多的物品必须拿出来交换,而交换就必须要有一定的场所,而"市"便是商品交换集中之所。所谓"处工就官府,外商就市井"就道出了"市"的重要性。② "集"含"人与物相聚会"之意。到集市买卖称"上集""赶集",到集上随便看看称"逛集""赶闲集"。陕南称赶集为"赶场"。大型的集也叫"会",如"物资交流大会"。集市也常出现在宗教节庆、纪念集会和圣地上,并常附带民间娱乐活动。

---

① 刘振群:《从历史上看农村集市贸易》,《商业研究》1963 年第 3 期。
② 黄火明:《传统与变革:乡村集市文化与新农村文化建设的和谐整合》,《东北农业大学学报》(社会科学版) 2007 年第 3 期。

一、"集市"作为一种乡村研究范式

乡村集市是中国社会中的一个重要组成部分，也是透视乡村社区的一个重要思路。20 年代后期，学者对国内外的中国乡村研究进行反思，指出单纯以村为单位的小范围乡村研究范式之不足；批评美国学者的"中国依附论"、"传统－现代"模式及"帝国主义论"。[①] 美国汉学界也在反思中转向"中国中心论"的研究，与之相生的是对中国"区域研究"兴趣的兴起，汉学家们认为只有进入中国社会的底部，才能总结出它的规律，发现它的问题。在此背景下，美国学者施坚雅（G. William Skinner）提出"区域体系理论"和"集市体系理论"。后者是一种独特的研究中国基层社会的方法。施坚雅用"基层"一词指一种"农村市场"及集市，即定期聚集进行的商品交易的活动形式，又称市集。"市场无论是作为在村社中得不到的必要商品和劳务的来源，还是作为地方产品的出口，都被认为是不可缺少的。"[②] 基层市场是"农产品和手工业品向上流动进入市场体系中较高范围的起点，也是供农民消费的输入品向下流动的终点。"[③] 在施氏构想的模式图中，一个基层市场是以基层集镇为中心，均值接近于 18 个村庄（内环由 6 个村庄组成，外环由 12 个村庄组成）的两环模型。他阐明市场结构的空间体系，从而进一步分析其经济和社会范畴，以论证"农民的实际社会区域的边界不是由他所住村庄的狭窄的范围决定，而是由他的基层市场区域的边界决定"[④]。当然，这个边界除了经济方面的意义之外，还有文化载体的意义，体现在：农民对所属基层市场区域的社会状况有充分了解，所需要的劳务大部分都能在体系内的家庭中找到，由此建立一个由老主顾与受雇者结合成的关系网；农民阶层内部通婚；同一市场体系内的宗族间的联系可能会永久存在；各种各

---

① 任放：《施坚雅模式与国际汉学界的中国研究》，《史学理论研究》2006 年第 2 期。

② （美）施坚雅：《中国农村的市场和社会结构》，史建云、徐秀丽译，北京：中国社会科学出版社，1998 年，第 5 页。

③ 同上书，第 6 页。

④ 同上书，第 40 页。

样的自发组成的团体和其他正式的组织（复合宗族、庙会的董事会等）都把基层市场社区（也称基层市场共同体）作为组织单位；基层市场社区与农民的娱乐活动息息相关等。不过施坚雅的市场空间体系与社区实际之间存在矛盾，后来学者对其的批判也从未停止。20世纪70年代，施坚雅的学生劳伦斯·克里斯曼（Lowrance Crissman）带着他的市场体系理论来到台湾彰化平原的汉人社区作田野调查时，发现施坚雅的理论并不能解释台湾市场集镇和聚落的发展[1]；汉人内部闽客、漳泉群体之间的械斗，因文化和群体的差异，出现了在市场和集镇的分布与展开中的不同面向，因此他将这一现象称之为"文化崎区"，从而创造性地应用和发展了施氏的理论。[2] 但在施坚雅基层市场、中间市场及二者关系的启发下，80年代，一些学者对中国农村的研究范围扩大到乡镇和县域。如：台湾学者庄英章[3]、大陆学者邱泽奇[4]等人对中国乡镇组织变迁的研究；吴毅的《小镇喧嚣》[5]，周泓[6]对于天津杨柳青镇因漕粮转运而兴起的"商型乡镇"的介绍等。周泓尝试了从村庄模式理解中国转变为从市镇研究重新认识中国的途径。群团与圈层关系刻画了汉人社会的结构格局，绅商类型引导市镇运作则展示了传统绅治之于乡治的文化延续；由宗族研究引发的汉人社会的血缘、地缘和业缘组合之扩展——市镇与商业领域呈现的文化共享与现代意义上的杨柳青人主动的文化变迁，有着深远

---

[1] Lowrance Crissman. *Town and Country: Central place Theory and Chinese Marketing Systems, with Particular Reference to Southwestern Changhua Hsien, Taiwan*. Unpublished Ph.D Dissertation, Cornell University, 1973.

[2] 卢成仁：《道中生活：怒江傈僳人的日常生活与信仰研究》，北京：人民出版社，2014年。

[3] 庄英章、林圯埔：《一个台湾市镇的社会经济发展史》，上海：上海人民出版社，2000年。

[4] 马戎、刘世定、邱泽奇（主编）：《中国乡镇组织变迁研究》，北京：华夏出版社，2000年。

[5] 吴毅：《小镇喧嚣——一个乡镇政治运作的演绎与阐释》，北京：生活·读书·新知三联书店，2007年。

[6] 周泓：《群团与圈层：杨柳青绅商与绅神的社会》，上海：上海人民出版社，2008年。参见杜靖：《关于对话的对话——评周泓〈群团与圈层——杨柳青：绅商与绅神的社会〉》，《中国社会历史评论》2010年第11期。

且重要的意义。①

二、"集市"的转型与发展研究

近年来，学者们探索集市在市场化、新农村建设中面临的发展机遇和更多的转型。近十几年学者们除指出施氏"基层市场理论体系"过分重简单化的功能要素分析方法，忽略了活生生的文化和地方社会具体的历史时空过程等局限外，许多专门的研究从不同的视角关注集市在乡村治理发展变化中的影响。②万红仍以西南地区为例，聚焦民族地区多种类型的集市，如节日型、庙会型、军事要塞型等；③张先友讨论新中国党的集市贸易政策的形成和发展；④曹锦清、张乐天、陈亚中在《当代浙北乡村的社会文化变迁》第九章"乡村市场"着重考察"制度"对于乡村市场的影响；⑤龙云、杨燕曦通过建立博弈模型分析了非正式制度影响到农民的生产方式；慕良泽从政治学角度分析国家政策对集市的影响；⑥吴晓燕在《集市政治交换中的权力与整合——川东圆通场的个案研究》中讨论新中国成立后的集市，关注现代国家建构过程中，国家政权渗透、收缩和集市变迁的关联，国家建设过程中，乡村集市交换中体现的政治、经济、文化和社会生活关系；⑦李珂的《集市

---

① 庄孔韶：《过化、权力、采借与情感——中国汉人社会多点研究归纳》，《中南民族大学学报》（人文社会科学版）2020年第3期。
② 张小军：《象征地权与文化经济——福建阳村的历史地权个案研究》，《中国社会科学》2004年第3期。
③ 万红：《中华西南民族市场论》，北京：中国经济出版社，2006年。
④ 张先友：《论新中国党的集市贸易政策的形成和发展》，《湖南经济管理干部学院学报》2005年第1期。
⑤ 曹锦清、张乐天、陈中亚：《当代浙北乡村的社会文化变迁》，上海：上海远东出版社，2001年。
⑥ 龙云、杨燕曦：《非正式制度影响下的农村集市市场主体行为分析》，《湖南商学院学报》2006年第1期。
⑦ 吴晓燕：《集市政治交换中的权力与整合》，北京：中国社会科学出版社，2008年。

乡村的再造——一个中国西南村落精英的成长历程》①以社区史作为叙述框架，以村落精英为线索，将集市发展和村落再造作为基本的发展实践，通过文化创造——樱花节的描述，揭示政府官员、村落精英、村民这三个利益主体在这一过程中复杂的博弈和微妙的互动关系。这些新的尝试和突破对今后集市的研究、村落的研究，或是社会变迁的研究都有重要的借鉴意义。

在小城镇建设背景下，农村集市及其问题的研究增多。在党的十五届五中全会提出发展小城镇之后，学者们展开了对小城镇建设的研究与讨论。费孝通曾经建议把"小城镇"叫作"集镇"，因为从字义来看，小城镇应归于"城"的一方，而实际却是"乡的中心"。②近年来，城镇化建设下集市在拥有更多发展机会的同时，也存在市场缺乏规划和管理不力、商品劣质、法律制度供给不足等问题；③由于县城商贸发展和一些省政府"村村通"工程，乡民大多进城买卖，城周围乡村集市衰败了；农村集市在城镇化和现代化进程中，既面临向规模化、专业化、科学化、规范化、特色化方向发展的挑战，④又面临传统的"熟人社区"、熟人社会、半熟人社会逐步向陌生人社会转变的不利。奂平清提出讨论乡村集市"内卷化"⑤的倾向：乡村集市为"落后"的小农提供了回避外部大市场而选择自给自足生活方式进行余缺调

---

① 李珂：《集市乡村的再造——一个中国西南村落精英的成长历程》，北京：社会科学文献出版社，2012年。

② 费孝通：《论小城镇及其他》，天津人民出版社，1986年，第54—55页。

③ 郭月菊：《贸易经济——论社会主义新农村建设进程中的农村集贸市场》，《商场现代化》2008年第12期。

④ 张其春：《城镇化进程中农村集市贸易的演变及政策取向分析》，《江西农业大学学报》（社会科学版）2007年第3期。

⑤ 内卷化：内卷化一词源于美国人类学家克利福德·格尔茨（Chifford Geertz）《农业内卷化》（Agricultural Involution）。根据格尔茨的定义，"内卷化"是指一种社会或文化模式在某一发展阶段达到一种确定的形式后，便停滞不前或无法转化为另一种高级模式的现象。黄宗智在《长江三角洲小农家庭与乡村发展》中，把内卷化这一概念用于中国经济发展与社会变迁的研究，他把通过在有限的土地上投入大量的劳动力来获得总产量增长的方式，即边际效益递减的方式，称为没有发展的增长即"内卷化"。

剂的场所。① 但是，我们必须承认现代化和市场化更多的是提供农村集市发展和转型的乐观前景：2005年"万村千乡"市场工程的实施，"农改超"和"农超对接"涌现，而超市与传统集市之间更是互补关系，而非替代关系。② 一些乡村在集市习俗、集市关系网、情感利益等因素的影响下，村民较多地选择传统露天街边集市。③ 而城乡接合地带，农村超市迅速发展，生意红火，超市"胜过"赶大集。农村集市相对于城市集市或具有支撑（促进农村经济建设）和收容（集市"消化"了大量城市过剩商品，但城市交换中的诚信和白色污染问题在进入乡村集市）的特性。④ 除了对传统集市的讨论，学者也开始关注互联网时代背景下，各类网络在线交易市场如"赶集网""同城网"等"网络赶集"强势兴起。⑤ 针对传统集市本身，也应因地制宜利用假日-集日的模式，开展定期或不定期的专门集市，如"葡萄集""鸽子集"等增加客流量；⑥ 借鉴传统上形成的家族式组织和商人间形成的关系网络，降低交易成本，适应现代市场化的效率，发挥商人组织（商会）对市场整合的作用；⑦ 一些城乡接合地带可因势、因地、因时制宜地塑造适合集市发展的布局景观，努力实现集市与城镇功能的高度融合。⑧

集市在中国的日常生活中也占有重要的地位。古人云："开门七件事，

---

① 奂平清：《农村居民的社会分化及社会整合的政策调适》，《中国人民大学学报》2005年第2期。

② 孙剑：《农村居民选择超市或集市购买的决定因素与比较——来自全国28个县（市）1308名农村居民的调查》，《中国流通经济》2012年第3期。

③ 吴克领：《新农村集贸市场化缓慢的原因探析——基于淮安市W村的社会学研究》，《安徽农业科学》2008年第28期。

④ 张婧：《支撑与收容——北方农村集市个案研究》，《中国商贸》2009年第5期。

⑤ 陶俊：《农村赶集的发展现状与未来发展对策分析》，《湖南农机》2012年第1期。

⑥ 丁礼兵：《从集市看赣鲁两地农村经济历史差异——以改革开放后平原恩城与铅山汪二集市为例》，《上饶师范学院学报》2011年第5期。

⑦ 杨海滨：《加强企业科技创新，促进经济转型升级》，《江苏政协》2012年第11期。

⑧ 厉华笑、郭波：《城市土地集约利用的内涵判定及评价指标体系构建》，《长江流域资源与环境》2010年第8期。

柴米油盐酱醋茶。"无论是城市,还是农村,人们的生产、生活都需要与社会进行联系,现代市场经济条件下,农村需要有竞争的自由经济贸易,在更高一层的社会群体活动中追求更好的生活;同时,集市作为日常生活"场域"的一部分,也是人们进行人际关联和社会交往的非正式公共空间。杨志新的学位论文《乡村集市与社区民俗生活——以宁夏灵武市崇兴镇集市为例》说明乡村集市连接着人们的物质生活和精神追求。[①]在一个乡村社区中,集市发挥着多种文化功能,以浓浓的乡情联系着乡民们的经济往来,满足了乡民们的精神追求。集市也突破了血缘的交往方式,加强了地缘联系。但在社会生产力发展、集市商业性日益增强的情况下,大量商品的引入也带了外来文化的侵入,社区内的传统民俗生活也发生变异。公风华、王顺冬以鲁南蒙阴为例,运用功能主义人类学的方法,对鲁南蒙阴地区集市的文化功能进行探析。[②]集市不仅是买卖市场,也是农村重要的娱乐场所、文化教育场所和交往场所,集市丰富了农民生活,增长了农民知识,改变了农民的观念,提高了农民的现代性。[③]郑瑞涛将集市看作社会转型期农村的非正式公共空间及在这一空间所展示的社会关联和人际交往。比如,集市圈与婚姻圈关系,以及表现出来的社会功能。[④]随着人们的交往圈子不断扩大,突破了血缘与地缘,集市交往成为一定地域上人们社会交往的一部分。刘清华等人介绍了湖北省恩施土家族苗族自治州恩施市沙地乡花被村,这是一个充满历史记忆的村落,也是一个古老的集市,明清时期的交通要道,"施南教案"的

---

① 杨志新:《乡村集市与社区民俗生活——以宁夏灵武市崇兴镇集市为例》,西北民族大学硕士学位论文,2005年。
② 公风华、王顺冬:《现阶段农村集市的文化功能探析——以鲁南蒙阴为例》,《新西部》2007年第8期。
③ 功能主义分析方法是在20世纪20年代兴起的一种社会科学方法。由于功能主义分析方法的广泛影响而形成了掌控人类学理论方向几十年的功能学派。以马林诺夫斯基为首的英国功能人类学派对于现代各民族社会文化进行研究,深入观察到人类各种社会制度在文化的总布局中的"功能关系"。
④ 郑瑞涛:《社会转型期农村的非正式公共空间:集市》,《长春市委党校学报》2009年第2期。

发生地等。① 现在花被村积极开发，发展特色旅游，笔者也希望可以保住集市老街，使其成为一道独特的风景。刘悦萍以河北新城县集市为例，介绍乡村集市与民俗生活的互动关系。② 在集市村庄的互嵌式结构下，基层市场表现出多形态和复合性功能。③ 朱凌飞和吉娜关注集市对顾客主体的作用。乡村集市已经成为形塑当地农民现代生活的重要方式，其作为消费场所、信息集散地、休闲娱乐场所等的交互空间，对人们的生活方式、行为模式、价值观念产生重要的影响，在乡村社会建构起一种后传统的秩序。④ 苏文彪以西北地区为例，发现集市可以满足多元群体差异性需求又能发挥其社会文化功能，并与其地方性的社会组织相互交织，共同服务于集市的日常生活生产，作为民间社会特有的一种经济文化类型，其空间成为人流密集、物品聚散、信息汇集、多元文化汇聚的公共空间，并成为推动区域社会发展的内生动力。⑤

集市不仅是地理上一个简单的交换集合，也是渗透了国家力量和社会力量相互博弈的场所，甚至在市场化过程中，中国基层政权也承担着中国农民走向市场的桥梁作用，扮演了市场中介的角色。⑥ 集市圈与婚姻圈、信仰圈、文化圈、权力圈的组合，共同形塑了多民族地区社会秩序与格局；⑦ 宋清野以民族志为线索，梳理了20世纪西方人类学集市研究中的三种主流范式：

---

① 刘清华、向盛银、龙克慈：《花被，充访史记忆的老街》，《湖北画报：湖北旅游》2014年第2期。
② 刘悦萍：《乡村集市与民俗生活互动研究——以河北新城县为例》，辽宁大学硕士学位论文，2003年。
③ 石伟、童国礼：《集巾村庄：基层市场与村庄的互嵌逻辑与发生机制》，《青海民族研究》2021年第4期。
④ 朱凌飞、吉娜：《道路、集市与乡村现代性：乡村振兴视域下滇西北聚落皆菊的个案研究》，《广西民族大学学报》（哲学社会科学版）2022年第3期。
⑤ 苏文彪：《一个西北山区村落集市的自我塑形与秩序再造——基于宁夏单家集田野调查》，《回族研究》2021年第4期。
⑥ 潘维：《农民与市场：中国基层政权与乡镇企业》，北京：商务印书馆，2005年。
⑦ 李然：《集市：人类学透视社会整合新视野》，《中国社会科学报》2013年4月22日。

经济学、地理学和符号互动学，拓展了集市的研究领域。从研究内容上看，三者各有侧重，互为补充：经济学范式分析集市上的交易行为和制度过程，旨在厘清集市制度与市场规则之间的概念边界；地理学范式考察集市的时空分布与社会联结，力图超越地方主义和文化孤岛的方法论局限；符号学范式则聚焦集市上信息的流通、符号的挪用与意义的生成，深描出集市的文化图式与精神气质。[①] 总之，要客观认识和正确发挥集市在农村社会整合中的功能，以促进城乡融合，加强区域内外经济联系，增进民族团结，实现地域认同与国家认同的整合。集市发展遵循"集市—集镇—城镇—城市"的规律，这有利于整合城市与乡村的价值与功能，构建出一个"城乡连续体"，推动城乡一体化。此外，农村集市作为一种经济交换活动，本身也是一种重要的社会文化活动。在中国乡村，宗族、集市、庙与庙会等是普遍共存的现象，只是受到自然、经济、社会和文化等因素影响，它们的存在价值对不同区域的农民有所不同，进而在区域社会秩序的形成中扮演的角色不同。[②] 加强集市市场管理和文化建设，提升科技化和信息化水平，把集市建设成为物资交流的平台、文化交流的舞台、城乡融合的中介，建设工农互惠、城乡一体的新型工农、城乡关系。

---

① 宋靖野：《集市的人类学研究：理论、民族志、批评》，《开放时代》2021年第4期。

② 赵晓峰：《认识乡村中国：农村社会学调查研究的理想与现实》，《中国农村观察》2021年第3期。

第三节 内源式理论与社会秩序研究

一、关于内源性资源理论与运用的相关研究

20世纪七八十年代，在现代化理论、依附理论、世界体系理论等发展社会学的主流理论纷纷陷入困境后，一种内生或内源性的发展理论（模式）诉求在发展中国家出现。内源性资源与发展概念由联合国教科文组织在1977—1982年中期规划中提出。1974年，联合国大会在《关于建立国际经济新秩序的宣言》中宣告："每一个国家都有权实行自己认为最适合自己发展的经济和社会制度，而不因此遭受任何歧视。"[①] 1975年，瑞典的一个财团在一份关于"世界的未来"的报告中，提出"内生式发展"概念，报告认为："如果发展作为个人解放和人类的全面发展来理解，那么事实上这个发展只能从一个社会的内部来推动。"[②] 联合国教科文组织1977—1982年中期规划的目标之一，就是"研究符合不同社会实际和需要的内源与多样

---

① 参见联合国：《关于建立国际经济新秩序的宣言》，1974年5月1日，https://www.un.org/zh/documents/treaty/A-RES-3201（S-VI）。联合国教科文组织：《内源发展战略》，北京：社会科学文献出版社，1988年。

② 张环宙、黄超超、周永广：《内生式发展模式研究综述》，《浙江大学学报》（人文社会科学版）2007年第2期。

化的发展过程,它的社会文化条件、价值系统、居民参与这种发展的动机和方式"。1983年联合国教科文组织推出了弗朗索瓦·佩鲁(J. D. van der Ploeg)的《新发展观》一书,提出了"整体的""综合的""内生的"发展理论,指出"内生的"发展表示一个国家合理开发与利用其内部力量和资源的发展。[1]1987年,他又指出,内生式发展意味着一个动员本地各种利益团体联合起来去追求符合本地意愿的发展规划以及资源分配机制的过程,最终目的是提升本地在技能和资格方面的能力。[2]Garofoli认为,内生式发展是在本地层面进行创新的能力,包括转换社会经济系统的能力、应对外界挑战的能力、引进符合本地层次的社会规则的能力。[3]而与本土发展相结合,更进一层的解释是日本的鹤见和子,她认为"内发的发展论"是指"不同地区的人们和集团适应固有的自然生态体系,遵循文化传统,参照外来的知识、技术和制度,自觉地寻求实现发展目标的途径,创造出理想的社会形态以及养成人们自觉的生活方式"[4]。这一观点指出了内生发展与外部资源相结合,注重人这一主体,落脚到生活方式的根本。

聚焦到乡村社会发展,"内源式发展"是对传统农村发展模式过分依赖外源式发展,导致农村地区逐渐丧失经济独立性、可持续性,以及对传统文化内涵的反思和改良。内源性发展强调"尊重文化同一性的各国人民享有自己的文化权力"[5];治理资源从乡村内部挖掘,以人为中心。中国传统乡村治理资源从其构成上,可分为乡村治理的内生性资源和外生性资源。内生性资源包括各类乡贤、自治组织、土地资源、仪式、乡土文化、非正式制度等。

---

[1] 弗朗索瓦·佩鲁:《新发展观》,张宁、丰子义译,北京:华夏出版社,1987年。

[2] J.D. van der Ploeg. A. Long, *Born from Within. Practice and Perspectives of Endogenous Rural Development*, Van Gorcum, 1994.

[3] 参见张环宙、黄超超、周永广:《内生式发展模式研究综述》,《浙江大学学报》(人文社会科学版)2007年第2期;邓万春:《内生或内源性发展理论》,《理论月刊》2011年第4期。

[4] 王志刚、黄棋:《内生式发展模式的演进过程——一个跨学科的研究述评》,《教学与研究》2009年第3期。

[5] 联合国教科文组织:《内源发展战略》,北京:社会科学文献出版社,1988年,第2页。

外生性资源包括政府投入、市场、社会投资和外部发展环境因素等。详细来说，乡村内生性的，以人为中心的资源，一方面是人本身，包括乡村治理精英、乡贤、村民等；另一方面是人与人之间交流衍生的人情、人伦、伦理、家族本位等文化基因和抽象资源；人生活在其社会网络，具有规范性、制约性的村规民约、宗族组织、家风家训等；具有传承价值的乡村史料、祖先遗产、文化古迹等。[1]20世纪90年代，一些欧洲学者对内源性发展模式提出了不同看法，认为乡村发展完全不依赖外部资源过于理想化和不切实际，任何地区乡村发展都会受到内外部因素的影响，关键问题在于乡村发展如何将外部资源为己所用的同时保持乡村的差异性和当地农民的主体地位。[2]20世纪末，欧洲兴起"新内源性"乡村发展理念，该理念指出乡村发展的关键在于建立当地机构来调动内外部资源，并鼓励当地居民和地方公共机构参与到乡村发展实践中，强调参与、合作，并通过"自下而上"的方式来制定乡村发展战略。

在中国乡村建设和发展中，乡村本土资源在与外部机制相互作用下发挥积极作用。在时代变迁中，一些资源失去实际显著的价值，但蕴藏着的乡土底蕴仍是乡民行为的文化力量。如"近代以来中国社会的沧桑巨变，改变了这种状况，但家族系统的内在逻辑没有受到真正的破坏"，虽然"并不是一整套有严格规定的正式建制，而是在长久的村落生活中自然而然形成的。它们存在着、活动着、作用着"[3]。经济学家温铁军在首届新乡村建设论坛上的讲话指出新农村建设所探求的"新"，关键在于资源的再造，在于人口上的"变负担为资源"，在于有限的土地资源最大效用的利用，在发展模式上依靠最大的内部能动，实现剩余劳动力有效转移和城镇化为主要特征的产业与

---

[1] 唐永：《善治视角下乡村内源性治理资源开发与运用——基于绍兴市乡贤组织建设的思考》，浙江师范大学硕士学位论文，2017年。

[2] 朱娅、李明：《乡村振兴的新内源性发展模式探析》，《中共福建省委党校学报》2019年第6期。

[3] 王沪宁：《当代中国村落家族文化——对中国社会现代化的一项探索》，上海：上海人民出版社，1991年，第15—16页。

人口协调发展的城镇化，以及由此对中国农村农民强大内生力的再次培植与激发。折晓叶认为，内源性发展是一种渐进式的发展过程，是社会内部现代化要素不断成熟、不断积累引起的，也是一种主动进取的发展过程。[①] 对于一个国家来说，内源式发展首先要尊重文化的多样性和各族人民享有自己文化的权利；人在发展中处于中心地位，人类既是发展的动力，又是发展的目的。秦红增指出"文化多样"是民族地区自身发展的内源式动力。内源式发展才能使乡村拥有与城市不同的发展优势，才可与城市发展相互协调，才能在维持人类文化多样性方面形成自己独特的贡献。[②] 张银锋以村落的社会文化变迁作为研究的主要线索，分时段对京郊柳村的集体制度的形成、发展、延续以及分化进行了历时性的描述与分析。对公有制"明星村"的现象进行了文化视角的解说，进而展现出国家、地方与基层社区之间交相互动、影响与博弈的错综复杂的社会图景。[③] 农村治理的内源性机制强调农村主体性地位，主要利用一个村庄范围内的各种有利于发展的经济资源、组织资源和文化资源。培育和壮大农村内生力量的过程，其实就是在综合考量农村内外部环境的情况下，借助政府和社会等外部力量对村庄内部各种有利于发展的内部因素进行激发，使村庄资源整合不断增强的过程。[④] 在现代工业和市场的推动下，一些村庄虽然没有国家和地方城镇化政策和财政的大力支持，也没有行政建制的设置，但实际上已在多个方面具备了城镇的基本功能；虽然农村户籍并没有改变，但实际上村庄内常年从事非农工作的人口已达到或超过建制镇的人口，甚至一些村庄已经超过了周边乡镇的发展水平。总之，乡村治理研究者借用"内生性"的概念，来认识中国乡土社会蕴藏的某种内在力

---

① 折晓叶：《社区的实践："超级村庄"的发展历程》，杭州：浙江人民出版社，2000年。
② 秦红增：《乡土变迁与重塑——文化农民与民族地区和谐乡村建设研究》，北京：商务印书馆，2012年。
③ 张银锋：《村庄权威与集体制度的延续：明星村个案研究》，北京：社会科学文献出版社，2013年。
④ 杨守宝、王全美：《资源再造和内源性机制形成的路径选择——新农村建设的能人视角》，《乡镇经济》2008年第1期。

量,① 也在反思农村治理与发展的内源性资源与机制问题。中国乡村社会传统上本就有自治的成分,来面对上层统治的渗透。② 村民之间的蛛网式人际关系网络将村庄与周边地区联系起来。③ 这都为农村地区发挥自身优势,实现质的发展奠定条件。除了从内部因素着手,欧洲的"新内源性"乡村发展理念对于当下中国的乡村振兴战略也有一定启示意义:乡村振兴应该将外部自由优势、发展机遇和内源性发展模式相结合,取长补短。同时在振兴实践中,既要强调农民的主体地位和自觉意识,也要强调政府的政策支持和外部资源的投入,但需要将外部资源要素内化于乡村发展模式中。④

总之,在中国熟人社会,乡村的内生动力和资源,来自乡土社会的文化底蕴。在中国情境下"国家—社会"互构中,地方社会有其特有的力量、能力和调节因素,一方面接受来自上层国家的调控、渗透和适应,另一方面又对权力进行反弹及地方社会的自我维系机制。党国英指出,乡村治理是以乡村政府为基础的国家机构和其他权威机构给乡村社会提供公共产品的活动,是以乡村政府或其他权威机构为主体的治理活动。⑤ 李正华将乡村治理界定为以乡村政府为基础的国家机构及乡村其他权威机构为了维持乡村秩序、促进乡村发展,为乡村提供公共服务的活动,以及促进乡村多元主体协同治理的过程。⑥ 前述界定反映出乡村场域内权威机构的主导地位,而另一部分学者则更加关注乡村主体性在治理过程中的体现。贺雪峰指出乡村治理是指如何管理中国乡村,或中国乡村何以自主管理,从而实现乡村社会的有序发展,强调了地方自主性与解决乡村社会发展中存在问题的能力。⑦ 王晓

---

① 范丽珠:《乡土的力量》,上海:上海人民出版社,2014年。
② 费孝通:《我看到的中国农村工业化和城市化道路》,《浙江社会科学》1998年第4期。
③ 庄孔韶:《银翅——中国的地方社会与文化变迁》,北京:生活·读书·新知三联书店,2000年。
④ 朱娅、李明:《乡村振兴的新内源性发展模式探析》,《中共福建省委党校学报》2019年第6期。
⑤ 党国英:《我国乡村治理改革回顾与展望》,《社会科学战线》2008年第12期。
⑥ 李正华:《新中国乡村治理的经验与启示》,《当代中国史研究》2011年第1期。
⑦ 贺雪峰:《乡村治理研究的三大主题》,《社会科学战线》2005年第1期。

毅指出，乡村治理本质反映了国家与乡村的关系，是通过赋予村民更多民主参与和权力以保障村民治理主体地位的治理活动，在发展过程中呈现从村庄自治逐渐发展为村民自治的特点。① 毛丹在对中国城市基层社会的型构分析中，提出基层社会中存在"社区自我维持机制"即"社区通过反复生成、规模大、分布广、高管理成本、低政治价值的领域、事务、关系和行为，促使政府不直接进入而听由社区按习惯方式去处理的状况"这种自我维系机制与国家主导、社区配合共同维系基层社会。② 这一分析对于理解乡村社会维系同样适用。传统上，如乡村一方面运用家族或宗族的深厚基础来适应国家权力造成的快速变迁；另一方面乡村社会作为国家与家庭（个人）的中介，又在国家整体性视角下，保存"社会—家庭（个人）"互构实践的空间。

二、中国情景下的乡村内源式发展与秩序维系

"绝大多数社会学家都不把时空关联看作是社会生活生产和再生产的根基，而是将它们视为塑造出社会活动'边界'的东西。"③ 乡村社会秩序维系关乎国家治理与稳定的基础，对于不同历史、民族和地方文化影响下的地域，其秩序维系状态，即失序、平衡、重构等存在差别。与西方社会学关注的社会历程、文化和实践轨迹不同，对于中国乡村社会秩序的讨论需放在中国"情境"中。在"传统社会何以"分析中，"时间和空间（被）看作行动的环境"，在社会变迁的历史进程中，乡村社会秩序的失序与调整，一方面，和不同历史时期，国家在乡村的政治、经济制度变革有关；另一方面，乡村社会有自我维系和抵御外部力量的机制，并在时间和空间变动下不断继

---

① 王晓毅、杨蓉蓉：《目标驱动的乡村治理现代化：概念与过程》，《南京农业大学学报》（社会科学版）2023年第2期。

② 毛丹：《中国城市基层社会的型构——1949—1954年居委会档案研究》，《社会学研究》2018年第5期。

③ 安东尼·吉登斯：《社会的构成》，李康、李猛译，北京：生活·读书·新知三联书店，1998年，第103页。

承、扬弃和创新，即"情境性"（contextuality），"具体时空中，互动场景、行动者和它们彼此之间的沟通"。郑杭生、杨敏《社会互构论》对"情境"有专门的解释："'情境'是一个结构性和整体性的场景，是社会生活'情境'的有机综合或总和"，作为互构主体的"个人"和"社会"都是处于情境中的主体。① 谢宇用"时空情境"替代"社会生活情境"统一"个人"和"社会"生活情境。② 本书此处强调"情境"，一是强调时间维度上，国家整体性情境与（乡村）社会的互构，二是在时间维度基础上，强调空间维度中（乡村）社会情境下与个体行动者的"互构"实践。

内源式发展或内生式发展模式也是在村庄内外互动，国家—社会互动的情境中，基于村庄内部的资源，推动整体性发展的。一些学者强调乡村凭借血缘、地缘、利益、文化关系，以经济型、社会型、文化型精英带领乡村自治，主张尊重农民意愿，提高村民的主动性与创造性，从而充分激发乡村发展的内生动力；③ 在内生式发展的重要性上，郭艳军等人将内生式发展上升到较为重要的位置，指出农村内生式发展或是农村稳定持续发展的根本途径；④ 在内生式发展的特征上，高涓尘和黄正东将其归类为：城乡协作、主体回归、产业关联、生态保护、文化传承和治理民主；⑤ 马荟等人则将内生式发展的特征总结为：突出地方参与、培育地方认同、注重对地方资源环境和特色文化的保护性开发，通过乡村内部主体与外部主体的互动、内部资源与外部资源的融合，实现"外发促内生"与"内联促外引"的有机结合，进

---

① 郑杭生、杨敏：《社会互构论：世界眼光下的中国特色社会学理论的新探索——当代中国"个人与社会关系研究"》，北京：中国人民大学出版社，2010年。
② 谢宇：《时空情境视角下的越轨行为及治理》，《广东社会科学》2018年第5期。
③ 董运生、张立瑶：《内生性与外生性：乡村社会秩序的疏离与重构》，《学海》2018年第4期。
④ 郭艳军、刘彦随、李裕瑞：《农村内生式发展机理与实证分析——以北京市顺义区北郎中村为例》，《经济地理》2012年第9期。
⑤ 高涓尘、黄正东：《回归与重塑：农村社区内生式发展模式研究——基于湖北省鄂州市农民意愿的调查》，《现代城市研究》2016年第9期。

而推动村庄内生发展。① 在具体乡村内生式发展的实施路径上，一是要发挥主体核心作用。莫艳清提到，在城市化和市场化背景下，村落带头人的"企业家精神"和创新能力是一个村庄获得跨越式发展的内在关键，② 要强化村两委班子建设，发挥好基层党组织的作用；③ 返乡青年精英具备专业多元优势、思维创新优势和文化素质优势，要多措并举激励能人返乡创业。二是要整合发展资源。一方面是"硬"资源，乡村发展的关键是要将外源性资源与内生性动力聚合转换，推动村社组织的协同整合，生成乡村发展的新动能；④ 刘伟指出，乡村内生式发展需要坚持地方参与、地方认同和地方保护，加强外部资源与内生力量的相互融合以实现乡村可持续发展，甄别并引入有助于当地发展的外部资源，以集体行动为主要发展方式，带动内部力量，使村庄与上级政府、外部企业等通过良性互动形成利益联结；⑤ 另一方面是"软"资源，要坚持乡村本土力量在乡村发展过程中的核心地位，增强其发展的自主性和能动性，如注重乡村情境中村规民约、人情信任等非正式制度的重要作用；⑥ 在市场经济背景下，村庄社会的经济关联和社会关联不断弱化，文化建设是振兴村落共同体的重要出路。因此，需要以优秀文化思想为媒介凝聚村落价值认同，以民俗活动为载体营造村落公共生活空间。⑦

总之，中国乡土社会是礼俗性的。传统乡土的"礼"、关系、人情等文

---

① 马荟、庞欣、奚云霄、周立：《熟人社会、村庄动员与内源式发展——以陕西省袁家村为例》，《中国农村观察》2020年第3期。

② 莫艳清：《村庄再造的内驱力：社区精英及其创新——基于城市化背景下W村跨越式发展的观察与阐释》，《浙江社会科学》2014年第12期。

③ 韩旭东、郑风田、郑淋议：《能人型村干部如何影响村庄新内源式发展：基于全国性村级面板数据的分析》，《中国软科学》2023年第6期。

④ 朱娅、李明：《乡村振兴的新内源性发展模式探析》，《中共福建省委党校学报》2019年第6期。

⑤ 刘伟：《论乡村环境协同治理的行动者网络及其优化策略》，《学海》2018年第2期。

⑥ 吴茂英、张镁琦、王龙杰：《共生视角下乡村新内生式发展的路径与机制——以杭州临安区乡村运营为例》，《自然资源学报》2023年第8期。

⑦ 毛一敬、刘建平：《乡村文化建设与村落共同体振兴》，《云南民族大学学报》（哲学社会科学版）2021年第3期。

化因素有利于维系乡村秩序。第一，传统"依礼而治"并世代形成的乡俗规范、社会关系、"差序格局"，在乡土社会仍有存留并在自治社会秩序中发挥着潜移默化的作用。在社会生活领域，以血缘为纽带的家庭、以地缘为基础的邻里和社区等初级群体在没有巨大的外来冲击时，会习惯地维持日常规制，如传统父系家族的系谱关系、辈分等级和运行规则等。对有着深厚的宗族文化的村庄，对传统资源的整合和利用更具有组织性，地方性权威也在一定程度上对现代化有所适应，并发挥积极作用。王铭铭《社区的历程：溪村汉人家族的个案研究》①，周大鸣《凤凰村的变迁：华南的乡村生活追踪研究》②等都是代表性著作。乡土社会长期孕育的社会网络、人力资本和文化资源适应时代转型，成为乡村发展的重要力量。陆学艺在《内发的村庄》中认为河北行仁庄发展成功的重要原因是它有极具个人魅力的村支部书记；利用乡村传统资源，把握住市场方向，走出一条内发之路。③

当物质生活不断丰富，经济在转型升级中不断走出去，激发活力的同时，文化振兴是新时代乡村建设的灵魂。文化自觉意识下的文化转型，也是当下乡村振兴，精神建设，乡风文明的重要一环。以新媒体时代和网络空间的文化重组为背景，赵旭东从发展的宏观性讨论中国的文化转型。由人对自然的无所畏惧到敬畏，文化为人的需要服务；人通过不同多样的感知方式去认识这个世界，尊重人、自然和物质世界的多样性和统一性。④落脚到乡村社会的发展，广大的村民主体对于文化的认识、理解和运用，也应在新时代有更丰富的形式和内容。从被动文化到主动创新，多媒体感知，文化表达。盘活和合理利用乡村传统民俗文化资源，发挥村民公共文化场所的凝聚性，通过村民集会活动增强体验感、参与性，发展农村公共文化；通过农村娱乐活动等方式，增加农民之间的公共交往，在交往中获得人生体验，恢复农民

---

① 王铭铭：《小地方与大社会——中国社会人类学的社区方法论》，《民俗研究》1996年第4期。
② 周大鸣：《凤凰村的变迁：华南的乡村生活追踪研究》，北京：社会科学文献出版社，2006年。
③ 陆学艺：《内发的村庄》，北京：社会科学文献出版社，2001年。
④ 赵旭东：《微信民族志时代即将来临——人类学家对于文化转型的觉悟》，《探索与争鸣》2017年第5期。

生活的主体性价值;① 培育农民的公共理性或公共精神;② 建设特色田园村庄和生态乡风,以推动实施乡村振兴战略。

社会维持秩序的存在要应对社会系统内部因素与外部情境的矛盾与相互作用。一方面,我们既要认识到地方性知识的实践并非一种威胁现代性的外部力量,而成为纠正现代化问题和偏向的内在动力和组成部分,地方性知识蕴含着建设性的价值;另一方面,社会变迁中也要利用地方性知识,具体指民众日常生活中的价值规范、伦理道德和行为规则所构成的文化系统,而非代表国家意识形态、法律法规和精英文化的大传统体系,这些地方性知识以对生活的观察、理解和反思来寻找症结所在,并以生活中人们的共同参与作为解决方法。只有这样,现代化的过程才不会发生剧烈的矛盾冲突和人格危机,社会生活方式才能更具有自然性、和谐性和包容性。③

---

① 贺雪峰、谢丁:《乡村建设的中心是文化建设》,《文史博览》2005 年第 12 期。
② 吴理财:《个体化趋势带来多重挑战 乡村熟人社会的重构与整合——湖北秭归"幸福村落"社区治理建设模式调研》,《国家治理》2015 年第 11 期。
③ 参见高丙中、纳日毕力戈:《民俗文化与宗教信仰》,北京:北京大学出版社,1997 年。

第四节 总结述评与研究设计

一、乡村发展与治理困境

扎根于中国乡土社会的调查和研究,需要与中国广袤多样的地域相适应,调查内容丰富,形式多样。研究单位从单个村、集市村、宗族村,到多个村、镇域、县域。研究主题广涉乡村政治、基层治理、乡村经济、乡村社会和文化变迁、乡村风俗和礼仪以及乡村的人、村民主体和乡村精英等。我们既看到乡村社会的乡土性,也看到地域结构性和差异性,同时这些又与国家政策、制度变迁紧密相连。关于中国"村落"和集市的研究,丰富多样,且具有鲜明的地域色彩。

从乡村长远可持续发展角度来看,内源性发展强调地方价值观和文化特殊性,强调内生动力问题。这需要从地方主体、资源、发展路径和目的等多个方面进行梳理和思考,以总结适应当地人全面发展的模式,并利用原有资源,再利用和创新,调整结构秩序,实现新平衡。这也意味着内源性农村发展模式并非一成不变,其理念和实践应该适应新发展过程,并进行一定程度的调整和完善。同时,值得重视的是,农村地区受到地方发展和全球化双重趋势的影响,不可割裂外源和内源性发展,需要将内外有机结合,外来—本土有机结合。所以,有效的农村发展战略必须寻求地方和区域层面建立经济和政治机制，构造有助于同外部世界进行互动的良好条件。

在社会秩序等结合理论的讨论中，从早期涂尔干的"社会分工论"强调国家意志与社会民情的相互作用，吉登斯对系统及结构的"制约"与"使动"的分析，到关注"文化视角"对社会系统的维系，强调生态适应、环境与文化的互动，再到"实践论"强调人的能动性及地方社会内部要素相互作用。关于社会变迁、地方与国家、个人与社会互动的解释逐步从宏观走向微观，从关注环境到关注行为者。

总体上，内源性农村发展主要（但不完全是）建立在诸如地方知识、人力主体，生态、文化资源及潜力，并与生产、消费相结合，形成各具地方特色的模式。作为一种发展战略，内源性发展有可能改善贫困社区的生活条件与质量，然而，它并不能完全取代区域发展的传统战略，因为它的经济影响相对有限。不过，成功的地方经验能够加强社区意识与社区认同，并引发赋权和解放的进程。

当前，在乡村治理和振兴实践中，乡村发展的内外均面临诸多挑战。在外部嵌入维度，乡村场域面临治理秩序困境。尽管乡村振兴战略自实施以来取得了一定成果，但乡村治理仍整体面临着不平衡、不充分的发展困境，且乡村治理体系功能亟待完善；[1] 乡村与基层政权——乡镇政府的关系，运行及合作带有各自的"地方性"和"自主性"。[2] 宏观制度困境的影响亦能够直接反映在"国家—乡村"的互构过程中。陈锋指出，在农村税费改革与国家资源输入的背景下，乡村已然形成了新式利益链条，乡村治理呈现出内卷化特征，造成国家、基层组织与农民连带制衡关系断裂，使得乡村治理陷入困境。[3] 除了前述外嵌制度困境，技术嵌入亦使得乡村陷入转型困境。有研究者指出技术要素在其外嵌进入乡村治理的过程中，易在主体理念、治

---

[1] 刘凡熙：《深入推进乡村治理现代化的现实困境及对策建议》，《哈尔滨工业大学学报》（社会科学版）2023年第5期。

[2] 赵树凯：《乡镇治理与政府制度化》（修订版），北京：商务印书馆，2018年，第66页。

[3] 陈锋：《分利秩序与基层治理内卷化资源输入背景下的乡村治理逻辑》，《社会》2015年第3期。

理手段和规则体系方面发生冲突，①客观存在认知嵌入不足、行政嵌入过度、文化嵌入缺位以及关系嵌入弱化等多重困境，需要构建合理的"认知—行政—文化—关系"嵌入环境，切实推动数字治理在乡村社会的有效落地②。在村庄内源视角下，乡村在城镇化推进过程中面临多重困境。如地区经济发展失衡、乡规民约失序、人才更替乏力以及乡村文化失语等困境，前述困境使得传统治理方法与途径在一定程度上失效，需要从内部突破、外力支援以及内外合力等角度完善乡村治理方式。③

以上的研究，在不同要素共同作用下，需要我们思考"乡村社会诸要素的关联及运行机制"，它们如何作用于社会运转、有效调节和维系乡村社会秩序？乡村社会运行中的关键人物——乡村精英，何以成为村庄领导人和权威，并为乡村发展发挥作用？从大量的相关研究总结，相关政策、文献资料的阅读，可以给我们相关启示和思维视角，并对观察的村庄进行判断和解构。

二、研究设计与主要方法

本书侧重乡村社会"软"资源部分，从两个发展迥异的村庄，北方的传统集市村和南方外部市场活力激发发展起来的乡村企业村，观察地域特色鲜明的两个村，如何将内部的精英、乡土文化资源和转型社会的乡村智慧，共同作用于乡村秩序建设和再发展中，通过不断激发乡村活力，实现乡村振兴，共享发展成果。最重要的是通过对本土资源的激活与外部机制的相互作用，在乡村社会共享发展成果的过程中，培育新时代发展型乡村共同体的合作精神和自觉意识，为乡村的全面振兴和可持续推进注入乡土社会传承文化。

---

① 丁波：《乡村治理数字化转型：逻辑、困境及路径》，《新疆社会科学》2023 年第 3 期。
② 袁宇阳：《嵌入性视角下乡村数字治理的多重困境及其破解路径》，《云南民族大学学报》（哲学社会科学版）2023 年第 4 期。
③ 李金哲：《困境与路径：以新乡贤推进当代乡村治理》，《求实》2017 年第 6 期。

本书的"秩序再造"是相较于原有乡村秩序体系而言的，传统乡村更为侧重村庄自治和地方经济发展本身。随着新农村建设推进，到乡村振兴战略实施，村庄秩序建设与发展更加注重整体性、协调性和农民主体性发展。所以本书也将从乡村政治秩序、经济秩序、文化秩序和生态秩序等全面视角，分析在乡村振兴战略实施中的内源性发展与秩序建设。

（一）研究对象

聚焦研究问题和思考，本书主要有三个分析对象：

第一，在观察的田野村，主要的传统内源资源及乡村秩序现状与发展。

第二，在乡村建设振兴和治理过程中，乡村行为主体如何利用资源进行当下乡村发展、创新和转变，调整了原有乡村秩序，形成乡村发展新景观。

第三，主体利用资源，实现了怎样的秩序建设和平衡路径。

从乡村社会整体和环境适应性来看，乡村秩序有其历史逻辑，同时在社会变迁中不断调适。只有在行为主体不断将外力和资源嵌入本土治理逻辑和实践中，内源性资源才能使得其所，并在不同的发展阶段发挥其作用。随着乡村治理环境的变化，行为主体之间又是多样且相互联系的，只有相互合作、协商并且目标一致，才能做到精英、本土资源利用的最大化。最后，秩序隐行于乡村社会的组织、文化和行为逻辑中，无形且有力。行为主体，多种资源和乡村秩序构成时空里的"三维"，形成平衡的，蛛网式的，但多向互动的运行体系。

做到有序的社会运行，需要主体上（镇）基层权力主体作用方式，村委一层乡村精英和村民三方在各自运行空间有序且做到相互协调合作；需要资源上的传统与当下需求结合，进而传承和转化、创新；需要环境上的政策支持、市场活力和精神文明建设相辅相成。最后，主体，资源和环境在三维空间里通力合作，实现平衡有序发展，并维系当下乡村振兴实践中形成的乡村—精英—村治，经济—企业/组织，以及文化—伦理—家庭等全面的秩序网络。

（二）主要内容

传统乡村秩序包括一定乡土空间长期形成的基层治理秩序，经济组织秩序，乡村文化伦理秩序。当下，在乡村振兴战略实施中，在政策引导，经济拉动，文化精神生活不断丰富和生态建设中，乡村正在钩织新的秩序平衡，以实现全面、可持续的现代乡村。第一，在乡村治理和发展中，长期形成的村领导人权威和治理绩效，一定程度上影响着村委村务工作的进展，村支书领导力和村治良策带领村民致富、兴村和全面发展新农村。在乡村治理实践中，通过联系和调动新乡贤，经济带头人等，乡村社会不断形成乡村多元精英参与的村自治新秩序。第二，村庄原有的经济要素（集市，企业）是村庄发展的基础，也是当地人赖以生存的基础。在长期的经济组织网络中，乡土社会也形成了一定的社会资本网络，并影响家庭、亲属关系和企业发展。但在现代化、市场化的冲击和机遇下，传统集市需要外部力量的拉力，家庭企业需要新技术、新市场、新平台的助力，形成新时代经济组织网络秩序。第三，乡村伦理秩序是一种无形的秩序，表现为一套行为规范和乡风民俗的乡规民约。在长期实践和秩序重建中，乡规民约仍保留下家文化传统：儿女对父母的尽孝之道，长辈对子孙的身教言传之范。其传导机制是以家庭家族为基础的代际相传，家庭家族中的长者和乡村的知识精英则是传导机制的维护者和引导者。在新时代，传统乡土性渐渐褪去的农村凤凰涅槃、浴火重生；与之相对应，职业化的新乡民成为现代乡村的主人，伴随着新乡民的精神成长，经过现代洗礼的乡村伦理得以重构。第四，乡土社会地域色彩多样，发展不一，但在全国新乡村运动——乡村振兴中，各地均身体力行，各显神通，发挥地域性优势，创新乡村社会方式，不断进行新尝试，最重要的是进行的"全民参与"式乡风文明、生态治理建设、家风家训、美丽庭院、垃圾分类、生态景观建设等，重新让乡村恢复生机，形成乡村文化底蕴下的礼俗—伦理—家庭等相协调的秩序新局面。

围绕新时代乡村治理与经营实践，本书主要梳理了三个主要内容。

第一，在文献梳理和经验研究基础上，总结发展中的乡村社会原有基础上的内源性资源：精英、经济基础、文化资源及组织网络。这些内源资源的特点及在当下乡村振兴中面临的机遇和挑战。

第二，在新时代乡村振兴与治理中，乡村原有的精英、经济基础、文化要素和生态资源等，如何在外部政策、市场和内在动力中，抓住机遇，实现转型。如经济企业和亲属组织不断走向外部市场，实现积聚发展；乡村挖掘和再利用历史资源，发挥传统民俗、红色文化和非遗文化的现代精神、经济和文化创新价值；发挥传统家庭家训的积极作用，与景观生态建设相结合，建设新乡村；在家庭和乡村公共空间，乡村如何具体实践，通过喜闻乐见的方式和内容，重塑精神文化生活，打造乡风文明、村容整洁的美丽乡村。

第三，结合当下内源性资源在乡村秩序重构中面临的挑战和应对，如何从乡村社会的"创造性转化能力"角度来理解当下中国的乡村振兴，最终实现"治理有效"，乡村秩序系统的平衡、可持续。

（三）研究方法

基于所关注的问题，本书在研究方法上主要采用定性研究。通过对第一手资料的详细掌握，参与观察村精英，村内源性资源在乡村发展中如何发挥作用及乡村社会组织机制，分析在维持和重构乡村秩序中的逻辑。在田野调研期间主要通过文献梳理和访谈进行深入分析；后期结合当前乡村振兴和治理实践，运用一些统计材料，问卷分析，进行评估和预测。

1. 文献研究法

首先是对公开发表的相关专业著作、论文进行初步文献调研；其次是利用市、县档案馆和图书馆查阅地方性知识进行补充，例如从历史资料中获取地方档案、地方志、地方民俗、名人传等相关信息；最后辅以参与观察民俗、历史影片纪录，从中摘录相关信息。

2. 参与观察和比较分析

从最初2013年对集市村——M村的参与观察及集市文化研究，到2016年对企业村——D村的参与观察。目前对两个案例村长达6—10年的观察与追踪，从发展视角和比较视角下分析乡村发展内源性机制，并呈现微观行为现象和行为机制。

3. 案例访谈法

以文献梳理为基础，以现实问题的解释和解决为目的的实地调研法是社区研究的主要方法。具体通过深入调查现场，利用观察、访问、座谈等方法搜集特定对象的资料，对调查对象进行深入解剖。案例访谈，主要以参与观察和文化解释为主，对人们维持社区感的关键因素和过程进行深入描述。例如，对于某一人群聚集区的民俗、信仰、生活观念、社会活动的研究。

本书对两个村进行案例访谈，主要访谈对象包括乡村政治精英、文化精英、镇政府工作人员和部分村民。是通过深入调查现场，利用观察、访问、座谈等方法搜集特定对象的资料，对于乡村的民俗、信仰、生活观念、社会活动做深入描述和分析。

4. 问卷调查法

主要用于后期资料补充，研究总结及展望。其一，在村、镇相关部门做的统计数据，包括养老保险、镇近十年离婚情况、生育、养老相关统计数据；其二，对乡村振兴中村民参与度和满意度进行问卷设计（美丽城镇建设群众满意度调查问卷），发放和统计分析。

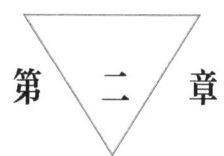

第二章

鲁中 D 村与浙北 M 村的秩序基础与发展

第二章 鲁中D村与浙北M村的秩序基础与发展

由于乡村发展的动态性演变和各组成要素的不断整合，学者对乡村的界定多样复杂。但传统的中国乡村社会是一个建立在血缘基础之上，伦理本位的社会，成为很长一段时间中国社会发展的共识。家族制度是传统中国乡村社会结构的基础，伦理是维护传统中国乡村社会秩序的根本，"差序格局"是传统中国乡村社会人际关系的基本特征。在此基础上，乡村社会秩序共同体相对稳定，并在家族、邻里互动互助中形成地域特色的村落共同体。但在工业化、城镇化、市场化的进程中，传统受到冲击，在固有韧性中不断受阻、变革和适应。

乡村社会秩序的变化，反映到乡村社会系统诸要素的变动和调整，是乡村秩序结构要素之间平稳、有序、调整互动的状态。本书仅以两个个案村，集市村和企业村为例，将相关的村落范式和集市范式进行综述与分析；此外，本书以内源性资源理论为支撑，讨论在当下乡村建设和振兴实践中，案例村如何运用本土资源，在外部市场和内部条件相结合的情况下，实现秩序的调整、转型和重构。

本章从乡村自治经营的经济基础、文化底蕴和组织形态出发，介绍案例村在原有社会秩序系统中的状态。以"乡村振兴战略"的提出和实践为背景，案例村的村治理主体主要是政治型精英，以村支书为主；经济上，以传统集市、家纺企业为基础；文化上，以村原有的红色文化、传统民俗、非遗文化，长期形成的村落文化秩序形态为主，村内部分文化精英参与到乡村发展实践中。但两个村在面临乡村振兴的挑战时，表现出政治型治村精英主体性，但调动其他精英参与乡村发展和治理的积极性不高；在经济上，面临传统经济形态转型，外部市场冲击和以亲属组织为主要形态的家庭企业的转型升级，市场分化等问题；在乡村文化发展上，需持续搞活文化活力，将传统文化与现代产业相结合，实现在传承中创新。基于原秩序形态，我们需要思考，如何在乡村社会诸要素上进行调整，利用政策优势，外部机遇和本土内源性资源，实现乡村新秩序建构和乡村振兴。

第一节 鲁中D村与浙北M村

大到国家，小到基层自治单位，都会利用合作性的商人团体，如庙会、集市组织，以及民间神话和乡土社会惯以常见的"文化"符号等，通过各地的运作，以实现地方社会的发展。行政村或自然村依托其自然地理环境，为人们的生产和生活提供地域实体、物质和多种自然资源，以致乡村聚落或乡村文化具有地域性的表现、特点或发展规律。如华北平原村落和江南水域村落，在村庄起源、作物种植、居民饮食、文化习俗中均有不同；长期的经济基础也奠定了鲁中集市村和浙北企业村不同的村庄特征、发展方向。

一、鲁中D村

D村（大伯集村，"大伯"方言读dai bei，本书简称D村）建置历史悠久。隋朝初期，最早迁入者在此定居，暂取名"大毕村"[①]。"大毕村"位于山东省宁阳县城西，西临汶上之间，人口众多、村落为大。元朝，宁阳县有村落39个，"大毕村"当属之一（现村碑上记录"相传元朝前建村，曾叫大

[①] "元末成集、明初立会，让村之名声多了几分清晰，在以姓氏定名的诸大伯村庄之中独占鳌头，如同秀才中举，脱颖而出。"见戴永良：《大伯集的集和会》，微信公众号"兵圣戎商"，2024年4月27日。

伯村，后设集又改称大伯集）①。元朝中期，"大毕村"出现小型集市，至晚期市场体系发育成熟，正式命名为"大毕集"。元朝至正年间（1341—1370），大毕集改称。解放战争时期，曾设立村公所。1955年，由D村、胡大伯、张大伯、赵刘大伯四个村联合并成立高级农业生产合作社。1958年，D村高级农业生产合作社改称D村生产大队。1961年D村独立为生产大队，隶属东疏公社。1983年5月，撤社改区建乡，生产大队改建行政村，D村建立D村村民委员会。属东疏区大伯乡。1985年11月撤区并乡，建立东疏镇，D村属东疏镇。2001年2月东疏、西疏乡合并建立新的东疏镇，D村隶属至今。②（参考访谈CXN，2013-12-25）③

在地理环境上，D村位于宁阳县城西6公里处，村主干道向东穿"华宁大道"（连接国道），几乎直线达县城，相比其他行政村，交通和地理位置上占据优势。地理坐标为东经116°72″，北纬35°78″，东南距儒家历史文化圣地曲阜35千米，距兖州28千米，西南距汶上25千米，东北距五岳之首泰山68千米、距泉水名城济南115千米。"村域属于北温带大陆性半湿润季风性气候，四季分明，光照充足，年平均气温13.4摄氏度，降水量600毫米，日照2600多个小时，无霜期220多天。境内为大汶河第四纪冲积平原，地势平坦，北高南低，西高东低，河流、坑塘众多。"④

D村距儒家圣地曲阜数十里，孔孟文化影响深远。村内教育起步较早，明、清时期，村内就办有私塾，村民崇尚文化、勤读躬耕的良好村风日盛。无论是乡绅办私塾时期，还是新中国成立后，文化底蕴深厚的D村均培养出数名乡村大学生；除正规教育的发展，D村还注重文化基础设施建设，剧

---

① 1988年9月，东疏镇政府在大伯集村西桥头处建立村名标志碑。参见中共大伯集村支部委员会、大伯集村民委员会编修《大伯集村志》，北京：中国文化出版社，2011年，第22页。

② D村网站 http://www.cuncunle.com/VillageWeb/328571/Introduce/index.html。

③ CXN（D村原村书记）为被访者姓名首拼，2013-12-25为访谈时间。以下访谈内容均按此格式，不再说明。

④ 中共大伯集村支部委员会、大伯集村民委员会编修：《大伯集村志》，北京：中国文化出版社，2011年，第3、5、7页。

团、剧院、文化文艺宣传延续至今，农家藏书以及古碑石刻等文化资源丰富，这与当前盛行的古会，曲艺戏剧表演等不无关联。

D村代表性的则是以村名命名的古集——大伯集。在山东，集市被统称为"集"，也有称"小市"和"店"的。到集上买东西称为"赶集""上集""上店"。没有要紧事而到集上看看，被称为"闲赶集""逛集"。集市有固定地点。集市地点的选择，一般都选在经济较为发达或交通方便的地方。集的命名也多以所在地而称。①D村大伯集则是依据优越的地理区位环境，以所在地而称。大伯集市成立于元朝中期，为当时宁阳县20余处集市之一，至今已770多年，故曰大伯"古集"。明永乐年间起，每年春秋亦办有物资交流会，谓之大伯集"古会"。明清时期，经过康熙至乾隆盛世，大伯集孕育了发达健全的市场体系，成为宁阳西部乃至鲁西南地区重要的经济贸易和生产生活资料的集散地。大伯集集日农历四、九成集（每月初四、初九、十四、十九、廿四、廿九）。由于历史原因，过去大伯集曾有过大集、小集之分。大集集日为农历初九、十九、廿九，中心十街西头成集；小集集日为农历初四、十四、廿四，中心大街东头成集。②据史料和村志，集市几乎从未中断，并在1971、1984、1999和2008年，经过4次改造，拓宽集市主干道，规划管理。2008年统计摊位达2000多个。

集市的发展衍生出"古会"——物资交流大会。后以"春会"流行下来，一般在农历三月十九开会，到三月二十四，会期6天左右。春会期，邻近县、镇乡村等客商赶来交易，包括兖州、汶上、肥城、东平，乃至临近的省份江苏、安徽、河南等各地的商户进行物资交易；村民逛古会，购买春耕用具，交易家养牲口等。

> 不只是咱们宁阳的商户会在会期的时候集中于大伯集，周边的包括兖州、汶上、肥城、东平，乃至临近的省份江苏、安徽、河南等各地的

---

① 叶涛主编：《山东民俗》，兰州：甘肃人民出版社，2004年，第52页。
② 中共大伯集村支部委员会、大伯集村民委员会编修：《大伯集村志》，北京：中国文化出版社，2011年，第146、147页。

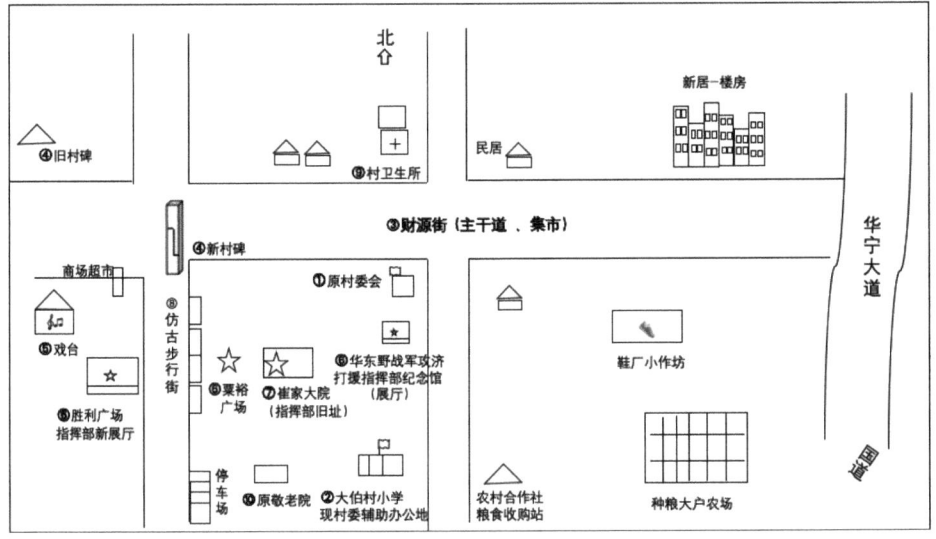

图 2-1　D 村简图

① 原村委会
② 大伯村小学，小学合并后，现为村委会辅助办公地址
③ 主干道：财源街
④ △旧村碑（碑正面：大伯集 DAIBAIJI，东疏镇人民政府立一九八九年元月。背面：相传元朝前建村，曾叫大伯村，后设集又改称大伯集）；

　　新村碑（主题雕塑）
⑤ 戏台（旧址剧院，现已新建）
⑥ ☆华东野战军攻济打援指挥部纪念馆（展厅）；

　　胜利广场（现在在此建设了华东野战军攻济打援指挥部纪念馆新展厅）；

　　粟裕广场（华东野战军将军印记展厅）
⑦ 崔家大院（华东野战军攻济打援指挥部旧址）
⑧ 仿古步行街
⑨ 村卫生所
⑩ 原敬老院（村养老院）

商户都会来大伯集进行物资交易。①

此外，古会期间，也会邀请专家剧团，弹曲说唱，如评书、山东梆子、大鼓、山东快书等，还有杂技、歌舞，以及平时集市日不常见的手工艺品、传统小吃等。"大伯集最具地方风味的就是粥、汤、熟食、熟肴三大类 20 多种，其中尤以丸子汤、甜沫，还有小米粥，还有就是煎包和凉粉和熟食最为有名。"在我孩童时的记忆中，当属"油煎包"（水煎包）最受欢迎。村志记载："油煎包为村民戴师龙、雀学振两位老人的绝活，用优质面粉做皮，馅用猪肉、牛肉拌韭菜粉丝加佐料、油料调制而成，由于煎包是饭菜两者兼而有之，且口感甚佳，是集会客商的最佳选择。"②

图 2-2　早期集市、古会杂技演出③

集和会是有区别的，集分五天一次，销售和购买的都是日常用品，不奢侈，也没有娱乐场景，如同家常便饭。会是在集的基础上衍生而来的，是比集规模更大的集，也就是人们常说的庙会。早些年，会分春、秋两季举行，连续六天时间，会上货摊更集中，货物更丰盛，说书演戏、

---

① 参见《大伯集》，视频号"宁阳发布"，2024 年 4 月 30 日。
② 中共大伯集村支部委员会、大伯集村民委员会编修：《大伯集村志》，北京：中国文化出版社，2011 年，第 150 页。
③ 同上书，第 147、149 页。

唱歌、跳舞、杂耍等娱乐项目蜂拥而至，马嘶牛叫，猪嚎羊咩，人山人海，热闹非凡，如同广场上吃大餐听大戏。

春会听戏，是每年集会期最盛大的事情。《大伯集村志》记载：大众剧院1981年建设，在村西门外中心大街南建。

> 农历二月中旬开始筹备材料，并派人去泰安地区梆子剧团请教。依照标准舞台规格，设计了长12米、宽16.8米的图纸方案，并计划在农历三月十九大伯集春季物交流会前竣工并启用演出。建设中，大队主要领导亲临工地督导，各生产队抽调能工巧匠，加班加点紧张施工，确保了竣工时间。舞台面朝东，底部外围用沙灰、石块筑砌，呈半圆形；舞台前竖立两根砖柱、台后建一影壁，支撑起舞台顶体；舞台影壁两端各设有一小门，为演员上下场所用；建有一左跨台和右跨台，左跨台为乐队所用，右跨台供剧务人员休息；顶部以角铁焊成，上挂塑料瓦，剧院北面靠百万仓，东南面各用青砖砌墙，大门设在东北角，面北临街，门内有小屋两间为售票室。全剧院共占地6575平方米，可容纳观众5000多人。2008年，村委会又投资10万余元对剧院的地面进行了硬化、绿化，对周围墙面进行了粉刷美化，舞台进行了重新整修。①

2024年，因胜利广场修建后，新戏台还在完善及纪念馆新展厅暂未开放，春会戏台临时搭建在原大伯小学（图2-1②）。该小学合并学校后，现为村委会辅助办公地址，以及县、镇负责纪念馆修建的工作人员的临时办公点。对于"学校"来说，也在继续发挥传承精神和教育的重要作用，如同学校主教学楼的新标语"传承红色基因，培育时代新人"。古会戏剧的表演及传播也是如此。

在村小学旁，原是村敬老院（图2-1⑩），另一边是幼儿园。据DAS和

---

① 中共大伯集村支部委员会、大伯集村民委员会编修：《大伯集村志》，北京：中国文化出版社，2011年，第85页。

DGF 介绍：

之前村里一般都会单独建敬老院，或举办临时老年活动等，但实际上就在村内，老人一般不会居住，所以实际价值并不大；再就是一开始建设和维持有相对数额拨款，但居住和日常使用并不常态化后，拨款也就跟不上，没实际发挥作用，村里的普通老人也不适应集中居住。后来部分孤寡老人就住在镇里敬老院，叫幸福站。幸福站，政府会有补贴支持，条件不错，也有自己开办的食堂等。（DAS、DGF，2024-02-01）

图 2-3　在原 D 村小学临时搭建戏台，供往来赶会戏迷前来听戏，D 村村民 CHQ 提供，2024 年 5 月 5 日

原来的古会，笔者小时候的记忆是，老剧院，很盛大，全是老太太带着小孩，卖冰棍给小孩的小贩；路上十几里外都能听到剧院里传出的唱戏声。百年大集，年年盛会，可能每代人对古集古会的情感、印象也是不一吧。

"70 后"的记忆：

我小时候的印象，是那个舞台，那个戏剧台，忒气派忒好，哎呀，这前边儿那个舞台又大又高。给我的印象是那种舞台最好了，因为没有那种照片儿，找不着那种老照片儿，再说以前没手机是吧，以前照相馆也非常多，在我小时候都是专门照相馆照相的，类似和开包子铺儿的一样多，周边几十家照相馆呢；当时印象很深的，是两分钱一包的五香瓜子儿，很好吃，还有就是吃香油果子和油条。因为那时候儿我跟那奶奶听戏去，奶奶那时候儿听完戏之后晚上十点多，路过那个油条摊儿的时候儿，给我买上两毛钱的吃，那时候觉得很香很香的，很回忆以前那个味道。戏台外边，路两边是茶馆，茶馆一边各两家开的，我记得当时大伯集有四家开茶馆的。那时候儿，俺二叔，俺父亲他们也开茶馆儿。之前进剧院听戏，没票不让进，那时候我小，也不让进啊，怎么办，就等在那个大门口，等到快散席的时候，溜进去玩儿去。（DAS，2024-05-03）

"90后"本村人的记忆：

想想小时候那个集的印象，就是每年快要到春会的时候儿，村儿里就开始发票（戏票）——去戏院儿看戏的票，每家都有，然后老人呢，就特别爱看戏。基本到了晚上就跟着我奶奶和对面儿邻居几个老太太，约着一起，拿着马扎子去那个西头儿戏院儿里看戏。戏院儿里有几家茶馆儿，茶馆区类似VIP专区，好像得花个几毛钱才能去喝茶，喝茶就可以坐在他那儿，不用坐自己的小马扎子，能坐在茶馆儿那儿听戏，喝茶，感觉很恣儿（方言），一种很有钱人的那种感觉。

每年赶会，马戏团和歌舞团都非常非常热闹，现在好像已经没有以前那么热闹了，马戏团都比看戏要贵很多，好几块钱。马戏团我去看过几次，确实很厉害，比如转火圈儿之类的。

让我想起，每年赶会的时候，我家做过很多生意。比如从我爷爷开始，特别能折腾，开油房，开磨面房，开小卖铺儿，卖苹果卖西瓜，反正就是这种营生啊，集会上"看自行车儿"（村民骑自行车来赶集，到村口人多就挤不进去，把车放村口，这时会有很多家专门给赶集的人看管自行车，给一把临时小钥匙，比如收费1毛钱或2毛钱。）到我爸，就开始在赶会时，设置"走迷宫"，小孩子玩的。用细竹竿儿插地上，设置为类似迷宫的构造，入口进去，能走出来就有奖品。（DLJ，2024-05-06）

"90后"外村人的记忆：

我印象深刻的应该是我们大伯集小学，离会场很近，可能几百米。一到下课的时候，我们就非常地开心，然后约好一块儿去会上玩儿某个项目去。因为只有春会才有马戏团，和类似现在游乐场那种小型过山车，感觉有很多好玩儿的，并且在会上也能买到平时不太有的小吃。晚上的时候，因为村里的夜晚比较暗，但是春会上会有各种各样的灯都亮着。晚饭后我爸爸和妈妈带着我去赶"夜"会，然后我妈会给我买一个暗处会发亮的吊坠儿或荧光棒。所以晚上的记忆比较深刻。（LXX，2024-05-04）

图2-4　2024年赶集盛况（赶会集市、赶年集）①

"00后"的记忆：

我二年级之后就去济南上学了，但小时候，在老家去赶集也算印象

---

① 前图2024年"赶会"集市来源于视频号"宁阳发布"，2024年4月30日；后图2024年"赶年集"，张静拍摄，2024年2月1日。

最深的事情了。早上吃完饭跟着我妈去赶集，集上有五颜六色的蔬果、各式各样的玩具，还有摊主热情的叫卖声。我最喜欢的就是坐摇摇车，吃棉花糖。我时而停下来，好奇地摸摸这，看看那，集上的好多东西都是新奇的。集市的热闹与喧嚣，对我来说，是一种独特的魅力，它充满了生活的气息和温情，是后来去了城里上学、生活后所没有的。每当回忆起那段时光，心中总会涌起一股暖流，那是对家乡、对童年的深深眷恋。（ZJW，2024-05-05）

类似 D 村这种百年大集，也会设置专门的"市"区，如米市、鸡市、骡马市、鱼市、菜市等专门交易区。根据各个集市的交易需要，划分较细，集市上买卖的商品，往往因季节的不同而呈现着规律性的变化，以至农谚说："正月玩具，二月犁，三月四月买种子。四月栽子，五月衣，六月七月菜棵子。八月苹果，九月柿，十月山楂烂赶集。冬至月蒲窝买回家，傻孩子腊月赶年集，拿着个萝卜当了个梨。"①

在图 2-1 村简图中，主干街又名财源街，是主要的交通、集市摊位要道。每逢四九集市日、春会等，主干道两边全排满摊主摊位。在其他分支路摊，就会设置专门的市。如图 2-1⑧仿古步行街，早先便是"骡马市"，即农户交易牲畜的地方；图 2-1⑥胜利广场，之前则是大片苹果园种植区，收成时也会在集市交易。在过去的集市上，除买卖双方外，还有一些特殊的人员参加交易。其中，"集头"和"经纪"为最重要的两种。②集头是将某个集市视为自己地盘的"买儿"，名为维持某个集市的交易秩序，不准小偷在他所管辖的集市上"作活计"，实际上是横行一方的地痞，做买卖的人必须向集头提供一些钱物。经纪，又称"经纪人"，主要从事于大家牲畜交易活动，故又被称为"驴经纪""牛经纪""骡马经纪"等。成交之后，经纪人往往乘机抽取佣金。

---

① 叶涛主编：《山东民俗》，兰州：甘肃人民出版社，2004 年，第 52 页。

② 同上书，第 53-55 页。

随着外部市场和农村现代化建设的推动，集市也在不断发展、转型。如在撤集并村的大潮中，D村利用自身资源优势实现了某种程度的转型。集市所依靠的内源性资源以原有集市为基础，借助外部有利时机和资源，向现代市场转型，由简单集市买卖发展招商引资、大型超市、多样化的固定店铺、服装设计—加工—网上售卖一条龙的模式。图2-1⑧仿古步行街（商业街）路口，也开设了大型现代商超，与集市呼应，满足来往村民的生活资料需求。此外，集市的经济支持和收入吸引一部分年轻人留在村里就业或自主创业，如村里经营了几家小型鞋厂小作坊，留村的妇女在鞋厂打工，一般是日结工资，足以支付日常生活资料开销；土地流转后，大批土地也转给种粮大户进行规模种植，村内的收购站在收割季直接收购种粮大户的粮食，便利为民。

该村不断强化"经营"理念，依托700余年的传统古集会、古庙会优势，坚持以市场招商、门头房招商、空闲地招商的方式，借力发展，先后引进外地客商5家，其中东平客商投资100多万元建设的惠康超市项目落户后，集"餐饮、洗浴、超市"为一体，极大方便了周边群众，促进了商业物流的新发展；委托曲阜古建设计院，对全村进行规划设计，立足于服务集市经济发展，将主要街道统一规划建设成高标准仿古式商住一体的门面房（图2-1⑧），逐步分期建设，不断完善市场内水、电等公共服务设施建设，鼓励村民在家门口创业，为大伯集发展成现代商贸强村再添新活力。①

除经济基础，D村也注重文化建设。第一，发挥文化能人作用，在原村书记CXN的组织下，编纂村志。"盛世昌明，修志乃兴"，D村历时5年的村志修纂工程，会聚乡村能人、政治精英的精力投入，经济带头人的资金支持，凝聚村民乡情的同时，也在基层社会治理的积极实践中，践行习近平总书记"文化育和谐"的理念。村志村史是留下乡愁记忆和家国情怀的最佳形式。②CXN在《大伯集村志》序一中提道："把1400多年来全村发生的大事

---

① 参见：https://baike.baidu.com/item/大伯集村/9673911?fr=ge_ala。
② 张勇：《修村史促村治：推进农村基层治理的创新实践——以东莞市为例》，《南方农村》2017年第6期。

要事及曲折历程记载下来，把大量的、分散的、历史的、现状的各种资料利用图文并茂的形式汇集成册，对于教育广大村民特别是青少年，坚定爱党爱国爱家乡的信念，增强建设家乡的热情；对于各级领导了解村情，继承历史，鉴往知今，加快社会主义新农村建设的步伐将有着十分重要的现实和历史意义。"①

第二，除集市本身资源，D村还利用集市作为宣传渠道，挖掘、传承发展传统红色文化，招商引资，建设革命纪念馆（图2-1⑥，后详述）。如基于村红色文化资源，建立"华东野战军攻济打援指挥部纪念馆"。1948年9月，中国人民解放战争进入关键时期，粟裕将军曾率华东野战军"攻济打援"指挥部进驻大伯集崔家大院，在此指挥了著名的济南战役。2006年11月，D村"两委"将筹建纪念馆的构思创意上报镇政府，并列入D村重要工作计划中。纪念馆2015年底建成，该纪念馆也成为该县红色爱国主义教育基地，并成为该村在镇域下的新农村建设特色。②在建党一百年之际，挖掘和利用当地优秀的红色文化资源，激发和增强当地人，尤其是青少年的爱党爱国情节，通过经典红色文化故事，传递百年党的奋斗史和伟大辉煌。2021年12月，D村入选第一批山东省红色文化特色村公示名单。

此外，当地经济多元发展，村集体经济收入增加，招商引资不断增强。村内在东区建立起新式居民楼房，村民自主购买，形成传统民居与现代楼房相结合的景象。原来主干道东侧，走进村庄，看到的是旧村碑（图2-1④记录村名及缘起），现在在村外远远就能看到十字路口处耸立的新村碑，彰显着集市的朝气和红色文化的底蕴。

这种内外结合的机制，需要乡村能人的积极带领和村民齐心合力。D村处于城乡接合地带，是典型的农村向城镇、城市过渡地带，更可能成为新型城镇化建设的经验性案例。今天，D村这个小村落承载着厚重的历史以及崭新的未来，已经成为远近闻名的红色文化旅游名村。

---

① 中共大伯集村支部委员会、大伯集村民委员会编修：《大伯集村志》，北京：中国文化出版社，2011年，序第1页。

② 基于2013年12月25日对村原书记CXN和2024年2月1日对村现书记GJG的访谈。

二、浙北 M 村

M村（麻溪村，本书简称M村）位于浙江北部桐乡市，2000年由三个自然村合并而成，是典型的江南水乡。M村处于镇区内，东邻科洲公路，西、南与其他村相接，北靠京杭大运河，交通十分便利。全村总占地面积约2.1平方公里，其中耕地面积为1447亩，园地面积为101亩。M村包含22个村民组，594户农户，在籍人口为2649人。2016年全村工农业总产值8亿2860万元，人均纯收入28765元，远远高于全国农村居民人均12363元的可支配收入，村民生活相对富足。①

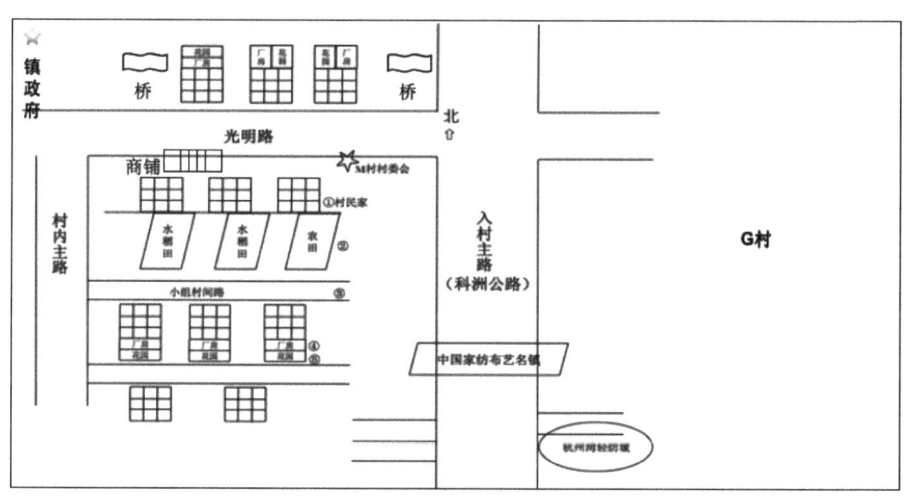

图 2-5　M 村简图

M村村委会位于村主干道上，租赁整栋三层楼作为村委办公地点。村务人员执行严格的早八（冬令时为九点）晚五的日常工作时间；有特殊公共事务时，会加班赶工、监督村治安、加强村厂房安全检查等。如表1-1，在2018年村委会主要成员的分工上，明确且事务全面。根据职位需求，也会公开招聘大学生村官和村委员。2023年，村两委换届后，班子成员年轻化，新招3名毕业生负责村务日常。就在笔者2023年7月回村补充调研时，到

---

① 张静：《浙江桐乡"并家婚姻"策略的人类学解读》，《广西民族研究》2017年第1期。

了村委会，在办公大厅里交流起来，基本都是年轻的大学生村委会成员了。2017年在村长期住村、调研时的村干部，像妇女主任SQM、会计GZQ等也都到了副书记、村主任的位置，在另一间办公室办公。

在村委会广场上，宣传栏里有很多关于村务、村荣誉的宣传。2017年宣传栏公示历届村党组织书记、村荣誉、文化遗存、能人榜、学子榜、寿星榜、道德评判团、M村新貌、笑脸墙等；2022年在上级统一政策指示下，更新乡村振兴系列内容。如"健康卫生"专栏，健康知识科普，烟草危害健康，儿童青少年健康贴士等；"交通安全宣传"专栏，交通违法警示，电动车出行安全提示等；"巩固信息栏"，如市民文明公约。宣传栏对面是"先锋长廊"。包括：村两委组织架构、村概况、网格基本情况、党务公开、村务公开、财务公开、村党总支抓基层党建主体责任清单、重大事项议事规则、村务监督委员会一系列工作流程等。可以看出，从与村民密切相关的日常小事，到村务自治，全面且清晰。宣传栏正对的中央是一块篮球场和村"文化

表2-1 M村村干部分工情况（"24格"治理）

分工内容	负责人	职务	分工内容	负责人	职务
工业	SGQ	村支部书记	妇联	SQM	妇女主任
旅游			计划生育		
组织	SJG	村主任	报账出纳	FQX	支部委员
农业、水调			新居民、新乡村（两新），美丽乡村		
五水共治			四位一体		
环保			土管、建房、交通		
纪检、宣传、运输	GZQ	支部委员	民兵、安全（消防）		
统战、关工委			共青团	SQ	支部委员
农经员			体育、卫生、合作医疗、红十字会、食品药品		
统计			文书档案		
治保调解、信访			民政、残联、老龄		
报账会计			社保、工会、文体		

礼堂",居家养老服务照料中心时常举办村民篮球赛、乡风家风相关的文化活动等。

在村委会办公楼,一楼主要是基本办公区,二楼现在建了"麻溪村退役军人服务站"。服务站2019年4月启动运行,现有工作人员8名,专职社工1名,在册退役军人46人,其中党员15人,现役军人2人,享受抚恤优抚对象2人。为进一步做好退役军人服务工作,按照桐乡市退役军人服务体系建设的要求,秉承"懂军人、爱军人、全心全意服务退役军人"的理念,突出面对面、个性化、一对一服务,切实为退役军人做好关系转接、联络接待、困难帮扶、信息采集、情况反映、悬挂光荣牌及走访慰问等具体事务,搭建政策咨询、帮扶援助、沟通联系、学习交流等活动场所,有效提升退役军人荣誉感、归属感、获得感。

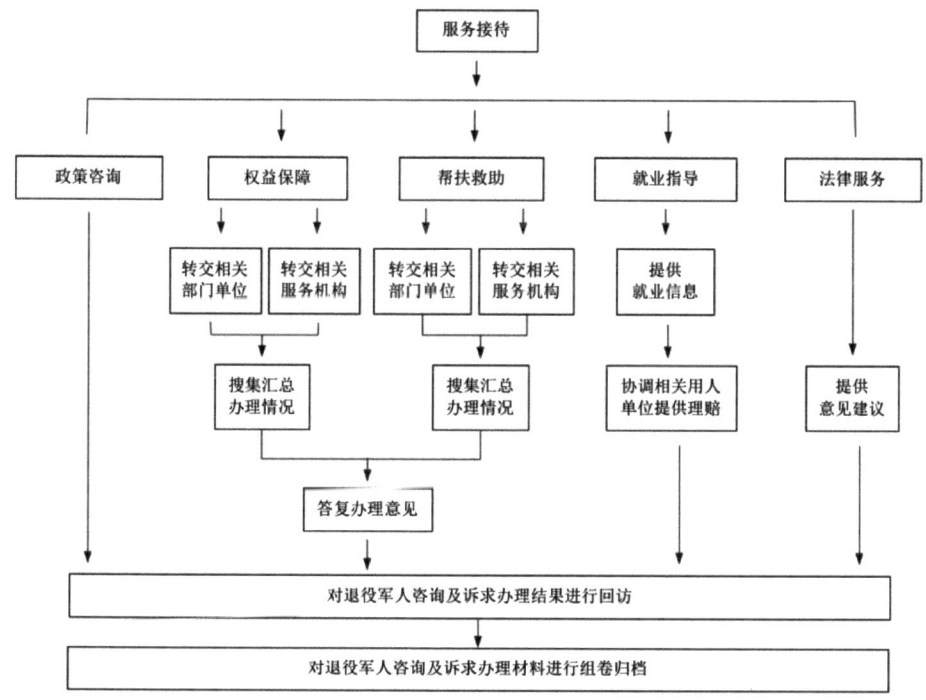

图2-6 M村退役军人工作流程

"离军不离党,退役不退志,退伍不褪色"的红色精神也是对革命党人精神的传承,是早期"红船"精神的弘扬。在社区先锋长廊则以"开天辟地,敢为人先的首创精神;坚定理想,百折不挠的奋斗精神;立党为公,忠诚为民的奉献精神"激励新时代村两委干部。无论是关心军人家属、宣传军事知识,还是积极参与国防教育和国防科技创新,村委都能够以自己的方式支持和服务于基层发展,国家建设。

M村,又称家纺村、企业村,是一个发达的家纺工业村。所属镇——大麻镇是中国第一家纺名镇,该镇利用自身优势,因地制宜,因人制宜,重点发展纺织、丝绸工业,个体、私营经济发达,至今常有"机声轧轧到午夜"的景象。M村的纺织、丝绸工业,个体、私营经济发达,形成了类似"小企业集群"的产业模式,这也是多数江南乡村发展的真实展现。如图2-6所示,和D村明显不同的是,村民房屋多为3层楼房,除了水稻田,几乎家家户户建有"厂房",或规模较小,厂房有2—3台织机,或是规模较大,除自家庭院建厂房外,还会单独开辟一块地,房后或两侧多为1—2个厂房,若是有雇佣工人的注册企业,更是会单独建厂;除了大部分村民在自家工厂从事布料加工,也会和市、镇等主要商铺合作,交易成品,如邻近的"杭州湾轻纺城",轻纺城经营范围较广,有窗帘、靠垫、床垫、地毯、沙发布等几十类家纺产品。近年来,在电商助力下,轻纺城也形成电子商务产业集聚区,得到政府部门的大力支持,线上销售的规模不断扩大。

> 家纺产业链不断延伸,形成了纺纱、纤经、织布、染整一条龙生产,原料、纺机配件与生产相配套的格局。全镇90%以上的农户直接或间接从事家纺产品的生产和加工,产业链的形成大大增强了"大麻家纺"的整体竞争力,生产的沙发布、窗帘覆盖全国各地,远销美国、欧洲,被业内称为中国室内布艺的生产基地,出口基地和商品集散地。[①]

---

① 参见中共桐乡市委党史研究室:《桐乡特色产业发展》,嘉兴:吴越电子音像出版社,2015年,第135页。

发达的个体经济，远高于其他地方的家庭收入，既有忙碌的日常做工，也有休闲的乡村文化、社会生活。另外，如图所示，江南村落多河和桥，水网密布，陆路交通，桥即是路。桥名取之地名或历史的村内名人等。M村境内，有广枝桥、南星桥、乡试桥、环桥、鱼桥、杨木桥等，小桥众多，几乎每座桥都有民间传说故事，有的颇具内涵，形成了独特的桥文化。① 金子久先生曾撰写《重修麻溪西九里、永福、德福、西塘四桥募疏启》，里面说道："邑属东乡大麻区西北部，有西九里、永福、德福、西塘者，当该乡水陆之要道，为苏杭往来之通津，只因年久未修，遂致桥多坍塌。"在2016年6月的一篇村公众号推文里，详细介绍了现存的村内的"桥"，如永顺桥：俗呼土桥，位于黎明村土桥横港，为七孔木梁石平桥，该桥是目前桐乡境内保存下来的最长的石平桥。桥长40.3米，宽1.5米，净跨30米。始建年代不详。现存石桥为清同治五年（1866年）六月建，光绪乙亥年（1875年）重修，已被列为桐乡市文物保护单位。再如"花园环桥，在M村西，环桥头。民国《德清县新志》记载该桥时说'桥古石苍，建年莫考'。为徐家花园内石桥。清光绪末年倾塌。筹费困难，改筑木桥。1928年重建为石桥，更名为延寿桥。现已毁"②。

除优越的地理位置和发达的个体经济，M村在当前村治理、村文化和村生态建设中，也有其独特的实践。例如村委会组织开展了一系列诸如"文化礼堂"建设、酵素利用、最美家庭评选等治理和建设活动。在M村及周边村庄，家户房屋占地面积一般较大，主要建筑以三层或四层楼房为主。近年来新建房屋一般按照乡村规划进行建设，在一条枝干路上村民家屋设计风格整齐，庭前一致。值得一提的是，在房屋建造设计时，该村农户多数会在屋后方留出一块空地，以种植自用蔬菜、果树，修建家庭花园或鱼塘等，通过正屋后门直通"后花园"。家里人口较多，且厂房运作规模较小的农户，会

---

① 参见公众号"嘉兴往事"：《嘉兴地名故事丨麻溪村》，2023年5月31日，https://mp.weixin.qq.com/s/AgZbWwNtF62mxlXn3hCS2w。

② 公众号"麻溪文史"：《大麻的桥》，2016年6月6日，https://mp.weixin.qq.com/s/ADcNWHjmLUwiq8uXasdK3Q。

把花园打理得精致,多有世外桃源之感。在近年来乡村振兴实践中,M村也发动村妇女,参与"最美庭院"改造实践,既美化了生活环境,整治村容村貌,也在倡导人人参与到振兴实践中,调动广大妇女的兴趣和积极性。

除经济支柱的家纺企业,M村也注重挖掘传统文化资源(习俗、非遗),转化在当前的乡村振兴实践中。第一,在文化习俗上,M村有自己特色的民俗活动,喜闻乐见的是嫁娶习俗、清明节饮食、春节及其前后的送灶王爷、接财神、元宵节习俗等。如在本地及周边一些地方,有"摆碗水封桶"的习俗:即迎娶新娘当天,女方这边的亲戚邻居会在新郎来的路两旁摆满一路的锅碗瓢盆等一些家用盛放器具,同时在新郎家门口,也会摆上几个红桶,名为本家桶,在新郎来迎娶新娘的时候,男方必须往每个器具里扔几颗糖(成双),在本家桶里扔几个红包。以表美好寓意。① 清明节吃马兰头,寓意眼力就像诸葛亮那样好;吃带鱼,想什么事情就会顺利;吃大蒜,想要做什么事情就能算得着;请菩萨时,在稻地里放一棵事先准备好的麦苗和一颗蚕豆,表示年年丰收,并在门框上插柳条等习俗。② 此外,在该地区,还有一种历史悠久的"吃卤水"习俗。

> "卤水"原意指吃不完的一些残羹冷炙,比如说酒席桌上的大蹄髈,一般都会有汤汁和油,在冷掉的时候会结冻,在方言里叫卤水。酒席后会有吃卤水的习惯,是还很穷的时候流传下来的,因为酒席后剩菜不舍得扔掉,第二天就把它们再热一热请大家吃(主要是邻居、朋友这些正酒的时候不会请的人,有时候也包括远房亲戚),所以吃卤水也是没有必要带礼物什么的。现在,随着经济收入提高,以及酒席讲究"场面"和人们爱面子,不好意思真的请亲朋邻居吃剩饭菜,但是这个习俗还是保留下来,即在酒席的第二天或与正酒同一天,请亲朋来吃喜酒。③

---

① 作者在桐乡市图书馆整理相关档案、统计资料—非物质文化遗产,2017年6月12日。
② 参见范红杰、郁震宏主编的《重订大麻志》草稿,2008年,未出版。嘉兴市文化广电新闻出版局(编):《嘉兴民俗》,杭州:浙江摄影出版社,2014年。
③ 张静:《浙江桐乡"并家婚姻"策略的人类学解读》,《广西民族研究》2017年第1期。

在村庄、邻里吃一顿酒席，强化了人们对自己生活的地域熟悉感觉。近年来，政府相关部门也发出号召，提倡节俭办婚礼，旧时的吃卤水，也成为不浪费的体现之一。希望在美好习俗的氛围中，让主客感到轻松、愉快。而传承优秀的民间习俗，在纷繁夺目的新媒体，新潮流的当前社会，也发挥着民间习俗的精神和亲属连接作用。

作为桑蚕养殖和家纺生产的代表，养蚕抽丝，制衣作物也是 M 村镇人的文化传统，并在传承中形成了非遗文化资源。当地流传着一位纺织名家——黄道婆（又名黄婆或黄母）的故事，她是 13 世纪初杰出的纺织技术革新家。由于传授先进的纺织技术以及推广先进的纺织工具而受到百姓的敬仰。在清末，被尊为纺织业的始祖，有着不畏艰辛，敢为天下先的革新精神。她把之前在海南学到的纺织技术带回家乡，在上海松江一带推广传播，并经过改革，创造出一套先进的纺织工具和纺织技术，泽被故里，造福一方，且推动地方纺织业的发展。现如今，当地的家纺、丝绸工艺不断转化为成品，与外部市场结合，并连续多年参与到"乌镇世界互联网大会""G20杭州峰会""阿斯塔纳世博会"等重大盛会中，传播传统非遗文化，创造文化与经济价值。

总之，以家纺为支柱的乡村 M 村，经济发达，并在新时代农村内外部机遇下，借助政府和社会等外部力量对村庄内部各种有利于发展的内部因素进行激发，整合、增强发展要素。M 村也不断"培育"促进人发展的新资源、新环境和多元化的治理网络系统，使文化与社会资本的力量在乡村振兴战略中不断彰显。

第二节 经济支柱:D 村的集市与 M 村的家纺

一、D 村集市

施坚雅将中国农村的经济交易场所分为四个等级:"小市",每个村子内部的菜市或小菜店;"基层市场"(standard market),基层集镇中心定期开放的市场,即农村每旬几期的"赶集",农户家庭不自用的物品可以在这里出售,也可以从其他人那里购买家庭不自产的物品,这个"基层市场"是施坚雅在书中论述的重点;"中间市场"(intermediate market),位于覆盖更广的中心集镇上;"中心市场"(central market),在众多农村簇拥的小城镇或小城市中的贸易场所。[①]D 村的集市按照施坚雅的分类,属于第二种。

(一)集市历史

古时人们迁徙,原因大致有二:一是环境有利;二是躲避战争。D 村地势优越,平原颇多,易于人居,水利条件便利,适合耕种,所以引入许多人居住,包括"万""彭"等姓氏。由于地理位置上的优势,历史上各朝代都

---

① 参见施坚雅:《中国农村的市场和社会结构》,史建云、徐秀丽译,北京:中国社会科学出版社,1998 年。

会有许多官路①，D村就处于北京到南京的官路上（当时中心点是宁阳县，官路的中心划分不是按位置，而是按距离，以前道路曲折，所以丈量后按路程划分）。由于官路较长，中途村户较少，商人途经农家、客栈等，补充食物、稍作休息后再赶路，D村就是官路上的一站，商人留住此处，形成集市的雏形。商人会拿银子交换人、马的食物，而D村物价便宜，也可以物易物，所以集市得以萌芽。清朝时，D村集市形成"前店后厂"，农户在自家后院厂子里造酒，在前边店里卖酒。D村有18个酒厂，随着往来人口越来越多，D村名气也越大。集市上一般都是D村的老大爷在开店铺，在官路上的都是些年轻人，一般都尊敬地称呼"大爷"，方便顺利买卖。D村人"诚信"即允许赊账，以"大爷"为中间人，瓦片为据②。

随着人员往来和交易越来越多，十里八庄的周围人不断在D村扎根，D村也成为农副产品的集散地。集市占据主干道名为"财源街"，农历每月逢四、九为定期集市日③。集市贸易规模大，集市中心位于东西主干大街两侧，宽阔的小巷相互连接，都有交易。集市时间长，每逢集日，从黎明到黄昏，人流如潮，逢年节时分，不少客商挑灯经营。集市文化气氛浓厚。集市日，各路艺人会集，竞相献艺。

"无会不成集。"明永乐年间，D村开始举办物质交流会——简称古会。因农历四、九的集市日满足不了社会发展的需要，大部分地区以农耕为主，每逢集市日上，人们买生产资料的最多。而路途较远者在集市上买卖时间和生产资料有限，所以人们就开始思考如何在春耕之前买到充足的农具和生产

---

① "官路"这称呼在明清、民国的文献和山歌中屡见不鲜，如"将船使到一个通官路之所泊住，一齐上岸"（《醒世恒言》第36卷）。之所以称"官路"，是因为旧时土地都是私有的，连田地之间的田埂路也是各家的，他可以不让旁人走。而"官路"用的土地是"公有"的（不用缴税），是供大家行走使用的，但不允许任何人侵占。

② 比如买卖双方达成协议后，因为钱财不够，就找饭馆或茶馆的"大爷"作为见证人，下次集再来时，一方把钱给大爷就行，把一个瓦片掰成两片，买者拿着一片，另一片给大爷，下次来付款代交大爷时，一对瓦片拼接起来就可以，这样可防止还钱出现差错。这种方法虽然老套落后，但有效。

③ 即农历每月的初四、初九、十四、十九、二十四、二十九。

资料，古会应时而生。古会分为春会（春季物质交流会）、秋会（秋季物质交流会）。春会至20世纪60年代前期，年年举办，从未中断，秋会则举办次数很少，后取消。1981年，在村西边中心大街处建大众剧院，之后每年以村两委名义请来戏班，使来赶集的人能够看戏，吃到平时集市日买不到的点心。从每年春忙之前的农历三月十九开始，为期6天的春会则固定下来，延续至今，D村业已成为兼具市场与文化优势的新农村典型。

1981年，大伯集村在村西路南建设剧院，坐西朝东，剧院西头为舞台，东面为露天剧场，整个舞台由泰安市梆子剧团专家设计，达到了标准舞台规格，见图2-7。建成后，即邀泰安市梆子剧团前来为物资交流大会助兴演出。自始，每逢大伯集会，常有外来的文艺团体在此献艺。随着古集繁盛和红色文化的积极带动效应，村"两委"也新修剧院、戏台，便于村民春会前来听戏。（图2-8）。

图2-7　1981年建成的剧院
图片来源：中共大伯集村支部委员会、大伯集村民委会编修《大伯集村志》，第224页。

图2-8　剧院戏台新修后，笔者摄

（二）集市的发展

集市设在中心街上，逢四、九的集市日依然繁盛，并且更加多元，并没有在现代化和城镇化的大潮下衰退。或者说，集市在新形势下实现了某种程度的转型。不再只是简单地集中周边村落间的买卖，而是不断发展招商引资，发展大型超市、多样的固定店铺、服装设计—加工—网上售卖一条龙的模式；更有村民迁入楼房的计划和实施。内外兼修，商贸强村，D村不断激活内部活力，整合146家从事生产、加工、销售服务的工商业户，成立"大伯商会"，逐步实现商贸发展规模集群效益。近期对全村进行规划设计，立足服务集市经济发展，将主要街道统一规划建设成高标准仿古式商住一体的门面房，逐步分期建设，不断完善市场内水、电等公共服务设施建设，鼓励村民在家门口创业，为D村发展成现代商贸强村再添新活力（图2-9）。

近年来，D村以"和谐安村、商贸强村、文化兴村、民生固村"为目标，将文化元素融入村庄经营，全力推进村民就业非农化、群众生活城镇化、思想观念现代化、民生改善制度化、村务管理民主化，不断推进社会主义新农村建设。2009年，实现全村经济总收入3076万元，农民人均纯收入5679元。先后获得"市文明单位""市五星级农村基层党风廉政建设示范村""市文明规范集贸市场""县经济发展强村""县先进基层党组织""县村庄建设先进单位"等多项荣誉称号。

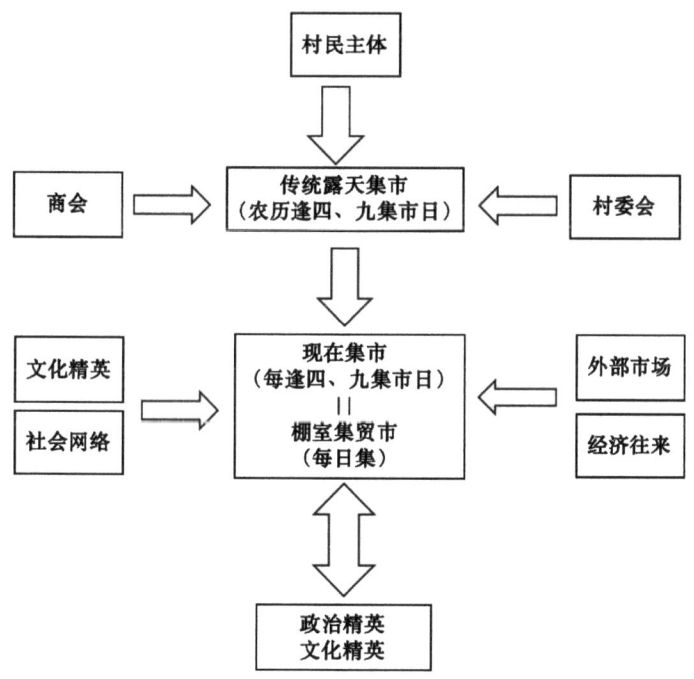

图2-9 "集市圈"与村庄

(三)集市的特性

第一,村内设集,以集兴村。集市是乡村社会历史及发展中的一个重要因素,集市、庙会是中国乡村市场的重要形式,无论从历史还是现实看,市场都存在于乡村社会,并且不同程度地嵌入乡村社会,成为乡村社会与文化的基本构成。随着工业化、市场化的冲击,部分农村集市已被消灭于时代潮流中,D村集市并未消失,而是发展要素更加丰富,由封闭型走向外向型、开放型的市场。村民们选择更加便宜、便利的市场使得生产、生活渐趋分离,农民的生产更多地面向市场,生活更加依赖于市场。另外,山东"D村"在华北平原便利的交通和良好的农业基础条件下,将农村生活方式逐渐导向城镇化,而D村处于城乡接合地带,是典型的农村向城镇、城市过渡地带,更可能成为新型城镇化建设、就地城镇化的典型实验区。此外,内因是事物发展的根本,在外部市场和国家力量的影响下,D村充分利用自身便利的地理优势、丰富的文化资源、良好的经济基础,不断实现内源性的自身转型。

集市的发展变迁与D村村庄治理密不可分。在新农村建设、城镇化建设的背景下,D村不断着眼村民利益,充分发挥村内人力、物力和财力资源,经济发展、村民生活水平和福利设施、村内自治与村民互动、个体经营多样等均走在乡镇甚至县域的前列。目前,乡村社会既有的历史遗留积弊和免除农业税后出现的新问题相互交织在一起,使得农村问题变得错综复杂,在新型城镇化建设的目标动力和压力下,乡村治理需反思现存困难,如:传统乡村村两委的"官本位"思想,乡村公共服务短缺与失衡,农民难以参与到新农村建设中来,乡村社会的内生力量受到抑制等,当下乡村依托国家与社会的支持,更应发掘自身优势资源,不断从内源性上走出村庄的特色之路。

第二,"集市圈"与乡村发展。行政村D村社会是一个整体,村落内的集市是这个整体的一部分,在整体体系的维持中发挥重要作用。集市除最基本的经济功能外[①],还具有重要的文化功能:集市"场域"是民俗活动的载

---

① 沈世培:《集市贸易在近代社会转型中的作用——以安徽地区为例》,《安徽师范大学学报》(人文社会科学版)2008年第3期。

体[①]，如每年春节"赶年集"和"春会"期间，传统民俗节日气息浓厚，平常集市日不常见的小吃、手工艺等也会安排上，一些代表性的集市中的传统民俗文化成为发展农村特色旅游的重要资源[②]；集市突破血缘的交往方式，加强了地缘联系，具有较强的文化辐射功能[③]，在施坚雅等人的"集市圈"介绍中，还存在满足情感需求的"婚姻圈"，邻里村庄，亲戚或亲戚的邻居们在集市日相遇，互相介绍着本村的年轻小伙、小姑娘认识，在传统媒妁之言的文化影响加持下，不少年轻人通过这种方式结成姻缘。另有娘家在同一村，嫁人后去了不同村的小姐妹，也可能会在集市日相遇后停下来攀谈一番，总之，集市是社会转型期农村的非正式公共空间，以提供社会关联和人际交往的平台。[④]

集市是国家力量和社会力量相互博弈的场所。集市圈与婚姻圈、信仰圈、文化圈、权力圈的组合，共同形塑了多地区社会秩序与格局。[⑤]要客观认识和正确发挥集市在农村村务治理和社会整合中的功能，以促进城乡融合，加强区域内外经济联系，实现地域认同与国家认同的整合。农村集市作为一种经济交换活动，本身也是一种重要的社会文化活动。加强集市市场管理和文化建设，提升科技化和信息化水平，把集市建设成为物资交流的平台、文化交流的舞台、城乡融合的中介，建设工农互惠、城乡一体的新型工农、城乡关系。

D村从90年代以来，农村村民自治的经营领导由革命型向"技术官僚"型转变，村民与村委会之间的关系不断得到改善，村民选举在程序化方面的

---

① 参见刘悦萍：《乡村集市与民俗生活互动研究——以河北新城县为例》，辽宁大学硕士学位论文，2003年。杨志新：《乡村集市与社区民俗生活——以宁夏灵武市崇兴镇集市为例》，西北民族大学硕士学位论文，2005年。
② 刘清华、向盛银、龙克慈：《花被，充满历史记忆的老街》，《湖北画报》2014年第2期。
③ 参见毛佑全：《云南农村集贸市场的经济文化辐射功能及其特征》，《云南财贸学院学报》2005年第1期。公风华，王顺冬：《现阶段农村集市的文化功能探析——以鲁南蒙阴为例》，《新西部》(下半月) 2007年第8期。
④ 郑瑞涛：《社会转型期农村的非正式公共空间：集市》，《长春市委党校学报》2009年第2期。
⑤ 参见李然：《集市：人类学透视社会整合新视野》，《中国社会科学报》2013年4月22日。

质量提高，产生了为村务办实事的政治性精英；农村公民社会不断向纵深发展，农民在村务治理中有更多的机会来表达心声，激发了普通文化型村民的潜力，不断为农村治理与发展献计献策①；D村集市在市场化、信息化大潮下，面临传统简单日常交易向"外向型"市场交易的转变，集市不断趋于自由市场化，激发了村内外的经济活力，增加了农村财富积累；响应中央政府"政治、经济、文化、社会与生态"五个文明建设的号召，D村完全有自身优势在经济发展、村内民主、社会服务设施完善的基础上，加强村内生态文明和文化兴村建设，2008年"盛世修志"是该县典范之作；后推行的"苗圃花卉"也取得欣欣向荣的生态之效。②

二、M村家纺

（一）家纺企业发展

第一，起步阶段。党的十一届三中全会以后，大麻镇利用自身优势，因地、因人制宜，重点发展纺织、丝绸工业，乡镇企业如雨后春笋般涌现；个体、私营经济开始萌芽，并呈现蔓延之势。1986年全镇以轻纺为主的工业企业有389家，且工农业总产值超过1亿元，成为嘉兴市第一个亿元镇。1988年开始，纺织企业冲破陈规，灵活的联合经营企业出现，经济效益不低于集体企业。1993年以后，按照现代企业制度，转换企业经营机制的要求，对镇村集体企业进行租赁、拍卖，推行股份制、股份合作制等多种经营形式。个体经济发展加快，"多轮启动，多轨运行，多业并举"的发展战略初见成效。1998年，全镇个体丝织绸机达6743台，纤经车276台，初步形成以丝织业为主，小五金配件、电线电器业等为辅的个体经济格局。③随着

---

① 殷冬水：《20世纪90年代以来中国村民自治实践海外研究的跟踪分析》，《国外理论动态》2014年第10期。
② 部分资料来自田野调研及访谈，主要访谈人：原村支书CXN，2013-12-25；乡村退休教师、乡贤ZBJ，2013-12-28。
③ 参见中共桐乡市委党史研究室：《桐乡特色产业发展》，嘉兴：吴越电子音像出版社，2015年。

改革开放的深入和市场竞争加剧,镇委、镇政府制定"以小企业打造大集群"的发展思路,拉开了建设工业园区的帷幕。至2005年,大麻镇运河以南的工业园区内,入驻企业80家,建成投产企业52家。完成招商引资2.1亿元。顺应"大家纺"的行业发展趋势,积极鼓励企业转变经营模式,加大产品的研发、设计,使产品从原来的单一性、半成品向多样性、成品化方向转变,逐步实现从家纺名镇向家纺强镇转变。

当下,家纺企业仍是当地人主要的谋生手段。粗略估算下,农业耕地收入占家庭收入比例已不足20%,这个比例在大麻镇应该更小(TYF,2018-04-12);该镇M村全村594户,开布机、纱机的约占60%,整个轻纺行业占80%左右。[①] 在多数浙北家纺村中,农民已成为自力更生的企业主和工人。根据2016年4月统计村个体清查名单,M村其一小组村BJL(小组村名首拼)共47户,其中个体经营户40户,与做布相关的有31户。

表2-2 家纺企业经营状况(2016)

序号	单位名称	营业收入（万元）	生产支出（万元）	职工人数及年薪（万元）	资产总计（万元）	主要业务
1	A绸厂	120	108	2/6	15	沙发布加工
2	B绸厂	120	108	2/6	15	沙发布加工
3	C绸厂	160	144	3/9	20	沙发布加工
4	D绸厂	200	180	3/12	25	沙发布加工
5	E绸厂	160	144	2/8	18.5	沙发布加工
7	F绸厂	120	108	3/9	15	沙发布加工
8	G绸厂	160	144	2/8	20	沙发布加工
9	H绸厂	160	144	3/9	20	沙发布加工
10	I绸厂	120	108	3/6	15.5	沙发布加工
11	J绸厂	160	144	3/9	20	沙发布加工
12	K绸厂	160	144	3/9	20	沙发布加工
13	L布艺	400	340	7/21	10	沙发布加工

---

① 张静:《浙江桐乡"并家婚姻"策略的人类学解读》,《广西民族研究》2017年第1期。

续表

序号	单位名称	营业收入（万元）	生产支出（万元）	职工人数及年薪（万元）	资产总计（万元）	主要业务
14	M绸厂	200	180	2/8	25	沙发布加工
15	N绸厂	240	216	3/12	28	沙发布加工
16	O布艺	300	255	4/10	16	沙发布加工
17	P绸厂	200	180	2/8	25	沙发布加工
18	Q绸厂	200	180	3/10	25	沙发布加工
19	R绸厂	200	180	2/8	25	沙发布加工
20	S绸厂	200	180	2/8	25	沙发布加工

在20个样本户中，营业收入最少在120万元，年资产收入在15万—25万元/家。该镇家庭工厂昼夜不息，"小老板"①村比比皆是，且家庭作坊不断升级转型，收入来源上趋于多样化。

第二，发展阶段。大麻镇自19世纪80年代初出现第一批丝织机加工户至今，已经历近40年的发展历程，家纺机器已更新四代：1983年到1990年的木制纺纱、织布机属于第一代；1990年到2000年前后，K74（金属，铁架子）和K84（金属，比74底盆升级，梭箱）两种机器类型属于第二代；2000年到2007年，引进高速高效的剑杆机属于第三代；从2007年至今是第四代，引进电子龙头、提花机、定型机、进口经编机等各类先进自动化设备。多家企业成功创建著名商标，小微企业大量增加，市场竞争力逐步增强（GZQ，2016-12-08）。现在，家纺产业链不断延伸，第一代家纺企业主多在家庭厂房生产、加工，第二代青年则不断做大企业，做强产业园。至2005年，大麻镇工业园区入驻企业80家，建成投产企业52家。完成招商引资2.1亿元。顺应"大家纺"的行业发展趋势，积极转变企业经营模式，加大产品的研发、设计，使产品从原来的单一性、半成品向多样性、成品化方

---

① 当地人把家纺企业盈利较好，厂子有一定规模（一般除自家人在厂做工外，另雇用3名以上外人的中小厂子）的厂负责人的称呼为"小老板"，一是对村中占多数的家纺厂子老板的一种统称，比如陈老板、沈老板；二是话中意为，该家生意做得不错，盈利明显，在村中家庭作坊中比较有名气。

向转变,并逐步实现"走出去"。

家纺产业链不断延伸,具体体现在三个方面:一是村内家纺企业走向合作。例如CKN提供底布,由其合作方印好花色进行出售;二是大麻镇本地人在外做生意(成都、济南)已形成一定群体规模,在外商人快速捕捉市场,从本地进胚布,再印花型,推广销售;三是与长期订货商形成链条联系。订货商在展销会上收到订单,会联系熟客如CKN来做。社会网络和市场关系形成了生产与销售的多种选择,"没有人可以垄断市场,市场经济,只能看市场,没有别的办法,需要什么,我们生产什么。在不断拓展和延续的产业链中,走向大规模的趋势"(CKN,2017-07-06)。

(二)家纺企业的"家庭—社会网络"

在中国社会中,家庭这个社会细胞,有很强的生命力;在农村"真正有活力的就是家庭工业"①。刘承斌在对浙江义乌经验论述中,以"家庭本位合作制"来说明家庭企业经营中,家庭成员之间的紧密合作,超强的向心力、凝聚力使其有能力和动力与占据资源、信息、人类资本的企业对抗、竞争。

家庭(族)企业的一个重要特征就是,家族成员作为管理层和员工团队的重要组成,积极参与公司的日常经营。关于家族企业的人类学研究表明,相比非家庭成员,家庭成员会更加忠诚、努力工作、更长时间地服务于企业。由于家庭成员对员工和企业的了解,他们更容易协调合作,并且适应工作。在M村家纺生产中,多数家庭是自家庭院(后院)"开厂",企业小老板是年龄在40—55岁的父母,或是他们的子女成家后,小年轻夫妻经营。父母一辈做老板的,子女多数在自家厂子做工。例如:

> M村的CKN是家纺企业的一位"小老板",在其厂子中。其父亲和岳父是长期在厂子里"帮忙";另外雇工7位,其中两位女工经线整理,两位验布和管理布匹,一位负责杂活,外放织布机20多台,带动附近家

---

① 费孝通、李亦园:《从文化反思到人的自觉——两位人类学家的聚谈》,《战略与管理》1998年第6期。

庭织布机产业链生产（CKN，2017-07-05、2018-03-24）

  而在 GZQ 的家纺企业中，GZQ 是其企业老板，其妻子、大女儿及入赘女婿在家中厂子上班。另外雇用 4 个外地人（贵州、云南），在他介绍中，再过五六年，会将厂子全权交给女儿和女婿经营，自己也跟不上快速的时代和技术革新，当然，至于下一辈能经营成什么样子，则是儿孙福气了。（GZQ，2018-03-26）

江浙半耕半农生产一直强韧持续到改革时期的乡村和城镇工业化。一批年轻人成为农业的剩余劳动力，而就地就业的便利和保险使得他们基本一直与父母共食、共住，并顺其自然地继承家产家业。[①] 张佩国在分析改革开放以来，长江三角洲地区农民的家庭财产关系时，认为农民以房产为主体的私产的发育有了很大进展，但家族共财的观念根深蒂固。[②] 在 CKN 的家纺企业中，他担忧的一个问题则是，自己仅有一个女儿，现在女儿正在读大学，对经营家纺小厂子并不感兴趣；女儿也可能自由恋爱、外嫁他市，所以，二三十年后，自己的家业，固定资产，甚至一直持续转型运作的家纺企业将如何继承而不落"外姓人"。经济收入的提高，甚至该村家纺企业人均收入也远超某些城镇居民，但传统的传宗接代、养儿防老、财产继承的思想观念在农村依旧深厚。

家庭作为最基本的组织，在社会秩序维持中的家国互动。家庭组织不是封闭的实体，而是变动的，开放的文化与社会体系，既有与内部的互动，也有与外部环境互动。[③] 汉族父系家族主义的传统在中国社会、家庭的继替中

[①] 黄宗智、李怀印：《中国社会经济史研究的范式及其危机》，《世界经济与政治论坛》1992 年第 5 期。

[②] 张佩国：《私产的发育和共有的习惯——改革以来长江三角洲农民家庭财产关系的实践形态》，《东方论坛》（青岛大学学报）2004 年第 1 期。

[③] 庄孔韶、方静文：《从组织文化到作为文化的组织——一支人类学研究团队的学理线索》，《浙江大学学报》（人文社会科学版）2012 年第 5 期。

延续、变通。费孝通曾指出，中国社会和文化的活力在世代之间，其要紧的是光宗耀祖，在他看来，继承性是中国文化的一个特点，而继承性的背后则是"kinship"。即关乎中国亲属系统及一系列规则。庄孔韶认为，在现代化的过程中，中国人总是自觉不自觉地把思想、人生、生计的设计和实行与家族主义理念牵涉在一起，显示出强烈的文化持续性和协调性。①

总之，浙北M村家纺企业主要以家庭及其亲属网络为单位组织生产。在历经40余年的发展中，家庭成员相互协作，既可以能动性地应对市场竞争和生产方式转型，又可以利用乡土文化长久维系亲缘、业缘网络实现家共同体利益。当下，家纺企业面临着人力、技术、市场和继承的挑战，但他们以吃苦耐劳的创业精神、农人智慧与经济的融合实现新的突破。这种转变的过程启发我们在厘清家纺经济和乡村工业的发展中，既思考血缘家族主义下家纺企业突破原有经济—社会网络，也兼顾地方特色和市场化转型有现实意义。

---

① 庄孔韶：《银翅：中国的地方社会与文化变迁（1920—1990）》（增订本），北京：生活书店出版有限公司，2016年，第284页。

第三节 文化支持:盛世修志

一、D村村志修撰

一个村落的历史则是这个村落的根基。村史村志是乡村文化的重要组成部分,是乡村历史、地理、人文等方面的综合反映,并为乡村后续发展提供更加可靠真实的查考资料。[①] "修志是一项很有意义的工作,要马上了解一个地方的重要情况,就要了解它的历史,了解历史的可靠的方法就是看志。"2014年2月,习近平总书记在首都博物馆考察时强调:"要在展览的同时高度重视修史修志,让文物说话、把历史智慧告诉人们,激发我们的民族自豪感和自信心,坚定全体人民振兴中华、实现中国梦的信心和决心。"2015年8月,国务院印发《全国地方志事业发展规划纲要(2015—2020年)》,正式把中国名镇志文化工程、中国名村志文化工程列为主要任务之一,使之成为国家级文化工程。

乡镇、村庄编纂村志的过程,也是村带头人、治理精英、乡贤和村民合力修编村史的过程,是体现基层治理能力和现代乡村振兴的重要内容。

---

① 叶玲玲:《编纂好村史村志的意义和方法》,《新农村》2023年第11期。

（一）村志编纂及意义

《D村村志》编纂工作开始较早，且在周边邻村中独树一帜。编纂始于2006年3月，终于2011年6月，历时5年3个月。2006年3月22日，村"两委"做出关于编纂《D村村志》的决议，并发出公告和宣传提纲；4月，村志编修领导小组成立，下设村志办公室，确定以村里的文化人为代表的7位编辑。

在具体编纂过程中，需要查史寻今，走访知情人士、在外老乡。共收集、拍摄实物实景照片千余张，征集资料60余万字。在这一过程中，还编写了十多期村志简报，促进了修志工作的开展。2008年9月，初稿编写完成，村志办即送相关领导、退休干部和主要知情人士等征求意见。综合诸位提出的建议，村志办曾进行了三次较大的修改，形成了送审稿，并于2009年9月送县史志办审查。2009年10月，县史志办主任纪兴本、副主任杜秀芝着手审阅本志。2010年3月，纪兴本同志退居二线后，便抓住有利时机，对送审稿进行较大范围的修改。最后送出版社校对、排版、印刷等。

《D村村志》共设11编46章165节，内插图照千余幅，共约50余万字。在村志"后记"中，还详细记录了75人出资助"志"金，数额从300到3000元不等。编纂除得到上级相关部门的支持，村带头人和文化人亲力亲为，在出版之际，一些镇、县领导，地方志编纂委员会人员和书法家为志题词。"千年古村，地灵人杰""齐鲁名村，方志佳作""地灵人杰处，历史文化村""风水宝地古集会，中华民俗文化村""'红'扬古集，'疏'志千里"等。

D村原村书记为志作首序，从组织编纂村志，到村志顺利出版问世，也是他担任村书记期间重要的建设成果之一，是以他为带头人的全体村民的共同成果。

> 盛世昌明，修志乃兴……把1400多年来全村发生的大事要事及曲折历程记载下来，把大量的、分散的、历史的、现状的各种资料利用图

文并茂的形式汇集成册，对于教育广大村民特别是青少年，坚定爱党爱国爱家乡的信念，增强建设家乡的热情；对于各级领导了解村情，继承历史，鉴往知今，加快社会主义新农村建设的步伐将有着十分重要的现实和历史意义。同时，对客居他乡的大伯集村儿女来说，《大伯集村志》又是一座沟通信息、加强联系的桥梁。通过它，可以加深对故乡的悠悠思念之情，为振兴家乡贡献力量。特别对曾在大伯集这块土地上战斗过工作过的革命老前辈，可重温昔日的峥嵘岁月，唤起与大伯集村民的鱼水情深的美好回忆和深切怀念。它还可把大伯集村的各种经济信息奉献给村外、镇外、县外乃至省外、国外，增进社会各界对大伯集村的了解，加强与各地的联系，促进经济发展，繁荣市场贸易……①

村志编纂也是一项重要的文化建设工程。"以史为鉴，可以知兴替。"村志可以发挥"存史、资政、育人"等多重作用。村志第六编《集市》，详细记录了古集古会的历史，集会名吃以及历史上在集市流通的货币。保存的老照片及集市物价的统计表，也记录着集市的变迁史；第十编文化文物，第四节记录着村里有学识、有专业训练的知识分子的主要著述。如村民参与编纂的《泰安地方志》《泰山志》。村民收藏的古书字画，以及戴氏宗族自明初迁入D村后，四次修编族谱。这些记录在后世子孙读来，也是重要的精神财富，并激励着后世人继续书写D村的发展史。

（二）村志编纂者之一：文化精英，D村乡村教师ZBJ

笔者第一次入村访谈时，除了崔书记是重点访谈对象外，另一位则是该村村志主要编纂者——ZBJ。他是一位人民教师，退休后热心村文化建设，研读史书、核实村史之余，关心村文化古址、古迹的保护与重建，是村志的重要编辑之一。此外，他坚持集市也是传统文化传扬的载体。在与笔者交谈

---

① 中共大伯集村支部委员会、大伯集村民委员会编修：《大伯集村志》，北京：中国文化出版社，2011年，序言。

中，他谈及自己许多或思考已久，或较为新颖的想法：一是建立一个村功德牌坊①，以表彰为村里做出贡献的人。二是ZBJ希望可以发挥村内外文化人的智慧，为本村设计一块"村标"，立在集市入口处，村标应包含村历史、村主要事迹和村特色等。（ZBJ，2015-12-20）对于这一想法，他已和村里一名学设计专业的大学生进行过交流，以希望此学生可以在设计上有更好的专业建议。三是保护古遗址，由于该村南面有一沙场，近几年，随着自由市场机制的运行，围绕村沙场争利，前来挖沙、运沙的人增多，沙坑也越挖越深，后在此挖掘出一个"象牙"，ZBJ希望可以在此处建立一个遗址，作为古迹或文化遗产保存下来。不过他也介绍到这一想法牵扯到村民利益和沙坑的继续开发，有待进一步协商。

村民介绍Z老师时，也给予了一些较高的评价。"ZBJ老师在教学时也是个能人儿，当时他设计了一款小黑板，是可移动的。当时还没有多媒体，他用一块一块的毡布，去替换板书。很方便，当时还申请了专利，得到县里的奖项。"（DAS访谈提供资料，2024-05-01）

在《D村村志》第九编《卫生、教育、科技》的第五节《科技奖及专利》，中介绍了1990年后，本村人荣获县级以上科技成果奖励情况和荣获国家专利的情况。ZBJ的"组合教学多用教学板"在1998年获得"实用新型"（专利类别）Z198222544.X（专利号）。

D村文化人、能人精英荟萃，爱好广泛。擅长戏曲创作，诗词写作，书

---

① 牌坊在古时候其实就是一个门的称谓。唐代，我国城市都采用里坊制，城内被纵横交错的棋盘式道路划分成若干块方形居民区，这些居民区，唐代称为"坊"。坊是居民居住区的基本单位，"坊"与"坊"之间有墙相隔，坊墙中央设有门，以便通行，称为坊门。后来因为门没有太大的作用，所以就只剩下现在这种形式，于是老百姓逐渐地称这种坊门为牌坊。牌坊就其建造意图来说，可分为三类：一类为标志坊；二类为功德坊；三类为标志科举成就的。或者又可分为：表彰宦绩政声，旌表孝子义士，旌表节妇烈女，作为里、院、墓道的门房等。牌坊不同于民居或祠庙（祠庙是供神的）；它是一种门洞式的、纪念性的独特的建筑物。在封建社会，牌坊是崇高荣誉的象征。树牌坊是彰德行，沐皇恩，流芳百世之举，是人们一生的最高追求。牌坊，也是文化的代表。

法绘画等。如村民 DSL，写的一篇七律《修志有感》[①]，表达着对盛世修志的认可与支持。

> 丙戌新春逢盛世，民心工程修村志。
> 百年夙愿今朝了，二年工程指日期。
> 事业煌煌功无古，人才济济庆有余。
> 此乃吾乡一壮举，秉笔直书慰先驱。

二、M 村镇志修撰

（一）镇志重修

每个乡镇、村庄都孕育了当地特有的文化，承载着厚重的历史，编纂乡镇志、村志就是把可能被湮没在历史长河中的乡村历史沿革、经济发展、社会进步、民俗风情、乡贤名人等记录下来并传承下去。M 村没有自己的村志，但所在县志、镇志悠久，如 1996 年版《桐乡县志》的第一编《建制》，第 67—68 页记载了大麻镇的概况：

> 大麻、湘漾两乡。1934 年称大麻镇、解放初改为大麻乡、1950 年 5 月划隶崇德县，分为大麻、湘漾、海卸三乡。1956 年为大麻乡。1958 年属大麻人民公社。1961 年划出今属芝村、永秀、上市等乡的部分地域后，仍名大麻人民公社。1984 年为大麻乡。1985 年为大麻镇……京杭大运河穿境而过。境内重要河流还有泰山桥港、南星桥港、天王桥港、九里港等，1983 年建成大麻至海宁市科同段公路，连接 320 国道杭枫公路段。

[①] 中共大伯集村支部委员会、大伯集村民委员会编修：《大伯集村志》，北京：中国文化出版社，2011 年版，第 241 页。

在 2008 年范红杰、郁震宏主编的《大麻志》对大麻镇的介绍中，提及"南宋咸淳年间修撰的《临安志》中记载：'（盐官县）西北至安吉州德清县，以大麻堰为界，五十八里一百五十步'，这是目前可见文字资料中'大麻'的最早记载"，以及 M 村为现辖十一村之一"麻溪村（由村前村、南星村、渔桥村三村合并）"。

丝绸文化遗产包含物质文化遗产和非物质文化遗产。物质文化遗产主要有丝织品、服装等文物以及丝绸产区内的蚕种场、茧站、缫丝厂、丝织厂等厂房；非物质文化遗产丰富多彩，中国桑蚕丝织技艺于 2009 年被列入联合国教科文组织人类非物质文化遗产代表作名录。浙江的杭罗、杭缎、织锦织造技艺、嘉兴桑蚕丝织、濮绸织造工艺等被列为浙江省非物质文化遗产。① 在镇出产名物的介绍中，提及"绵绸，纯为棉织品。镇内农户闲时织造，最为精良，行销四方"。

民俗篇则介绍了对镇和 M 村来说，有重要信仰意义的德政寺。

> 德政寺，位于镇东北，原址在今中心学校。宋淳熙四年（1177 年）皇叔祖、太师、安定郡王赵令揆建造，历代都有扩建。明朝中期达到鼎盛，东至松树林，西接吴王庙，北临运河渡口，南连清池漾，占地三十余亩。寺前有桥，一进山门，便是大殿。大殿中供奉如来、文殊、普贤三佛。寺内除大殿外，还有"禅宗堂"。禅宗堂为明嘉靖年间，由大麻朝西埭里人金青莲捐资修建……②

家规家训是乡风文明建设可以凭借的重要思想资源，弘扬家风家训有助于增强农民的认同感和责任心，弘扬家规家训可以减少乡风文明建设的社会成本。③ 在镇志中也介绍了村镇域内，大家族的家训家规等，如下：

---

① 刘鹏林：《浙江丝绸文化与旅游融合发展路径探析》，《山东纺织经济》2023 年第 3 期。

② 范红杰、郁震宏主编：《重订大麻志·民俗》（草稿），2008 年，未出版。（未出版草稿，均无页码，下同）。

③ 安勇：《浅析家规家训在乡风文明建设中的作用》，《经济研究导刊》2018 年第 17 期。

家规（元大恒）：须宜守旧、不准奢华，叔兄弟侄互相同意、不宜分居、设有瓜瓞绵延、家主不能押擅、所有房屋、市房、田地、车基、茧行、钱庄医业储蓄、银行、一切动用什物器具恒与兄弟各执一半、好与好派、歹与歹搭、临时邀同房长亲属研究公分、不准舞弊、修坟公资、送礼一年一轮。

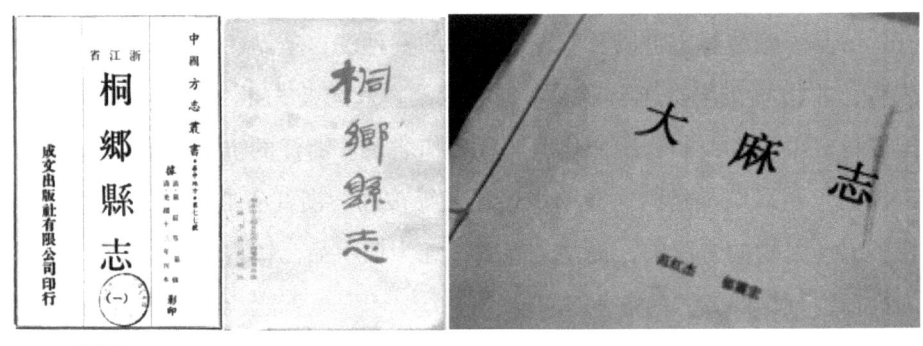

图 2-10 《桐乡县志》两个版本；《大麻志》（内部草稿）[①]

（二）村文化精英：FBK，JRL

1. M 村乡村教师——FBK

M 村的 FBK，已是 70 多岁的乡村退休教师，但他几乎天天在村头巷尾，在村民们热情的招呼声中穿梭。F 老师的身体很好，退休多年，但一直参与到村务集体中，做辅助性工作，也是 M 村新乡贤理事会成员。

我在 M 村调研时，很长一段时间是住在 FBK 老师家里。家里只有他和老伴两位老人，儿子一家在上海，偶尔周末回来。两位老人身体康健，奶奶的主要日常爱好是打理家庭花园，和村里老太一起"念佛"。而 FBK 老师也有两大爱好，打麻将和跑步，每天要跑 15000 步。所以两位老人因为这样的爱好，也和村里相邻十分熟悉，各个村民小组，在哪里都有可能碰到跑步的

[①] 严辰等：《桐乡县志》，台北：成文出版社有限公司，1970 年；马新正主编：《桐乡县志》，上海：上海书店出版社，1996 年；范红杰、郁震宏主编：《重订大麻志·民俗》（草稿），2008 年，未出版。

FBK。除此之外，还有一个重要原因是，FBK经常帮助村里做一些集体性事务，比如2017年年底开始的全国农业普查，入户数据统计，是FBK和另一位退休教师，带着年轻的村支部成员，挨家挨户进行统计，或者在田间丈量土地。因为阅历、乡里的熟人关系，以及个人的热情等，FBK几乎认识村里每一个人，这也为村集体事务提供了便利。（FBK，2016-11-20、2017-05-25）

在新乡贤理事会，他也是德高望重的乡村文化精英。他基于长期在乡村形成的熟人关系，精英文化权威，丰富的经验，对村庄事务有一定的组织协调能力；对村民行动有一定的凝结力，是道德舆论的提倡者；对村规公约有一定的认知，并在长期的乡村事务实践中，成为公共精神和道德的示范者。

2. 民俗爱好者——JRL

M村退休教师JRL，是当地名医金子久的后人。JRL一直在当地小学当老师，退休在家后，主要爱好是搜集和整理金子久的笔记、书法、书信等，汇编成文集。同时，J老师也参与到镇、村志的编撰中。一是他既是村里的文化人，能文识字，二是他也对村历史、民俗感兴趣，乐于搜集整理。《重订大麻志·民俗》（草稿）则是我在M村调研，对JRL老先生进行访谈时，在他家翻阅记录下来的。他的住所是一所老房子，但屋内一楼和二楼最重要的特色是他平时阅读的书籍资料，收藏的老报纸，以及保存的祖辈金子久的资料等。

访谈时，他正在重新修订《大麻志》，校对有关金子久的资料，如图2-10至图2-11所做标示。

《大麻志》另两位重要的主要编写人范红杰、郁震宏（因引用，实名标注），在重订志后，在后记中表达着修志的不易和在参与过程中对家乡的情怀。

> 数年辛苦，今日终得偿愿，足矣。昔日，常与郁震宏谈里中旧事，每每有"修志"之念，但苦于力不从心。后两人发愿首修《大麻志》，以

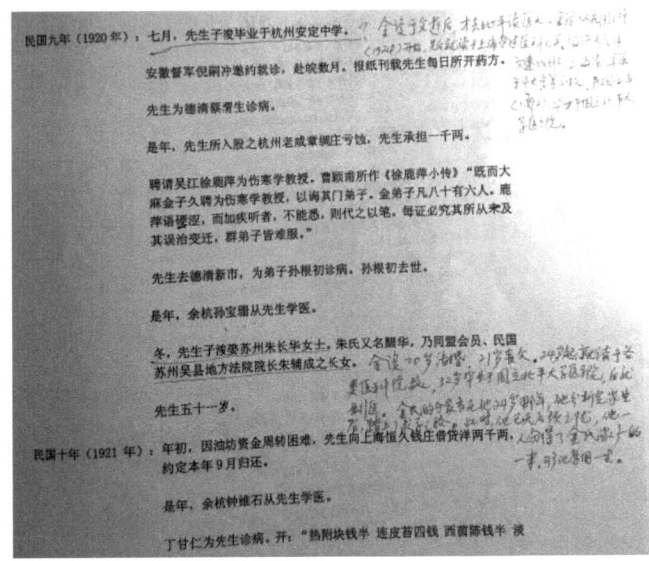

图 2-11　JRL 校对镇志内容

图 2-12　作者在 JRL 家访谈，另一位为 M 村退休教师 LJM 老师

为故乡千余年历史之记载。工作之余,便赴各地查阅文档,或埋首古籍,只为寻得有关故乡之文字。两三年后,阅读文献两百余种,查得故乡史料数万字。二人皆以力可修志矣,乃日夜相继,终成此稿。稿成之日,又得故乡史料若干,只待日后有心力再做《大麻志补》。漫成数语,以为后记。大麻村前村人范宏杰,时成子清明前。①

和JZZ老师类似的,对民俗文化感兴趣的一位"文化人"——FMX。平日他主要在村内一家家纺工厂上班,业余他的主要工作是搜集材料,整理和发布"MX文史"公众号。公众号于2016年4月28日正式运行,至今几乎每一天都会有一条更新。材料搜集和整理主要是在FMX业余时间进行,内容丰富,主要包括M村及周边村镇的历史人物、传说故事、民俗风情、节气习俗、企业历史、地方美食等,另外江南水乡之地,村舍之间,完好保留着许多"桥",所以,在公众号中,介绍了一些桥及取名的乡土故事。这些记载和传承,保留了邻里乡村珍贵的传统文化,也为后人留下无价遗产。

《国家"十三五"时期文化发展改革规划纲要》指出:"开展旧志整理和部分有条件的镇志、村志编纂。"2022年8月发布的《"十四五"文化发展规划》更是明确指出:"加强农耕文化保护传承,支持建设村史馆,修编村史、村志,开展村情教育。"这些要求,为乡镇志、村志编纂提供了根本遵循。浙江省政府办公厅发布了《关于推进新时代地方志事业发展的意见》(〔2022〕5号)文件,强调村志承载着一个村的历史与文化,也承载着一个村看得见的乡愁,要编写好村志,为乡村经济振兴服务。

在以上村志、镇志的详细记述中,可见内容之全面。村志的应用面很广,当今的美丽乡村、村民自治、村规民约、宣传教育、村史志馆设立等,都可以从中汲取营养和精华。参与编纂的退休教师、文化能人、民俗爱好者,甚至大学生等,都参与到村集体事务中,贡献个人的社会价值和专业余热等。

---

① 范红杰、郁震宏主编:《重订大麻志·民俗》(草稿),2008年,未出版。

第四节 案例村的选择、比较与分析

传统上，社会人类学的小型社区或单位村庄的研究，是多通过个案/单一对象，对社会科学和社会流行观念加以评论和反思。中国多地区的乡村社会的不同观念、社会文化现象、象征模式是多样且并存的，这些多元的地方性社会知识为阐明"复杂的中国社会"提供充分素材，如民间发展模式和官方超越地方模式相互交错，体现"小地方，大社会"的中国特色。

在早期汉人社会学社区研究中，对小型社区研究的深描，进一步深化了对中国乡土社会复杂性、历史性和文化性的认识，并强调社会力量的多元特点。尤其在国家与社会关系探讨中进行的社区调研，象征地方化诸多的讨论，也表现出社会的权力、文化差异。乡土社会以亲族和地域结合形态为主要形式，在权力分化秩序和地方性知识的双重影响下发展，在乡土社会秩序维系中，我们观察生活在一定乡土区域的人、影响人行为的文化，以及在一定社会组织网络中行动和形成的乡村规范系统。乡土社会的地方秩序在不同变迁背景下，以上层权力和地方文化的双重力量维系，并在不断新增的内外因素下重新调整和适应。

第二章 鲁中 D 村与浙北 M 村的秩序基础与发展

一、案例村特征异同

两个案例村源于作者的硕士学位论文写作调研和博士学位论文写作调研的田野点。机缘巧合,两个村地理区位上虽一个在鲁中,一个在浙北,在地理环境、气候、风土人情上,均有各自的地域底色。但二者均有本村的经济基础,一个是传统集市的持续发展,另一个是乡村家纺企业的不断转型,随着外部市场的冲击,传统集市和企业不断创新多种经济发展方式,并在"互联网+"支持下,打造线上市场、数字产业和农村电商;二者均基于地方经济,乡村习俗发展了文化"产业",集市村既有基于集市发展的"赶会"文化及乡村旅游,又挖掘和发展了红色文化资源,不断拓展本村的产业和知名度;企业村自有桑蚕缫丝的百年历史,也在市场催化下不断转型,发展了丝绸文化馆和非遗传承型产业;两个村除本身的经济基础和文化底蕴外,村带头人、经济型精英和文化精英等形成合力,致力于乡村振兴和全面发展的实践。具体而言仍在相同的地域基础上展现着不同的实践。

(一)乡村发展的地域性

两个村是传统村落的体现:一是北方农业产业及从事农业及相关产业为主的人群聚集区域——集市村;二是在外部力量推动和刺激下,在乡村内外互动中构成的一个有活力,传承文化和发挥功能的社会有机体——企业村。二者均有各自发展的契机和内部动力、资源。结合传统地域基础上形成的村庄优势,不断挖掘和再生产,在新时代,推动乡村转型、治理和振兴。但集市村仍以传统集市和摊贩为主,尚未发展起大型招商引资项目,以留住乡村年轻人就地就业;虽然集市村已挖掘红色文化底蕴优势进行创新性发展,但目前仍在多元利用路径的规划中,在原有文化资源基础上,面临文化活力匮乏,传统文化传承和可持续发展等难题。企业村在外部经济环境冲击下,面临现代企业管理和家纺企业走向分化等挑战,但在上级政府支持和村企业自身转型中,不断发展企业群、园区模式,并通过展销会、海外市场等不断拓展家纺业务;除发展了非遗文化、丝绸产业化升级等,还注重乡村振兴中的乡村环境再造和乡村旅游。相比于集市村，企业村村民的日常娱乐、生活多元化且方式更新快，走在政策前沿，并在乡风文明、生态乡村建设上不断探索新路径。

（二）乡村治理的创新性

二者均有有利资源优势，不断在政策、市场机遇下，转化升级。同时二者又利用传统资源，不断创新治理手段和方法。一是集市村利用传统集市圈形成的人力、社会资本，发挥乡村文化人的组织作用，不断促进集市走向现代市场；利用历史文化资源，发挥当代价值；拥有传统村庄乡土韧性，又不断突破乡土边界。二是企业村基于发达的经济，强有力的自治基础，走在政策前沿；利用家庭企业孕育的网络组织资源，将家文化、企业发展和乡村伦理秩序钩织在一起，在适应现代化的挑战中，不断调适；乡村治理组织利用经营资源，江南地域特色资源，地方传统、民俗资源和长期形成建立起来的乡土人情、乡情资源，进行现代乡村建设。在政策引导和领导力执行下，创新治理机制和策略，融于民，利于民，并用于民，充分在实践中发挥网格治理、团结性治理、文化振兴治理、生态景观营造治理等，创新精神与治理实践兼具。

这种在江浙乡村社会不断孕育强大的村共同发展与治理的力量，既有传统韧性、乡村共同体精神的支持，也离不开地域发展与外部活力共同培育的当下乡村建设精神。这也是值得总结、借鉴和再挖掘的乡村治理经验与经营之道。

（三）乡村经营的技术性

乡土中国具有地域性的同时，也具有同一性；乡村治理手段和策略具有创新性的同时，也具有发展的不平衡性。但在这两个村庄，何以存在不同的发展、治理策略，并融洽运用于治理实践。如果在山东 D 村固守了较浓厚的乡土本色，那么，在浙江 M 村，则体现出更多治理与发展的技术性。这些经验技术，不仅仅是可视化的策略、措施，更多的是治理者和当地人的智慧、思考和探究；体现着地域中不同角色人的文化自觉、主动性和活力。乡村社会治理的体系建设，就是要在推进乡村社会有效治理的手段和方法上，构建法治为本、德治为先、自治为基，三治融合的有效机制；提升乡村社会治理能力，就是要提升党的组织、政府及组成部门和乡村社会自治组织的政治领导力、思想引领力、群众组织力、社会号召力。村支书、妇联组织和党员带头三大行为主体的治村实践形成强有力的行动网络，村支书跳出传统自治型路子，发扬"企业家"精神，实干兴村和创新富村；妇联组织增强社会活力，参与到乡村振兴实践中，发挥强有力的组织力、执行力，通过"麻花议事团"助力"三治融合"实践；党员带头人在村集体事务，安全维稳中发挥带头作用。在新乡村精英治村中，以政治精英为主，把握村务工作全局，充分发挥组织执行力，以及加强合作治理的经验。这些D村在文化活力与乡村振兴过程中的创造性智慧的总结与反思，对于类似地域的乡村发展，均有积极借鉴意义。

通过两个地域不同的案例村比较及治理有效的经验总结，建构新时代乡村振兴中的秩序图景，讨论乡村经营、振兴的可持续模式。

二、乡村秩序维系与挑战

（一）乡村整体性秩序的现状与维系

在当前D村和M村的乡村秩序维系和乡村建设中，传统治理路径与基础在乡村现代化转型的冲击下面临挑战。原有的村支书为主力的治村政治型精英，在全面乡村振兴中，需要发挥基层组织执行力和号召力，将更多的乡村能人纳入治村与发展队伍；传统产业经济既有现代市场的淘汰，也有外部机遇的转型升级；传统乡村文化资源与活力，需要在迎合民众需求的前提下，不断被激发和利用起来。而在乡村振兴中，还需要从"生态宜居"的视角，全面美化乡村环境，提升居民生活质量。

（二）乡村自治秩序的现代化困境

第一，参与主体的被动与无为。在村级组织和村务自治中，作为治理主体的乡村政治精英，多是村支书，村长在政策宣传、村治实践和村民协调中发挥主要作用。但村级的其他村务委员，仍本着做好本职工作，大多精力在自家事情上，这一部分主体未积极参与到村治实践中。村民作为村庄发展的重要主体，也多是象征性参与村务集体活动，被动性地听从集体安排，缺少个人需求诉求和主动性。

第二，乡村治理资源整合性利用差。村庄是人力、物质、无形的乡村文化构成的整体。但在集市村的发展中，长时段村集体发展多依赖于传统农村集市，主要经济作物，近几年，才有意识地打开集市外部市场，招商引资进行合作。此外，该村有丰富的红色文化、民俗文化、美食文化资源，在当下的利用中，仍缺乏活力。

第三，乡村能人资源积极性不足。乡村能人除村支书等政治型能人外，还有一些乡村教师、民俗爱好者等文化能人，带头致富经济型能人。尤其是文化型能人，更是对乡村社会内生性发展有重要基础作用，他们可利用人力资本，道德魅力等，在乡村社会网路中起连接作用，增强乡村自治和发展的内生性力量，拉近乡村治理场域中的多元主体间距离，形成治理合力。但在集市村的发展中，文化能人仍多自娱自乐，对村务事物和村内发展并不关注；另外，还需要多种方式积极主动联系文化能人，并通过鼓励人才，引进新乡贤，助力乡村振兴。

（三）家庭企业走向现代市场的困境

在现代化与市场化趋势下，传统家庭企业不断转型升级，以适应新时期经济需求与发展需要。家庭企业建立在熟人市场网络中，形成了相对稳定的市场体系，面临更加开放和理性的现代市场环境，需要有效的竞争机制和全产业链的整合与适应。一定程度上，原有的市场网络提供了成员间相对开放的信息共享和市场机会，节省了交易成本，但另外，也受到了传统文化、熟人关系网络的束缚和现代市场、技术创新以及资金扩大的冲击。[①]在一系列现代企业制度建立，企业分化与转型中，将面临市场的淘汰与更新。这也是当前家庭企业面临的重大挑战，即如何在继续发挥传统网络资本优势的同时，融合到现代企业环境中，从家庭走向区域，走向更大的市场。

（四）传统文化缺乏活力与可持续发展困境

乡村传统优秀民俗是依附于各地农村群众生活、习惯、信仰和情感的地域文化风俗，是当代新农村文化建设主要推介内容。但在一些乡村，由于发展路径和方式单一，治理主体整合资源能力较弱，一些乡村民俗文化的传承与创新面临发展瓶颈。如部分民俗活动多以社区活动的名义，宣传和组织社区居民参加，之后在相应平台有简短活动通讯，但相对缺少对传统文化开展改良、整合的活动，缺少引导和深化，未形成长效机制。一些村以"公众号"的形式，及时分享村历史文化、名人典籍、时政要闻和日常生活。但在调研中发现，多数民众不熟悉公众号关注与浏览，日常生活中关注度不足。社区活动分享，也流于简单、形式单一的发布。

当下，在乡村振兴实践中，除了产业兴旺，生态宜居，还应该注重乡村精神文化生活的丰富与建设。通过外部市场、内部基础、产业融合等多种途径，激发传统文化活力，在传承中实现发展、创新。

总之，要从基层治理秩序、乡村经济发展、文化资源活力和景观生态再造等全方位视角，透视当下乡村振兴的实践。1. 在治理秩序方面，对乡村治理精英进行分类，并通过调研时政材料，分析在新乡村精英治村中以政治精英为主，把握村务工作全局，充分发挥组织执行力，以及加强合作治理的经验。2. 在经济发展秩序调整和适应上，围绕当下新发展，分析市场与权力的互嵌，以及互联网时代，发展多元的经济产业。3. 在乡村文化秩序上，分析如何在传统文化资源基础上，借助外部政策支持，产业发展和

[①] 田絮崖：《商业网络、人际交往与信用体系的构建——以中大布匹市场为个案》，《北方民族大学学报》2020年第1期。

系列乡村组织，激活文化活力的同时，带动其他相关经济产业发展，助力乡村振兴。4.在生态景观秩序的再造上，乡村运用多种创意，因村制宜，建设具有地方特色，人与自然相和谐的家庭景观。通过垃圾分类实践和美丽庭院建设，打造生态宜居的新村貌。最后，总结经验，在中国乡村振兴实践中，培育"文化自觉"和"行动自觉"，建设富而美的现代化乡村。

第三章

乡村精英与治村之道

精英/能人是指在某一领域内有专长的人才。乡村能人是新农村建设内生力量重构的根本力量。乡村能人根据其所具有的专长，可以分为不同的类型。[①]一般而言，我们把乡村治理的精英（能人）分为三类：有威信、有号召力和组织能力的政治型乡村能人；有知识、有文化的文化型乡村能人；有一技之长的技能型乡村能人，后两者也被称为非治理精英。[②]乡村精英是乡村治理实践的行为主体之一，此外还包括基层政权组织精英和全体村民。乡村精英充分利用乡土内源性资源和外部发展机会，在政策和社会环境的支持下，探索不同地域乡村发展和治理之道。

改革开放后，国家力量从农村有所撤退，但是乡村基层组织仍然起着重要的作用。乡村政治型精英在贯彻国家政策的过程中，一方面，利用制度化的力量确保国家政策在乡村顺利执行，同时保持乡村社会稳定和发展；另一方面，乡村精英也可利用基层所赋予的权利为村民争取有限的公共资源，筹集资金、开发项目，带领整个农村社区在市场大潮中搏击，同时利用集体的优势最大限度地规避市场风险。[③]随着农村经济的发展、村民生活的富裕，

---

① 杨守宝、王全美：《资源再造和内源性机制形成的路径选择——新农村建设的能人视角》，《乡镇经济》2008年第1期。

② 郭忠华等：《国家如何塑造乡村精英？——关于乡村精英变迁中的国家角色述评》，《上海行政学院学报》2022年第1期。

③ 贺飞：《我国农村社会转型中的精英能动性及其局限》，《湖北大学学报》（哲学社会科学版）2007年第2期。

政治能人的领导权威更具影响力，而普通村民习惯性地更加依赖能人，他们往往把经济利益放在首位，而忽略政治民主权利和对村领导干部的监督。除政治型精英，中国乡土社会也具有能人、乡绅参与地方自治的基础，在"双轨政治"的长期实践中，除自治政治型精英，文化精英、乡村能人在乡土社会也具有较高权威，并参与到地方文化建设、组织及秩序维系中。在现代乡村全面发展的实践中，经济支持和地方致富带头人以经济实力不断强化地方权威，甚至参与到乡村自治系统和乡贤队伍中。无论是政治型能人的村务开展还是创新智慧的激发，在当代新农村建设与治理中均面临多重处境，而经济精英、文化精英和其他组织型精英，则与其形成合力，成为助力其施展才能的支持力量，当然多元类型精英在不同村庄发展现状下也有着不同的权衡体系。

第一节 政治型精英

乡村社会以一个行政村为基本单位,村支书则是村里最重要的领导者、带头人,也被称为政治型的乡村能人、精英。传统意义上,村庄权力和权威多是掌握在村支书手中,参考杜赞奇对"权力"的理解,他们通过个人、全体和组织等行为主体,通过各种手段,获得当地人的认可、服从。尤其在熟人的、乡土人情的社会,这种权威又是各种无形的社会关系的合成,有广泛的群众基础,有一定的组织能力,能充分挖掘村内发展的各种人力、物力和财力资源,有一定的思想和见识,对乡村社会内外环境有充分认识,有能力将各种外部的有利制度和经济因素转化为乡村社会发展的内生力量。如与当地文化精英的合作,与经济精英的互利等,他们共同并相互交织存在于政治、经济、宗教、网络框架中,并在社会变迁中新旧交替。

在当下实施的乡村振兴战略中,最基础、最坚实的力量便是基层村干部。作为新时代的村干部,必须正确认识村级组织的地位和作用,牢固树立大局意识、责任意识和担当意识,做好为人民服务的贴心人、以改善民生为志业的带头人以及把功名诱惑抛到身后的明白人三种角色,打通乡村振兴的"最后一公里";[①] 乡镇干部要具备服务农村的责任担当和过硬的乡村治理能

---

① 许海兵:《乡村振兴,人才为先》,《人才资源开发》2018年第21期。

力，处理好人才"外流"与"回流"、传统产业与特色产业、超前规划与有序利用、前期建设与后期管护、组织功能与自治功能、乡村文化与城市文化等多方面的关系。①

一、D村书记的治村经营

（一）原村书记CXN

崔书记（CXN）在1984年就被选为县人大代表，2006年起开始担任本村书记一职，在任期间，多次被授予"优秀村党支部书记""先进个人""优秀共产党员"等荣誉称号。崔书记为本村做了大量有意义的实事：2009年，他在完成新村总体规划的基础上，采用市场运作的办法，建设了三排小康楼，改善了群众居住环境；通过对上级争取和招商引资等渠道筹资近80万元，硬化了中心大街，并完善了排水、公路、路灯等基础设施，以方便集市日常运营。

"要致富，先修路"的思想在D村村"两委"的认识中非常到位。C书记在访谈中，介绍到"我们村有一个建筑协会，专门负责村中主要道路的修筑，其中所用的材料也是该建筑协会一手操办。协会会长是DCY，他和一些水泥、石头商关系较多，一般都是先赊购，最后再付钱，这样可以顺利按时完工。而村中修路的大部分费用来自村里走出去的有成就的人的捐助，村民门前恰逢修路段时，各家各户也要出一部分钱。大村村主干道——财源街修整后，路面平整干净，比以前宽阔很多，逢赶集日，各小摊主也很有秩序地在路的两旁排好售卖，不再像以前满路各处都是摊位，整个大街没有一条明显的路。现在不仅摊位排列清晰，而且买卖人数也相对多了，因为路宽阔后，驱车更容易，自行车、电瓶车、摩托车等基本可以进入集市中间，有的不用下车就可以买东西。但路面宽阔，也是提倡将车停到统一停车区，再

---

① 叶敬忠、张明皓、豆书龙：《乡村振兴：谁在谈，谈什么？》，《中国农业大学学报》（社会科学版）2018年第3期。

来集市中心买卖、娱乐等。"（CXN，2013-12-25）现在除了主干道财源街修建好以外，内部村门户之间的多条非主干道也修建起来，基本上家家户户之间相通的道路都是平整的石板路，下雨天完全不用再担心无法外出。大村村整个村子修的道路，也让前来赶集或平日从该村路过的其他村的村民感到羡慕。

在个人文化素养积淀的基础上，积极响应国家农村文化建设的号召，崔书记重视"文化兴村"：依据粟裕将军把"攻济打援"指挥部设在D村"崔家大院"的历史，复建革命纪念馆（后详述）。通过包装红色文化，建设集市文化，来推动经济发展，改善民生需求，实现文化惠民，这也是在现代市场经济环境下，吸引更多外村人在集市日集聚于此，并不断吸引外商投资的原因。

在他的倡导下，老党员、老教师主动参与编写了《D村村志》，现已出版发行，并成为宁阳县组织编撰"百村村简史"的典范[①]。崔书记坚持以市场招商、门头房招商、空闲地招商，吸引东平客商投资兴建了集"餐饮、洗浴、超市、物流"于一体的惠康超市，形成与集市的互补，为周边村民提供更多便利；他还积极鼓励引导本村能人，尤其是返乡民工大力发展民营经济，新建木业加工厂一处，三轮车制造厂一处，养猪场两处。通过收取租赁费增加了集体经济收入，为D村文化产业发展奠定了坚实的基础。一件件惠民实事、好事办到了群众心坎上，在他带领下，D村正朝着更高的目标迈进。在村里他也实至名归，受到村民的一致好评。退休后，崔书记虽然不在村任职，但村里有较大规划时，村委仍征求他的意见。当然，只有村书记一人的领导是不够的，在D村的村务管理与运作，村民大事的商讨和实施中，村中有权威和威望的文化人，也起着重要的带头作用。（CXN，2014-12-28）

（二）现村书记GJG

崔书记之后，郜书记（GJG）开始担任D村书记，其实书记本人在村工

[①] 来自中国广播网，山东在线报道，记者赵海燕，通讯员赵先秦。

作已有几十年，之前在老书记任期，他也长期在村里担任村委委员，后又做副书记、书记，长时间的村务工作经历积累了很多农村治理经验。基于地缘熟人关系，他几乎熟悉村里所有村民和往来事宜，在遇到棘手的事情、村民纠纷时，总能利用或熟人的、或私人的人情很快解决。

第一，在村民评价中，书记善用能人。他善于将普通村民纳入村集体事务中。这个用人不仅是发挥乡村能人的作用，参与到村集体事务的过程中，还包括他关注留意其他普通村民的性格特点或优势，将其纳入适宜的村活动中。村民之间不免互生嫉妒，这并不是乡土社会的人的劣性，而是乡土文化社会的人之常情。例如，村民 A 或在某些村集体事务上有些误会，对相关村委有不满情绪，便声称要向上级反应，其实这种不满并不一定属实，或许只是偏颇情绪的发泄，但书记观察到后，并未从狭隘视角去抵触，而是与其协商，给予他相应的能发挥自己力量的机会，将其纳入村治安队伍，村民 A 也能靠自己的协调能力，在相应场合去发挥作用，实践下来，对集体事务不断上心，有集体意识，也促进了所谓的"官民"和谐。再如，村民 B，被其他村民怀疑有偷盗行为，但其实在村内的小拿行为，并不能上升到偷盗，稍加警示或村民舆论，便能有效制止，G 书记也将其纳入村治安队伍，并担负责任，这样他能以监督者身份，去维系村相关治安事宜，并加以警戒自身行为。

书记也关注老党员与年轻人的连接。如村老党员（老同志）也需要在线学习党的相关知识、理论，但苦于技术鸿沟，有些并不能熟练操作，书记调动村内年轻人，辅助老党员，并一起学习相关理论。既解决了技术问题，也变相给予年轻人学习理论知识的机会。

第二，强有力的执行力，配合红色文化纪念馆的建设及开馆运行。虽然华东野战军攻济打援指挥部纪念馆是在上任崔书记的牵头推动下开始筹建的，但期间郜书记也一直参与其中，并在接任书记后，积极配合上级筹划，协调相应施工队，强有力地执行上级相关部门部署规划及现在开馆秩序的维系，才有了今天 D 村浓厚的红色文化氛围，并吸引县内外的参观、学习，也成为很多中小学组织前来学习的红色教育基地。郜书记在纪念馆及红色教育基地建设中也担任非常重要的"经纪人"角色。如纪念馆展馆的建设，在前期找施工队时，书记联系熟悉外地施工队的同学，通过同学关系去谈合作；后来施工队参与到大伯集小学再建红色教育的实践中，在原小学基础上，墙面设计及校园基础设施中注入红色基因，在无形中培养孩子们的红色精神，"传承红色基因，培育时代新人"（现因为招生人数缩减，小学已经合并到东疏镇第一小学，但小学场地除了是村委会的辅助办公地点外，也成为县文旅局、镇相关驻村部门办公地点，继续发挥红色文化基因传承、影响的作用）。

第三，书记重视教育，积极助力在基础教育中融入红色文化基因。小学老师，也是我主要的访谈人DAS，还特地补充"郜书记和施工队老板都非常重视教育，无论从建设基础设施本身，还是在相关资金方面，都做了非常多的努力"（DAS，2024-05-01）。说到百姓对书记的印象或评价，大多是非常认可的，当然人无完人。村民觉得书记很平易近人，遇到什么事去找他，无论困难与否，书记都不会说不行，会通过各种方式方法去解决、协调。比如，原来小学开学前，因为暑期长了不少杂草，学校除草人员不足，书记听说后立马从村里组织人来帮忙解决，减轻老师和学生们的负担。只要和教育相关，D老师说，一般书记都是"二话不说，就是大力支持你，比如说村儿里在打道路上的灭草，灭草的时候儿就打灭草剂，书记会组织把学校片区一起也打了，不会不管不问"。

第四，重视发展集体经济，规模种植，保障村民生产生活。种粮大户通过集体规模，一家三四百亩，便于耕作，产量大增；另外通过"减垄增地"，即去除原来耕地里的"垄"（在D村方言，陂儿，bei），扩大耕种面积。一般种粮大户以本村村民承包为主，也有少数外村人来承包。村委通过和承包户签订合同，一亩地收多少租金，通过扣除集体费用，将收入转给土地原有户主，即使老百姓不种地了，也有相应的保障。在早前也组织苗圃花卉建设，但后来苗圃花卉并未发展成功。因为在隔壁镇大建花卉园林的压力下，D村的发展后劲受到影响。但通过苗圃花卉规划，村里进一步规划了土地利用，通过土地流转，后来合并在种粮大户中。

第五，村容村貌整治建设。红色纪念馆即基地辐射村容村貌整治。指挥部纪念馆建成后，为扩大后期参观效应，D村联合周边几个村，集体粉刷美化村貌，统一规划百姓房屋墙壁；建设主干道绿化带，花草栽种等；在新建道路上，将原来暴露在外的电线隐藏，整齐划一。可以说D村辐射周边村庄的村貌，与整个县城相比，也是非常出色的。

二、M村书记的治村经营

M村书记SGQ，于1990—1995年在大麻镇税费征管站工作，1995年，在村级组织换届选举中，因自身人品、能力得到重视，担任村主任。于1998年开始正式担任村书记一职，至今已20余年。M村从原来的一个小村到2002年与另外两村合并，现有22个村民小组，590多户农户。在沈书记20年工作历程中，也先后被评为桐乡市"99·6·30"抗洪抢险先进个人、桐乡市优秀共产党员、桐乡市第十三届、第十五届市人大代表、桐乡市第十二届党代表、世界互联网大会——乌镇峰会先进个人等。（SGQ，2016-11-18、2017-07-04）

书记注重"改善与群众关系"。1995—1998年担任村主任期间，因工作内容转换，对村务工作比较陌生；同时面临同级村干部和上级镇政府的监督，自我定位较低，以"改善与群众关系"为出发点，借助之前税费征收时，对每家每户的了解较多，很快取得群众信任，有助于开展村务工作。1996年"大稳定，小调整"的土地划分调整工作，对其是严峻的考验。

> 土地是农民的命，必须本着公正公平的原则。当时，一年轻小伙子对于土地划分意见很大，态度强硬，强行从村会计手中夺取丈量尺子。我心想这是自己担任工作遇到全村范围的第一件大事，一定要处理好，最后讲道理，劝服他配合工作；第二件大事就是计划生育。当时严格管理和执行计划生育，对于超生者，罚款很严。1995—1996年冬天，把一超生者家里东西扔河里，门也撬下来（现在这样看，像是强盗一样）。结

果就是老百姓不满、指责、谩骂、或很多人一起反抗。我那时候年轻，心里也没十足底气，但又不得不完成上级指示，推进政策实施。（SGQ，2017-07-04）

S书记在访谈中，也一直强调，作为村里带头人、当家人，需要"身体力行，实干强村"。1998年，当书记第一年，第一个全市层面的重要事情——桐乡市的莲花桥港开挖（河道），是由镇到村，再到村民小组，层层分配任务，组织劳力。

> 那个时候压力很大，自己第一次做此类工作，怎么组织？首先召开村民组长会议，讲明政策，组织人员；其次是自己带头，亲自开挖。原本计划15天把河道开挖完成，后来我们仅仅用了七八天时间。担子从肩上一担一担挑出来的。那个时候四个村民小组，找劳力、能力强的，白天黑夜的加班，最后拿到全镇第二名。总之，每天给自己定目标，开挖几米，邻村挖五米，我们就要再多一点，像打仗一样。1999年，抗洪抢险时，大麻处在桐乡市上游，雨水多时，流向大麻，水无法及时流出去，上涨很快。M村在镇区，学校周围外河也是M村范围，并且河都是很原始，没有修葺的。我们发动组里全体成员都出动，日夜二十几个小时都在河岸上排水。最后，我们全村没有一处河堤缺口，觉得很自豪，得到上级肯定，也留下了腰间盘突出的病根。（SGQ，2017-07-09）

在重要事情上，M村也一直处于前列，积极参与到"加强村基础设施建设"中。2000年，农村开始推行合作医疗。"最初每人交20元，但老百姓不愿意配合，觉得这个钱交给村里，用用就没了。他们认为这个钱是村干部花。只好自己亲自做工作，多解释，最后和平解决。"2001年，平整坟地，填坑修路。"当时这个工作非常棘手，这是动人家的坟。多次做工作，才将大多数村民劝服。平整完土地之后，是要还给村民的，这个时候让村民抽签来分土地。但村民就是不来，不让你分——那个时候，我们村干部只能心往一处使，无论怎样，来的人都要分好，不来的，我们村干部帮他抽签，必须分掉。那一天，天下着雨，赤着脚，一人吃了一桶泡面，后来老百姓看到我们可怜，也心软了，最后划分土地这仗才打完。"2003年，南星（原来三村之一）附近实施修水泥路。当时村里账上没有什么钱，村书记自己所在小村剩下二十几万，其他两个村都还处于亏欠。那条路修葺需要45万元，那个时候，村书记发动小老板捐款，以及部分村民支持，最后才修好。现在该路已经成为主干路。书记认为"修路，也算是做了件大事情"。

此外，"经济发展与村庄整治"两手抓。"差不多近10年的时间，经济发展好起来。我们通过土地流转，把现在的村集体资产（房屋）进行外租，一年100多万的集体收入，年终村务工作人员的工资就不成问题。2007年以来，配合上级指示，村重点工作是村庄整治工作，道路、河道美化，净化。村里开通河道任务下分到小组，当然有的配合，有的不配合。上级拨款不足，但这个工作还得做。这几年，环境整治也花了很多力气，并且很花钱，比如，河道清洁，我们要请5个人，一年要给工资；村庄街道、垃圾托运等也需要安排清洁工，发工资，一年要30万。"（SGQ，2017-07-04、2017-07-09）

总之，20多年下来，书记总结：做好村务工作，首先，村干部团结是最关键的；其次，村干部与村民小组长之间要团结；要发挥党员带头作用，一些工作需要老干部、老支书的力量，请他们出面做工作。最后，对于中心工作，做书记的一定要有大局意识，每一年中心工作都要做，有的工作拖不起。学会"弹钢琴"，有轻重缓急。近几年，最难做的工作是土地征用，配合镇南新区建设。因为土地征用政策多变，老百姓不买账。第一随着经济发展，老百姓对土地的需求很旺盛，第二随着收入水平提高、物价上涨，土地价格每一亩增加1.7万，卖出去的价格是几十万元，老百姓心里就不平衡，当老百姓再使用被征收的土地时，政府部门盖个章，这块土地就几十万的租金了，所以老百姓不理解、不支持也是正常的。老百姓是弱势，政府是强势，做好土地工作，一方面是土地归还，另一方面是合理规划。

三、乡村振兴中的治村挑战

能人依靠自己的能力和权威在乡村治理与建设中发挥着积极作用。政治型能人治村是能人主导村庄公共权力配置和运作的村级治理,能人在村庄中处于支配地位,能人的权力集中而强大。① 在中国传统社会,国家的实际控制力实际上是"权不下县",地方社会是由士绅精英以宗族等形态控制的自治联合体。在张仲礼的士绅研究中也可以看到,在传统的皇权结构中,士绅有时会是国家治理地方的代理人,有时又会是地方社区利益的代表,具有连接国家与农民的纽带作用。在当代社会主义民主社会,以村党支部书记和村委会主任为代表的乡村政治型精英,他们在我国现阶段的农村社会转型中起着非常重要的作用,是村级治理中国家—农民关系的中介。

作为村委会整体,如何增加集体资产,如何更好地运作资金;作为村民自治组织,如何为老百姓多做好事,为民生、惠民生,都是村里最重要的工作。作为村干部一是做事情要脚踏实地,诚实公平;二是在完成任务与老百姓利益之间维持平衡,不能一味唯上,也不能唯下。但具体在当前的乡村振兴实践中,村支书在开展村务工作,组织村民参与村集体事务中,仍有一些难题。

在目前我国推行的村民自治的体制下,能人治村也存在消极的一面。国家的行政权力从村庄的公共权力体系中退出,在村庄中占大多数的"无政治村民"② 由于缺乏经济资源、缺少政治参与意识而"在形成自己的政治态度时往往受村庄能人的裹挟,被动或主动地依附于村庄能人进入公共政治生活"③。随着农村经济的发展,村民生活的富裕,能人的领导权威更具影响

---

① 参见彭彤:《能人治村与村级治理问题研究》,山东大学硕士学位论文,2009年。
② "无政治村民"的概念是吴毅先生提出的,指相对于村庄精英尤其是政治型精英而言的,那些处于村庄公共权力体系底层,对村庄公共事务较为冷漠且影响力微弱的普通村民,他们占村庄成员的大多数。
③ 陈潭、刘祖华:《精英博弈、亚瘫痪状态与村庄公共治理》,《中国人民大学书报资料中心·中国政治》2004年第1期。

力，而普通村民习惯性地更加依赖能人，他们往往把经济利益放在首位，而忽略政治民主权利和对于村领导干部的监督。笔者在访谈中了解到，作为D村政治型能人的崔书记在鼓励本村村民在集市买卖中合理定价，与外村摊主处理好关系时，却并未受到本村村民的全力拥护，一些村民误认为这是崔书记"胳膊肘往外拐"，连带着不支持的情绪，使得崔书记的一些管理集市的办法在本村实施中遇到"尴尬"。

在民主政治进步和市场经济发展下，普通村民的自主性、自利性增强，使得文化型能人在自我创新意识的实践中更是形单影只，其保护传统农村民俗、传承村落文化的设计更多是一种思想活动，一些想法能得到村领导人的支持，投入实践。只是无形的文化保护与传承，若没有立竿见影的经济好处，则很难得到广大村民的支持。M村在目前乡村振兴全面发展中，在经济（发展的活动）、村容美化上不断有更多的村民主体参与其中，但在文化习俗传承，村集体文化活动中，还需要通过多种途径，让村民成为传播者。

无论是政治型能人的村务开展，还是文化型能人的智慧发挥，在当代新农村建设与治理中均面临多重处境，利于其施展才能的支持力量和阻碍力量在不同条件、不同村庄发展现状下也有着不同的权衡。

第二节 经济型精英

一、乡村企业家

2016年11月16日，是M村村民CKN的45岁生日。他没有在朋友的聚会，家人的晚宴中庆生，而是一早来到桐乡高铁站，开始志愿者活动——义工服务。他说，以这种方式纪念今年的生日，也开启自己志愿者征程的新篇章。一天结束后，他并没有返回桐乡市区的家中，而是穿起"红马甲"，拿起手电筒，走在M村村委与党员干部的夜访巡街队伍中。就是这样一位党员志愿者，带着祖辈的期望，"弃农"办厂，致富帮贫，热心集体，回馈社会。

CKN在吐丝作茧、淳朴勤劳的大麻乡情中成长。中学毕业后，他选择就读当地农技学校，希望有一门手艺在身，开农辟业。在校期间，他主动担任学校广播站播音员，组织学生活动，积极踊跃于集体活动中。

走向社会，他以自发自觉的行动主动致富、扶贫。CKN在国企改革的大潮中，抓住时机，自主创业。2005—2007年，在自己发展成熟后，帮扶周边村户发展个体家纺：提供给十多户每台机器5万的成本补贴及每月的电费，到该户盈利后，无息返还本钱即可。至今，街坊邻里对他也是一致好评。

他心系家乡，发展村民集体力量，改善村容村貌。2006—2007年，号召自己所在的村民小组（石佛头）成员，捐款修筑本村道路。"经济要发展，道路先行官"，在修路的过程中，CKN自己出资购买石子铺垫路面，和村民小组长一起动员村民捐款赞助。现在宽敞的路面上，推车的大爷不用那么费力，轿车、货车川流不息。除了赞助本村修路，CKN还积极热心村公务事业，捐款一万赞助村"老年活动中心"的修建。2013年底，浙江省委十三届四次全会后，"五水共治"在各乡镇也吹起行动的号角。CKN以党员志愿者身份加入M村清洁河道，清理村街道杂草队伍中，一直是绿水青山的行动者。

在45岁的新开端，在互联网大会前夕夜巡的路灯下，他与村干部、党员同志们一起讨论着如何将大麻家纺企业做大、做好，为村镇谋福利；也畅想着他日，通过有效渠道，能将自己的绵薄之力投注到云贵偏远贫困的山区希望小学中。

在CKN身上，我们看到了一名中国共产党员的先锋带头作用，一种感恩家乡、主动创业的精神，一颗真诚奉献、回馈社会的热心。他尽己所能，不计报酬地践行志愿精神，以自发自觉的行动传播先进文化，为建设团结互助、和谐美好的新大麻贡献力量。（CKN，2016-11-16、2016-11-18）

二、创业带头人

（一）D村电商致富带头人

2012年，D村一大学毕业生ZLP（女），利用大学所学的设计专业，建议母亲在自己设计图纸的基础上，手工制作1-2岁儿童棉衣，尝试自主创业。起初，只是简单做几种样式，利用信息网络系统联系买家和在线交易。后来销售较为乐观，自家成立加工坊，雇佣本村及周边村落老年人（女性）进行生产线作业。手工坊工人基本是年龄在50—60岁，身体健康的女性老年人。据老板母亲介绍，手工坊工人一天平均收入是30元（按件计酬）。作为农村普通家庭，老年人一天30元的收入，可给子女减轻不小的养老负担，虽然不能靠老人自己做活给自己养老，但这种间接的减轻供养老人老年生活负担的方式，也给老人带来精神上的充盈。

随着人们收入越来越高，对生活质量要求也逐渐提高，在穿衣方面更讲求质量、舒服、时尚。所以老板在前期的图案设计、布料选取方面，也更用心思。棉衣基本是机器剪裁、缝制、钉扣等，这也是市场化形势下注重质量、提高效率的要求。除了利用网络平台，推进网上"赶集"外，每逢四、九赶集日，本村人也会在买卖交流间向外村人介绍棉衣加工坊，无形中拓展了村外市场。由于淘宝网开店要求长时段积累信誉，才被允许长期运营，处于起步阶段的手工坊，业务拓展也仅靠ZLP一人宣传、联系，所以网络市场较小。老板决定暂时以线下业务为主。现在，手工坊与县城（宁阳县）育婴店已建立长期业务往来联系。在朋友介绍下，业务也拓展到青岛、武汉等地。

棉衣加工坊在市场化、信息化机制下不断拓展业务，这也对村委为村民提供更好的公共服务提出了要求：老板母亲认为此棉衣加工坊是大学生自主创业的典范，应该得到村委或上级政府支持。村委应为加工坊提供场地，并帮助其宣传，提供销售渠道。希望村两委或镇政府等能提高重视，并给予一定支持。村委在支持村民自主发展时，也要适当改变应对村内社会关系的方式，不断优化治理机制。

（二）D村创业带头人

随着现代大型机械的使用和功能的健全，农村土地流转不断加快，农村劳动力尤其是妇女劳动力不断从土地中解放出来，并且随着机械化程度加深，现在大多的秸秆不断还田（机械一并打碎在地里，农民不再需要运回秸秆用来当作做饭燃料和饲养家畜的饲料），土地营养增加，产量提高。这样解放的劳动力不断转移到加工厂做工，改善生活质量，农村的这种生活和生产方式逐渐向循环经济迈进。

D村里有几家鞋底鞋帮加工厂，第一家成立已有10多年，第二家有6年，郜书记家的鞋帮加工厂成立两年多，当时加工厂前身是与韩国一家公司合作的制衣厂，后来经营不善，上当受骗，制衣厂损失较大，郜书记思考如何利用旧设备，救活厂子。"一开始加工小孩衣服，但由于衣服样式变化太快，村民手工跟不上变化的步伐，所以转型加工鞋帮，鞋子再怎么变，鞋帮是不会变的。这样，鞋帮加工厂在挽救损失的同时，也解放农村妇女劳动力，加工厂没有工作时间限制，计件算工资，而农村妇女虽然随着机械化程度加深，下地干农活减少了，但仍要在家为人处世，照顾老幼，无法外出打工，所以加工厂给她们提供了打发闲暇时间和挣零碎钱的机会。"

D村其中一家工人也不是很多，有4—10人。虽然不一定是村里收入最高的，但这种小型加工厂，为村里较多数的中老年女性，提供了再就业岗位。"比如我们的邻居，DJG，他现在办了个小加工厂，加工鞋帮，也就招3个工人，都是本村妇女，多是闲暇/空闲的妇女同志过去扎个鞋帮，一天收入五六十块钱儿吧。"（DAS，2024-05-01）。这种小工厂一般是接受外面的订单，自己以代加工的方式，在小作坊里完成订单，再运出。村里一家经营较早的已有十余年，工人也有十几个，相对来说，生意比较好，订单稳定。

其实D村有做小作坊的历史基础，比如DAS老师介绍：

> 其实俺爷爷那时候儿就在南街上泡豆芽，做豆腐皮儿、做豆腐，也是生意人儿，做得很大，后来俺父亲这一辈儿的，咱也做了几年，后来不再做了；再比如你的同学DLJ（笔者能去D村调研，除了对老家集市文化的兴趣，也得益于与高中同学DLJ的熟悉关系），早先开油坊也很厉害，她的爷爷，经营油坊，包括豆油啊、花生油啊、加工等，都是手工作坊。现在都不干了，转行儿了。我想原因什么呢？这个小作坊儿生产的少，售卖方式不行，除了家门口或集市，也会走街串巷出去叫喊着卖。但现在呢，大都批量生产，然后批发。但之前老式手工作坊没有转型到这个路子，慢慢就干不下去了。（DAS，2024-05-01）

转型没转过来，相应也没什么盈利。传统的工艺，主要是石磨，效率低，现在都是机械化生产，生产效率比较高，加上机器生产，比如豆芽发芽，机器催生，但口感和之前也都不一样。老式的做法儿虽然产量低，豆芽发芽慢，以前老式绿豆芽得好几天才能卖，现在绿豆芽据说是一天就能卖。生长很快，但口感不如老式好吃，只是老式效益不行，产量低。时代的产物，传统的工艺，被现代的取代了……

第三节 组织型精英

一、党员带头人助力"稳发展"

(一) D村CHX：村民眼中的"调解主任"

CHX是村里的老队长了，在村里也是干了几十年，目前为止还干着。他在村中担任很多角色。既是村委会多年重要的骨干，也是村里红白喜事的主事人，还是村民眼中的"调解主任"。"就是哪家有事儿啊，或者邻里关系有事儿的时候儿，都请他进行调解。"

他今年78岁，20多岁的时候儿就在村里干，干了四五十年了，几届书记任期，他都在，可以说是"好几朝元老了"。他副书记干了几年，当时村里几项要事都是他组织，比如档案资料、村里户口户籍、大型基础设施建设，像翻修村里公路、建桥，处处有他的身影儿。

> 给我印象最深的，是我小时候，那时还是丰收小麦时，村里集体"打场"，集中安排村里打场机啊，给麦子脱粒，当时还是村里集体备用几台，各家各户轮流排队使用。但打场机子在农忙时，也经常"累坏"，每次机子坏了，都得喊队长，当时我的记忆里，没少喊CHX大叔。再就是以前村民队里都用地下井水浇地，每片地块会建设一间"机子屋"，所

谓机子屋，就是"井＋那种带抽水的机子"，这种使用故障的时候也是喊他维修。反正大大小小机器坏了，一喊人必到。我们认为他是实实在在为人民服务，用实际行动真正体现了为人民服务的宗旨。当然他是多年党龄的老党员，也是先进党员和模范党员。其实在农村，这种人，类似老黄牛的人是真不少。（DAS，2024-05-03）

再就是他能写能画，村里红白喜事，他都参与。比如，"你看像崔家大户的，红事儿就是娶媳妇啊，都是他写帖，主持婚礼；然后就是白事，白事的时候，他是队长，就是他负责派人，组织丧局，起到很大的一个作用。"他写毛笔字，尤其是钢笔字、小楷都写得不错。村民印象里，他在帮忙张罗村里红白喜事时，从不铺张浪费，能节俭时都节俭，节俭办事，受到老百姓的好评。

CHX在老百姓中口碑很好，村里邻里聊起老人家，没有说他孬的。大家认为他在调解工作中擅长"和稀泥"，这并不是贬义，因为每次他都能解决大家的纠纷。别人请他帮忙，他没有说过"不行"，人很随和。就拿我们父辈这一代来说，一家都是兄弟几个，一定会有"分家"之事。在村里，谁家要分家了，都会找一个中间人，CHX则是大家心目中最佳人选。"分家的时候，得做到公平、公正、合理，给我印象就是C大爷这个事儿没少做了。为什么让他做分家员，因为一是他会写字儿，二公平公正。"

一个人做一件好事儿很容易，做一辈子好事儿，并不是一件容易的事儿。但CHX则是村民眼中一辈子都在为村民做好事的能人儿，也受到小辈们的真心崇拜。担任小学老师的DAS开玩笑说道，"之后自己退休，能回到村里，帮忙做点小事，CHX大爷就是我的榜样"。（DAS，2024-02-01、2024-05-03）

（二）M村CXH：平安维稳，志愿坚守

CXH是M村的老党员，也是陈家浜小组的小队长，他们一家待人宽和，处事谨言慎行，兢兢业业，遵纪守法。CXH作为党员积极参加党员民主会，拥护党的方针、政策。具有较强的法律意识，家庭中无吸毒、贩毒、酗酒、赌博等违法犯罪和不良嗜好的发生。作为小队长，在工作上兢兢业业，积极配合村委工作，勤勤恳恳。他时刻关心他人，对村民反映的问题和要求，只要政策允许，他都尽心尽力去解决。

66岁的CXH自己开着一家日用品小店，由于陈一家做事认真公道，为人实在，大家都来找他们做生意，生意十分火爆。但是再忙，他也不忘记村里，去年村里优美庭院创建，他作为创建小组之一，陈每天都在自己小队转悠，保证自己一家环境卫生干净整洁是容易的，但是整个小队都要绿化、美化生活环境是一件极不容易的事。哪里需要整改，哪里需要人手帮忙，陈都义不容辞地提供帮助。

2016年G20峰会的时候，CXH为了邻里安全平安，主动响应村委号召，参与进大麻镇M村维稳志愿者活动，为G20的成功开展添砖加瓦。在G20维稳志愿者活动中，他常说："G20能够平安顺利开展，可以给我们中国争光，而且常常在村里巡逻，不仅让那些小偷都不敢出来犯事，保障了左邻右舍的安全，又锻炼了身体。"在志愿者活动里，他总是走在最前面，不言累、不言苦，心中满腔热血，要献给邻里村民。邻里村民见了，齐齐夸赞说："CXH是个热心肠的好人，大家都应该要向他学习。"他客气回应说为自己村坊做点事是应该的，而且这也是他家人支持，他才有时间出来做志愿者，帮助村坊的大伙儿，让乡村一直都平安。在乌镇峰会的时候，陈家也积极响应村委号召，日夜轮岗，为乌镇峰会顺利举行献出他们全家的力量。他们家的家训是：平安守法是本分，共建平安是义务！

（三）M邻村DRJ：退休不褪色、离岗不离心

大麻镇把推行"党员中心户"作为提升基层组织力的重要途径，积极构建基层党组织、党员中心户、党员、群众一体联动的工作网络，让每一个网格和微网格都有党员精细管理、每一户人家都有党员贴心服务，实现党员力量与社会资源的最大整合，为服务人民群众注入新的活力。

DRJ，中共党员，退休村干部。退休后的她，依然坚持退休不褪色、离

岗不离心，继续为家乡建设发光发热。她待人热情、友善，村民都喜欢和她聊天拉家常，让人觉得温暖而又亲近。作为一名党员，DRJ用自己的奋斗不息诠释了一名基层共产党人的初心。她积极参加党员大会、党员志愿服务，"虽然工作上退休了，但思想上绝不能松懈，学习上也绝不落于人后。"这是她经常挂在嘴边的话。就连村里的"学习强国"排名，她也是学习积分名列前茅的"好学生"。时刻保持共产党员的本色，继续发扬党的优良传统和作风，这就是DRJ退休后的真实写照。通过强化党性修养，做到了政治坚定、思想常新、活到老、学到老、改造到老。在她看来，这些行为只不过是平平凡凡的小事。但正是有了这些点点滴滴的"平凡小事"，才体现出了她作为一名普通共产党员的初心和使命。

现在退休在家的她，依然积极配合并参与村里的中心工作。村里新任的村干部很多都比较年轻，尽管充满活力，但缺点也明显，即基层工作经验缺乏。当年轻干部遇到工作上的问题找不到好的解决办法、需要找人咨询和帮助的时候，她总是很耐心地给予指导，细心地指出问题关键所在。经过她的分析和帮忙，许多困难都迎刃而解，难办的事情也都能得到圆满解决。她坚决履行一个共产党人的誓言，关键时刻逆行而上，作出了先锋表率，充分发挥了党员的先锋模范带头作用。①

是什么使一位普通农村妇女如此无畏？或许是这片广阔的土地给予了她担当的情怀；又或许是这小村落的水给予了她唯善的心灵；更或许是这家乡淳朴的民风浸润过她的灵魂，才会滋养出这么可爱的共产党人！

二、妇联组织增强社会活力

乡村妇联组织和镇妇联组织是是党联系广大妇女群众、促进妇女群体发展的桥梁和纽带，以其独特的组织优势在参与社会治理和服务中发挥着无可替代的作用。2015年以来的群团改革过程中，妇联组织推出了一系列重要

---

① 根据2019年6月20日M村村委会提供资料整理。

改革举措，从组织网络、工作队伍到工作路径和方法等不同层面进行改革创新，为妇联组织在国家治理体系和治理能力现代化中发挥更大作用提供了保障。党的十八大以来，党中央统筹推进"五位一体"总体布局和"四个全面"战略布局，妇联组织参与社会治理被党委政府摆到了十分突出的位置。妇联是党和政府联系妇女群众的桥梁和纽带，在代表妇女并促进妇女参与社会管理与公共服务的过程中，妇联需要扮演调研员、咨询员、倡导员、协调员、监督员的角色。[1] 从角色丛理论视角来看，妇联同时扮演着政治服务者、公共管理和社会服务者、妇女利益代表者和妇女组织的联系者等多个角色。但是随着社会转型，角色丛也不是稳定不变的，实际上角色丛中的不同角色之间是相互博弈及利益综合的过程。[2] 它的职能重心会随着社会发展和需要的变化而动态变化。在新的历史时期，妇联以群众性社会团体的身份承担服务社会的功能，充分发挥群众性功能。[3]

新时代，在推进国家治理体系和治理能力现代化的背景下，基于我国基层社会治理的功能和特点，妇联组织在社会治理中充分发挥作用的有效路径是什么？妇联组织如何通过做好"家庭家教家风"工作在基层社会治理中发挥作用？妇联组织改革中有哪些值得总结的、可以上升为制度机制的经验做法，还有哪些问题值得反思？对这些问题的研究探讨具有重要的理论与现实意义。提高妇女干部的政治站位，提升妇女干部的执行力是做好妇联工作的先决条件。提升执行力关键是一个"干"字，2019 年 M 村所在镇妇联带领 11 个村 1 个社区的妇女同胞，通过具体的项目和活动载体凝心聚力带头干，雷厉风行踏实干，解放思想高质量干，发挥妇联作为党委政府的桥梁纽带作用，贡献了"半边天"的智慧和力量。

---

[1] 肖百灵:《妇联组织在促进妇女参与社会管理中的角色和作用》，《湖南社会科学》2007 年第 6 期。
[2] 赵明:《定位与功能：转型期中国妇联组织角色研究》，武汉大学博士学位论文，2009 年。
[3] 吴亚慧:《妇联组织参与社会治理问题研究述评》，《探求》2018 年第 4 期。

(一)妇联在村自治中强有力的组织力与合作力

镇妇联组织以党建为引领,以自治为目标,以德治为基础,实施各行各业全方位深度应用,切实发挥"麻花议事团"在助力中心工作、化解矛盾纠纷、破解突出问题等方面的积极作用。如以"环保酵素基地"为阵地,助推垃圾分类和垃圾减量工作,实施环保酵素治水工作;以"优美庭院"创建为载体,深化创建内涵、拓宽创建思路。要破解大麻优美庭院创建难的问题,一是继续深化创建内涵,深化创建内涵主要是依托"麻花议事团"提升"三治融合"的提升项目在创建示范带的融入;二是拓宽创建思路,让家庭参与到创建中,从政府一头热到大家一起创转变,实行妇联"领着创"计划:"三八节"时开展"优美庭院我先行,乡村振兴我领跑"庭院创意设计大赛,一来营造创建氛围,二来看创建思路是不是可行,百姓能否支持,创建成本如何,是否可推广,实践证明,村民支持、创建成本与效果对应先前更优化,还能可持续,因为家庭投入成本及参与,学会主动去维护,长效机制更优以前。具体如下。

第一,为增强村民积极性和持续性,妇联利用竞争性——"齐着创"比赛,以村为单位,在组内开展"我的庭院我做主"创意赛,成熟一批评比一批,每月开展评选,对房前屋后整洁、庭院保持好的,以星级评选方法对达到星级要求的,到季末或年末进行奖励表彰。整个创建活动激发家庭主动参与、主动维护,形成美丽家园齐创建,美好生活齐共享。

第二,成立"麻花议事团"。由镇妇联牵头、基层执委和基层妇女群众参与,采取一事一议,针对性开展涉及妇女儿童、镇村中心工作相关事宜议事活动,在基层社会治理中使基层妇女群众由"旁观者"变为"参与者"。"麻花"从字面上说"麻"代表"大麻","花"代表"女人",其实更深的是"麻花议事团"精神:为人,甜蜜温馨;干事,干脆利落、团结一致拧成一股绳。"麻花议事团"撑起大麻镇"三治融合"(自治、法治和德治)半边天。

在2018年对镇妇联主席XHF的访谈中,她拿出记录的开展议事活动,说着组织的137次商议,提交村(社)两委决议事项334件,落实反馈312

件,参与人数达 2011 人次。自成立以来,"麻花议事团"整个"自治"议事制度为村两委决策提供了重要参考。"麻花议事团"在具体实践中实行微调解,调解员主要由村(社区)妇联执委、妇女组长、女党员等女性骨干组成,自成立以来,共成功化解各类矛盾纠纷 67 件,其中婚姻调解 7 次,家庭暴力 4 次。2019 年,"麻花"调解室在全镇其他 11 个村(社区)全面铺开实施,建立"妇女之家"普法微信群,定期推送法律案例 385 个,有效构建了"线上 + 线下"立体式公共法律服务新模式,带动引领辖区内"办事依法、遇事找法、解决问题用法、化解矛盾靠法"的法治风尚。在具体行动中开展最美家庭、星级平安家庭、美丽家园示范者、最美大麻人等多方面的评选活动,共评选出村级最美家庭 911 户、镇级 193 户、市级 18 户、省级 2 户,星级平安家庭三星级 3620 户、四星级 2172 户、五星级 1448 户,美丽家园示范者 1890 户,最美大麻人 20 名。用先进带动引领,从点到面,提升"德治"效应。三是抓应用。将最美家庭评选与"三治"信农贷、"好家庭"信用贷、妇女创业创新小额贴息等结合起来,享受相关优惠政策。(XHF,2019-04-15)

还记得今年 3 月份,村里有一条小路的拓宽工程,由于涉及两户村民的自留地,使得一件为村民谋福利的好事,引起了这两户村民的意见,后来反映到我们"麻花议事团"。我了解到这件事情之后,第二天就带领村妇联执委、热心妇女骨干组成的"麻花议事团"上门进行劝导、调解,在经历过十多次的努力后,最终得到了他们的理解和支持,道路也已经开始正常施工,我们当时就觉得很有成就感,通过将村里的妇女组织起来,能够帮镇里和村里分担一些困难和工作,也是发挥了我们自身的能量。(XHF,2020-04-20)

(二)妇女组织的"三治"实践

一是依托"网"的阵地,以规章制度推进"自治"。建立服务项目制度,实施"平安家庭"细胞工程,实现"党员先锋站""妇女微驿站""网格工作站"三站合一,形成"横向到边、纵向到底"的安全隐患排摸建档动态机制。同时建立两委联动制度,为村两委决策提供重要参考。二是凝聚"微"的力量,推进法治解决村民纠纷机制。建立"妇女微家"普法微信群,构建"线上+线下"立体式公共法律服务新模式。依托"全科网格"实行微服务,落实不稳定因素红、橙、黄三级管理,结合"三个一"工作法,即一天一掌握情况,一周一记录动态,一月一反馈研判,实现了对重点关爱家庭的跟踪式、差异化服务。落实微调解,实现"麻花"调解室村(社)全覆盖,优先选拔、培养"麻花议事团"成员为"法律明白人",将家庭纠纷化解在苗头状态。如2020年统计共开展法律培训、讲座31场次,推送法律案例234个,成功化解各类矛盾纠纷29件,其中婚姻调解9件,家庭暴力5件。三是发挥"家"的特色,道德引领走在前。每月开设以移风易俗、构建和谐家庭等为主题的妇女道德讲堂。开展最美家庭、平安家庭、最美大麻人等评选活动,进一步发挥模范引领作用。充分用好政策红利,实现最美家庭评选与"三治"信农贷、"好家庭"信用贷、妇女创业创新小额贴息等挂钩,助推道德引领好家风、好家训。2020年该镇共征集优良家风家训1324条,评选出省市镇村四级最美家庭1000余户,星级平安家庭8000余户,最美大麻人50名,已累计发放家庭信用贷190万元,妇女创业创新小额贴息补助15.28万元。

总之,创新"麻花议事团"工作载体,调动广大妇女参与基层社会治理的积极性、主动性和创造性,将"麻花议事"有效融入自治、法治、德治之中,不仅发挥了妇女在建设中的"半边天"作用,还开拓了共建共治共享的社会治理新局面。镇里还通过组建"仁心天使团""平安女当家""美丽酵主"等民间组织,同"麻花议事团"交相辉映,有序参与社会事务,以"润物无声"增添活力。落实民情议事、党员联户、结对帮扶等制度,通过创新体制机制、搭建平台组织,充分调动家庭、妇女的主观能动性,凝聚社会治理合力。

三、卫生组织的健康维护

D村另有一特色,也是该村有优势的事务,是D村现在的卫生所即东疏镇中心卫生院大村卫生所。据现在的卫生所负责人D介绍:该卫生所1971年以前是镇卫生院,在"文化大革命"期间是公社书记安排医务人员,一切事项安排也是书记说了算。开始只有3名医务人员,在1972年,自己高中毕业,学习了基本医疗知识,开始"现学现卖",在卫生所工作。在1989年,村卫生所走了一名骨干,叫XFY,是因为出嫁到外村。她走之后,D的儿子也学成归来,开始加入。2007年,最后一名外姓人也离开,这样原来的三位医务人员,只剩一位,就是现在D的夫人J,D是后来才进来的。这样一家三口就撑起了这家卫生所,随着儿子娶妻,儿媳妇也加入进来。J主要是西医,D主要是中医。他介绍说,他们四个人没有领导与被领导之分,都可以看病抓药。虽然在外人看来,有些像"家族企业"(都是自家人),但是这个村卫生所仍然属于县卫生局,镇卫生院管理。现在前来看病的人不只是周围十里八庄的村民,甚至跨镇跨县的也不少。每天平均有100多个前来看病的人,年收入100多万元,D也强调,这些收入也是全部归个人所有。只是上边有什么新的指示和规定,我们也执行罢了。①

近年来,儿童手足口病肆虐,许多药方是治标不治本。该村卫生所是该镇唯一一家指定使用一种叫作"肤贴"药方的卫生所,这是一种在西药的贴子上加上中药的消肿止痛贴。而使用有效的关键是加在贴子上的中药。这种药使用后,患手足口病的小孩基本都能痊愈,并且没有后遗症,所以现在这种药也在使用中。D在给我讲述这一药贴使用时,明显有一种舍我其谁的自豪感与成就感。他们一家四口,以后可能会有更多人,会继续在这个"大"卫生所干下去,周围许多村的村民也离不开他们。

---

① 访谈人:根据2014年9月10日至12日对D的访谈,整理成文,访谈时间:2014年9月10—12日。

第四节 治村挑战与经验之道

一、村支书的"企业家"精神

如何在新形势下,平衡发展,走向乡村振兴之路。在精英理论鼻祖维尔弗雷多·帕累托的最初定义中,"精英是最强有力、最生气勃勃和最精明能干的人"①。这类人一要有个人能力,二要善于建立社会威信。有力、有生气、精明、能干也同样是"企业家精神"②。一些学者提出"用企业家的精神来打造政府部门,重构地方政府。即中国的地方政府应该学习用企业家的眼光打造一个企业型政府,以此来推进"服务型政府"的建设。地方政府通过学习敬业、诚信、服务等企业家精神,可以构建出一个具有敬业、创新、合作、诚信、理性和服务精神的政府。③在当前的宏观环境下,村落要想获得

---

① (意)维尔弗雷多·帕累托:《精英的兴衰》,刘北成译,上海:上海人民出版社,2003年,第13页。
② "企业家精神"概念最早由著名经济学家熊彼特提出。他将"企业家"看作市场经济的灵魂。而后不少学者对"企业家精神"的内涵与内容作了许多概括:诚信、创新、敬业、合作、自治、坚韧、服务、学习、远见卓识、挑战、务实、富有活力、牺牲等。
③ 郎友兴:《对"老板型"官员宽容一些》,《人民论坛》2008年第10期。郎友兴:《政治吸纳与先富群体的政治参与——基于浙江省的调查与思考》,《浙江社会科学》2009年第7期。

整体发展，实现跨越式转变，乡村精英就必须具备企业家素质和精神，带领村民进行一系列的创新和发展，才能引领整个村落走向集体致富之路。①

（一）M村的致富与创新探索

通过深入访谈M村村支书S书记②，就其20年村支书的治村实践说明他如何在M村的发展与治理中，发挥、运用"企业家精神"。第一是服务宗旨下实干兴村。在S书记的工作历程中，他一直坚持"作为村支部书记，积极带头做好本村公共事业，为村民办好事、办实事。"在2017年工作总结中，他说道：在上级主管部门的帮助和支持下，对杨家角、秀塘河等小河小塘进行淤泥清理工作，同时对南星桥、秀塘河等生态进行整治，提高水质和改善环境卫生；通过走访村民小组，了解到村民对"亮化"服务供应的需求，村里出台相应措施，村民小组自己组织安装照明灯，电费由M村集资负担。现在照明亮化工作已经完成，也进一步改善村道路，方便农户出行。实干是做好村务工作的最基本态度。老百姓无大事，但老百姓的事，都不是小事。在实干工作的同时，村干部要廉洁，实行村务公开；党员会议，村民组长会议及时召开，让大家了解M村近期工作的重点内容，使工作实施中减少阻碍，一切以集体利益为出发点。"实干兴邦"同样"实干兴村"，在S书记担任村支书的这些年，村民收入年年递增，村务工作人员的工资每年都按时下发；村集体资产不断增加，在处理M村棘手突发事件中，能够稳中有序。当然他本身也经营家纺企业，企业老板的经历让他对村庄总收入和集体经济更有筹谋，在效果上也具有显著提升作用。③

在访谈中，S书记多次强调，村干部做事情要"心里装着老百姓"。一件小事，对老百姓来说都是重要的事，即使一个电灯坏掉，也要及时为他们

---

① 莫艳清：《从保护人到企业家：乡村精英的角色演变及其内在逻辑》，《温州大学学报》（社会科学版）2016年第29期。

② 访谈时间：2017年7月15日，访谈地点：M村村委会。

③ 韩旭东、郑风田、郑淋议：《能人型村干部如何影响村庄新内源式发展：基于全国性村级面板数据的分析》，《中国软科学》2023年第6期。

解决，村民到村委会反映情况或自家小矛盾，作为村干部都要有耐心，听他们诉苦，与他们谈心，再进一步说明如何处理。一件件小事的处理，是整个村务工作有序展开，得到村民信任和支持的基础。

第二是集体理性下创新富村。做好村务工作，要从集体利益出发。既要处理好村民集体事务，又要想办法提高村集体资产，使其更好地支撑村务日常和紧急工作。M村集体资产的房屋出租包括现在村委会办公的这一套房子；现在旧房改造拆掉的房子，南星区之前的小学区域。每个村村部都会有一块集体资产，现在保留下来，就要充分利用起来，为村集体谋利益。例如，村（石佛头）整理出原来荒废的土地，乱七八糟的旧房屋、树林、坟墓等，平整后，成一块块整齐的土地，根据土改战略划为建设用地，上级政府审核合格后，用该地竞争"指标"，这个指标再卖掉，就有集体收入。实际运作中，通过原来农民手里的土地进行流转过来，再以差价出租给老板等，从中获得集体收入。对于村务开展和村务委员的工资，上级会有一定补助，但还是要靠村集体收入来保证。

村干部也需要有"经济人"角色。"如何壮大集体经济"也是村当家人（把村民当作自己的亲人、家人）——村书记工作的重中之重。

实际上，一户人家如同一个村，一个村又像一个大户人家，每天的日常都要用钱，像我们一个村，如果什么事情都不做，一年必要的开支也要七八十万，包括村干部的工资，村卫生保健，三小组组长、党员的年终兑现等都要付钱。从担任村书记到现在，每年过年都会提早打算，筹划一年村里的集体资产和集体收入要通过什么方式取得，不能耽搁年底这一系列工资的开支。村书记作为村当家人，既要充分争取上级支持，又要想方设法主动寻找路子。如何调动和充分使用村集体收入是关键。像今年开始的旧房改造，至少要投入300万，村路补修也要几十万。利用城镇建设的政策进行旧房改造，进行增值，提高经济效益（如何在关键的时候利用好政策）。现在投入300万进行改造，等建设好后，以每年不少于50万出租。旧房改造，明年下半年（尽早）就可以正常出租营业了。

"巧妇难为无米之炊"，作为一个村集体，也是如此。村集体发挥群策群力，运用商机、政策、村民智慧，增加集体收入。如对原鱼桥村村委办公地进行改造、重建，并对其进行商业出租，预计每年增加收入40—50万元，将为我村的集体经济发展添砖加瓦；同时积极利用土地整理政策，2016年我村整理出约5亩土地，今年又整理出约3亩土地。对大多数的村来说是小巫见大巫，但对我们村来说是很大的鼓舞，能够为村里带来200多万的收入。所以积极壮大村集体经济，从本质上来说也是在为人民服务，也是"干在实处"。①

将村先富群体吸纳进村务工作中，将对村民的动员性参与转化为自觉性、主动性的参与。在M村的年度例行工作中，有一项是至关重要的；因是"世界互联网大会——乌镇峰会"的市所属辖区，每年峰会前后，村委会要配合市镇上级工作，积极组织村集体投入互联网大会的维稳、安保及消防安全工作中。又因该镇范围内，家庭作坊、纺织相关的小企业，多为易燃区，不仅在峰会前后，在日常安防中，也要做好检查、监督和防备工作。在村安防、夜训等活动中，除了村委会成员分两组轮班，每一组也会纳入村民小组组长、村民代表、村党员、村小企业老板等，一是让他们投身于与自身利益相关的集体活动中，二是加强与村党员、村富人老板之间的联系，增强公共性、集体性，致富的同时不忘同村百姓和一起为他们的企业搭建的"产业链"，即纺纱、纤经、织布、染整一条龙生产，原料、纺机配件与生产相配套②。

以上所说，和"如何当好一个村支书"是一个范围内的。如同沈书记在"贯彻党代会，喜迎十九大"之"我最喜爱总书记的一句话"系列学习

---

① 整理自沈书记在"贯彻党代会，喜迎十九大"之"我最喜爱总书记的一句话"系列学习中的讲话《干在实处，走在前列，勇立潮头》，2017年10月11日。

② 家纺产业链不断延伸，形成了纺纱、纤经、织布、染整一条龙生产，原料、纺机配件与生产相配套的格局。全镇90%以上的农户直接或间接从事家纺产品的生产和加工，产业链的形成大大增强了"大麻家纺"的整体竞争力，生产的沙发布、窗帘覆盖全国各地，远销美国、欧洲，被业内称为中国室内布艺的生产基地、出口基地和商品集散地。参见中共桐乡市委党史研究室：《桐乡特色产业发展》，嘉兴：吴越电子音像出版社，2015年。

中的讲话"干在实处，走在前列，勇立潮头"。结束语中的"干在实处"的"干"字，告诉我们工作是必须要做的，而一个"实"字则点明了要害，是要做在"实"处，而不是做在"虚"处。"走"字告诉我们不能停留在原处，需要迈开步向前走，更不能后退，始终要确保走在前列；一个"勇"字，则告诫我们做工作不能畏手畏脚，要迎难而上，只有"勇立潮头"，才能无愧于自己的职责，才能使全村的各项工作做得更好。

（二）D村，如何推动现代企业发展和发挥组织的推动力

村民聊起来，既有对百年集市长盛的自豪，也有对村里年轻人不断外流的感叹。

"在这唯一的遗憾，作为村集体，没有引进一个很好的企业，村办企业。如果在村两委的带领下，能引进一个项目，类似创收经济的大型企业入驻大伯集村，那么就解决了大伯集村的就业的问题。"小学老师DAS和访谈介绍人DGF聊着说着，"比如我媳妇儿老家是临沂的。临沂那边儿就是家家儿是小工厂，加工这的，加工那的，对比一下，我们这边儿还是传统的，或种地种粮，或集市摊贩等。"（DAS、DGF，2024-02-01）

随着土地流转，少数的种粮大户在承包土地种植；几家鞋厂作坊，但规模并不大，营收也仅仅是居家妇女的零花钱（虽然她们很满足），但要致富，还需要大型企业，能吸引、留住年轻人。当然，发展经济，不仅需要政策招商引资，村委牵头推动，还需要长期的基础和合适的机遇。

妇女组织力量调动不足。所谓妇女能顶半边天，但其实在当前的农村，无论是留守人数上，还是村务、家务承担中，妇女的作用远超于"半边"的范围。在M村，或有经济基础发达，或有商品经济带动下女性思想解放较早的缘故，无论是参与镇村妇联的集体活动，还是以自家庭院经营为主，女性不仅贡献着主体力量，还不断在政策前沿下实践着，提出诸多创意，参与乡村振兴。但在D村，据访谈和观察，女性参与劳动，无论是集市摊卖，还是村小作坊，在创造家庭收入上，一直是领先于周边村庄的。但女性组织，无论是村委妇女组织，还是其他自组织形式，还不够丰富。村民介绍，D村

上一任妇女主任做了几十年，后来换了现在的新妇女主任，但年纪也不算年轻了。在集体事情上，常提到的还是传统上妇女主任的职责，如"传统的组织村里做妇科检查，或者下通知之类的；再就是组建了一个广场舞队儿，提高年老妇女的身体素质。作为村书记的辅助，主要还是传统的作用为主"。（DAS、LXL，2024-02-01）

所以，如何调动女性组织的积极性和参与性，在新时期乡村建设中发挥更广泛影响。在 D 村，随着村容村貌整治美化，红色纪念馆的建设、推广，以及古集古会的多元发展，女性及女性组织有更多发挥作用的空间。

二、治村之道：全局、执行力与合作治理

随着社会的发展，老百姓的要求也进一步提高。老百姓所见所闻增加，应该他们享受的东西要尽力让他们享受到。一些小细节更要注意，即使一位村民老太太很小的要求和求助，都要尽力帮他们解决，他们可能一辈子就这一次求你帮助。逢年过节看到老百姓发来的祝福短信，自己看着也很温暖和欣慰。

良好的公共理性要求乡村精英必须在公共性、民意性、正当性、合法性和自利性中寻找平衡点。培育乡村精英的公共理性一是加大民主理念和公共理性的宣传力度，加强乡村精英民主素养和公共理性相关知识的学习。二是广泛吸纳乡村精英参与村级治理活动，通过实践不断提高其民主素养和公共理性。[①]集体理性下，还需要发挥群策群力创新富村。如果只是作为一个碌碌无为的村干部，充当国家代理人或者国家与村民之间的中介角色，那么整个村落几乎不可能实现整体上的发展。实际上，也只有村落带头人有这种企业家角色意识和角色行为，才能真正将其创新行为转化为村落发展的内在驱

---

① 李志军：《从碎片化到系统化：乡村精英参与新农村建设转型的路径选择》，《渤海大学学报》（哲学社会科学版）2017 年第 39 期。

动力。①

在两村的村治理和发展中，村中政治精英——村支书起领导和带头作用，妇联组织一系列的活动和实践，调动着村民积极性，同时也和村委一起参与到全面建成小康，乡村振兴的过程中。乡贤文化精英，是在无形中发挥辅助性作用，他们一直不是乡村发展的主力，却是不可或缺的力量。

（一）把握村务工作全局

村支书作为乡村政治精英首先要调控村发展全局，不可偏颇，不能只注重经济收入，而不顾民意；不能只要政绩，而不关心环境治理、资源可持续、乡风文明建设等。其次村政治精英——村书记要警惕陷入"双重主体"的矛盾：一方面，治理精英是广大村民通过选举产生的，是村庄的保护人和管理者；另一方面，治理精英除村干部这份职业之外，大都还有自己的家业。当村集体利益与个人利益发生冲突时，由于治理精英的能力和时间有限，而无法同时兼顾二者而产生矛盾。要让农村地区，乡村经营的能力和财富使其成为村庄管理者的基础；最后要培育村民精英的内生机制，为村庄发展和建设储备力量；扩大精英吸纳范围，包括返乡村民精英和社会上一些技术、专业人才。

（二）提升村级组织的政策执行力

自治性的村级组织是政策实施的最后一级，也是关注中央政策能否取得实际成效的最关键的行动一级。"从国家、基层政府再到基层干部和农民共同构成的乡村社会。农民和基层干部共同构成的乡村社会自主性力量进一步反作用于并影响着国家的治理结构和治理方式。"② 针对如何改善政策执行的问题，有学者提出，应加强对村级组织的扶持，尤其是财政支持和政策优

---

① 莫艳清：《从保护人到企业家：乡村精英的角色演变及其内在逻辑》，《温州大学学报》（社会科学版）2016年第29期。
② 陈浩天、胡白钰：《国家与农民互构：观赡乡村治理进程的政治发展道路》，《内蒙古社会科学》2020年第5期。

惠；优化村干部队伍，加强其专业性；创新村级组织的设置方式，打破以行政村为单位的党组织活动，建立新型的合作经济组织，加强村两委的组织凝聚力和号召力；建立科学的农村基层考核评估体系，真正体现农民的评价，从评估机制上加强对政策执行歪曲的制约，使农村政策执行从制度和机制上更科学、更合理。M村现在也面临如何配合上级并结合自身实际，更好地处理家庭纠纷、年轻人就业、老年人养老、医疗服务更加健全、二孩政策恰当运行等民生问题。① 村领导人应思考在执行政策过程中，如何协调上级政府及政策对象——村民之间的关系，如何运用村自治的智慧，既能增强村组织运作的凝聚力，又能促使村民参与到政策的实践中，更好地建设富裕、和谐、美丽新乡村。

（三）加强合作与协同治理

福山将传统中国社会称为社会性的团结。今天，乡村伦理与治理秩序调整、重构，家庭血缘关系和组织文化变迁，在乡村共同生活空间，看似人们更加个体化，社会性的团结也趋于衰落。但需要注意的是，尽管传统的伦理秩序已经变得更为工具性或者说理性化，但这种秩序的性质依然是社会性的。治理性团结，包括治理主体、治理内容和治理方式等的合作。

在主体上，在这个转变过程中，村级治理组织，党组织，妇联组织和传统的社区文化精英，将群众团结起来，形成一种新的社会团结群体，并实现合作治理。在乡村治村实践中，精英、组织、先进个人等在各自领域行动的同时，也在整体上结合起来。在权力的治理网络中，主要由乡村治理精英、党员干部、妇联等，构成了多元权力的文化网络，进行社会建设。乡村振兴的核心难题在于社会秩序的重建和优化，在于传统的社会性伦理秩序和治理体制如何对接市场化、城镇化和新乡村建设的潮流，并以良好的群众关系为基础。

在内容上，需要将二十字方针"产业兴旺、生态宜居、乡风文明、治理

---

① 张静：《浙江桐乡"并家婚姻"策略的人类学解读》，《广西民族研究》2017年第1期。

有效、生活富裕"看作相互联系的有机体。在乡村振兴战略的推进过程中,要把实现百姓"生活富裕"作为乡村振兴的根本目标;要把"治理有效"与"乡风文明"建设有机结合,通过"治理有效"促进"乡风文明"建设,通过"乡风文明"建设提高"德治"水平,实现"三治合一"的乡村"善治"格局;要把"产业兴旺"与"生态宜居"有机结合,使"生态宜居"既成为"生活富裕"的重要特征,又成为"产业兴旺"的重要标志。

总之,每个社区、村落都有自己特有的民俗文化、风俗习惯,要将政府的政策,法律的精神正确、顺利、合理地实施下去,必须根据当地实际情况,结合民情和村庄发展的基础,通过政府政策倡导,村两委执行,共建美丽乡村。

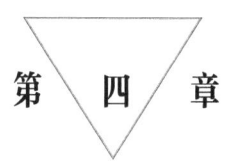

经济组织、发展与转型

第四章　经济组织、发展与转型

集市是农村社会的重要组成部分,随着市场力量不断嵌入农村社会,加之国家力量在乡村治理中的运作,农村有可能从国家的基层治理单位转向国家与社会共同治理的单位,集市在某种程度上也成为农村城镇化和现代化的重要试验场,是城乡衔接的纽带。国家、市场与社会的力量在农村治理与发展中影响着乡村命运。如同施坚雅指出"农民的实际社会区域的边界不是由他所住村庄的狭窄的范围决定,而是由他的基层市场区域的边界决定"[①]。这个边界的内部社会构成了农民的日常生活世界,而边界之外则是农民在日常生活中很少接触的"外部世界"。

但在市场化、农村现代化发展的实践中,集市村、企业村通过对"自发展"的内源性资源的利用,依托传统文化资源,基层力量的推动,合理利用外部的资金、信息和技术,不断向外扩展和转型。如D村的"集市圈"既是一个经济单元,又是一个社交世界。在外商投资下运营的现代大型超市,建立起"外部市场—村内超市—村民"之间新的联系机制,这种机制以经济功能取代"权力文化网络"的权力功能,并补充了"社会文化网络"的社会、文化功能,这体现了当下国家建设"政治、经济、文化、社会与生态"五个文明共同发展的要求以及"人全面发展"的落脚点。集市村庄中的市场与村庄互嵌性是农民自主性的体现。D村家纺企业更是积极与外部市场合

---

① 施坚雅:《中国农村的市场和社会结构》,史建云、徐秀丽译,北京:中国社会科学出版社,1998年,第40页。

作，实现现代企业强村的发展典型。无论是集市，还是家纺企业，形塑村庄与市场互嵌的双重属性，农村社区也表现出多形态和复合性功能。[①] 如同施坚雅通过田野调查发现基层市场社区不仅是农村经济空间、社会网络的基本单位，也是农村的基本文化载体，因为民间各种庙会、宗族组织、宗教节日庆典等团体和活动都将基层市场社区作为组织单位。

[①] 石伟、董国礼:《集市村庄：基层市场与村庄的互嵌逻辑与发生机制》,《青海民族研究》2021年第4期。

第一节 经济组织与发展转型

一、传统"赶集"与商会组织

（一）集市的发展与生命力

山东D村是个集市村，在谈到目前集市的发展现状时，现任书记部书记说道："大力发展集市贸易，提高个体户收入，仍是集市主要的经济职能"。（2015-12-04）据他初步估计，目前全村大约15%的年轻人并未出去打工，而是选择了在本村集市做小本生意。按照部书记的理解，在本村集市做生意要比外出打工的收入稳定，也更利于子女教育和生活照料。虽然现在赶集买卖的人比以前少了很多，但村里的卫生所、超市、店铺等在集市主干道两旁，也引来外村人在集市日前来消费。在谈到集市的日常管理时，部书记介绍到，集市秩序维持和买卖交易必须在村级指导和领导下进行，而集市的良好发展既关系到村集体自治的稳定，也是保证本村村民安居乐业的前提。当然，除了村委会对集市的运行有相关规定外，D村也有自己的商会组织。

集市当下的发展与生命力，使得D村露天集市也随之变迁，计划是现在的散摊、露天摊搬迁至带有围墙和遮盖的农贸市场，摊位划分更加清晰，按售卖种类分布，且内部不仅有各种石台摊位，还有建起的简单二层楼房，以出租给摊主，二楼住宿，一楼是门头房。若计划落成，随着棚室农贸市场的建立，本村及周边村落的卖主摆摊时间更加自由，所以日日集也更有可能，这样村民们每天都可以吃上新鲜蔬菜，但由于一开始客流量比较局限，所以可能计划是四、九大集，二、五、八小集，这个具体安排要等市场建好后，再根据实际情况定。

（二）商会组织的作用

商会，是商品经济的必然产物。一般是指商人以维护会员合法权益、促进工商业繁荣为宗旨，依法建立的社会团体法人。商会是商人组织有序化的过程。[①]本研究所指商会，是指民间商会，是在一定行业经济发展之下，各企业、组织和个人代表组成的利益性和服务性社会团体。肖海军认为，商会具有民间性、自治性、规范性、服务性和非营利性等特征。[②]

D村商会是在前任崔书记的倡导下组织起来的，带有村民自发性、自觉性、自律性。现任商会会长CYB介绍：

> 商会成立已有七八年，成立初两年作用比较大，商会负责集市期间的治安和收费管理。尤其是每年三月份的古会上，由于人员密集，外来人口在会期会大量增加，街面上也会有哄抬物价，聚众闹事之人，这就需要商会组织的人来进行监督和管理。另外，在商会成立前后的几年，集市上卖不同种类的摊位是归类分布的，比如卖布料的是在集市的西边，集中摆摊进行售卖；而卖猪的商户则是在东头，这种分类售卖的好处是可以让买者集中一个地点去挑选购买，各卖家也可以相互比较和竞争，但也会带来争相夺利，卖家之间冲突矛盾等，所以商会组织需要对这样分片售卖的多个商户进行监管，来保证集市的正常秩序。（CYB，2014-09-10）

[①] 参见 http://baike.baidu.com/view/125237.htm?fr=aladdin。
[②] 肖海军：《论我国商会制度的源起、演变与现状》，《北方法学》2007年第4期。

在集市运行的早期到商会成立之初，平时集市日也会对摊位进行收费，当时有三种费用，一是摊位卫生费，村委会派人打扫街面来为逢四、九的集市做准备，但也需要收取一定的卫生打扫辛苦费以作为对村民的补助和村委的经费等，这一项收费在崔书记上任后就没有再收取。二是摊位门户收取的茶馆费，这一项传统的收费类型，摆摊的除了一部分本村人，一半左右的摊位是周边外村人前来摆摊售卖的，他们在D村的街面及街面的百姓门户前进行摆摊，难免去该户家饮水喝茶，和该户村民建立熟人关系，当然也会影响村民的正常作息，因为摆摊要早来晚归。所以给该户一定的茶水费也是理所当然，不过这项收费并不高，也没有硬性规定，摊主自己拿主意，生意好些可能会多给几元，生意冷清少给也没有多大关系，农村人就是这样，讲究的多是熟人关系。三是工商局收取的管理费，这是一项硬性的收费规定，无论摊位今日经营好与坏，都需要交这项费用。2008年8月22日，财政部发布公告指出，经国务院批准，财政部、国家发改委、国家工商总局联合发出通知，决定从2008年9月1日起，在全国统一停止征收个体工商户管理费和集贸市场管理费。这一费用取消，但前两项收费仍存在，所以也需要商会组织进行管理。

笔者在2014年第二次访谈时，了解到：

> 现在商会基本名存实亡。以前商会每年还会开一两次会议，对于当年集市的管理进行讨论等，但现在这种讨论会基本没有了，不仅集市摊位种类变化，数量也有所减少，店面相对增加，赶集者大多是一些老年人，多半带有休闲娱乐的性质。在超市的质量竞争下，街面摊位的售卖越发困难，价格更是不敢提升。再有，现在买卖自由，地点也不再固定。（CYB，2014-09-10）

即使现在商会发挥作用减弱，作为一种组织和农村市场必有的管理方式，它仍以一种新的形式存在。

  原来集市摊位是三下收费，工商收一部分，村集体收费，摊位占用村民门口，那相应该户会收一部分，所以五天一集，对于摊贩来说，人家来赶个集，卖个菜，挣的钱还不够交费的。那现在随着税费改革等，摊主会自主的给占用门口为主的户主一些费用，也没有明文规定等，看双方商量吧。（DGF，2024-02-01）

  现任 D 村村委部书记介绍：2011 年，D 村成立建筑协会辅助管理集市日常秩序，现在商会只是雇佣了村里四个保洁员，集市日或平时人群往来较多时，负责打扫一些街道卫生，现在集市日常运营也几乎不需要管理，都是自行运作，买卖自由。2015 年 D 村筹备建设棚室集贸市场，也将成立集市贸易管理协会，管理集市摊位费用收取、卫生和日常买卖纠纷等事项。

  D 村商会在取消农业税、个体工商户管理费和集贸市场管理费的过程中，不断转变其功能。当下，商会作为一种村领导人发起的、以集市"场域"①内精英为负责人、协调村民买卖关系的组织，已演变为新型的权力文化网络——村庄内部，在村两委领导人、村内权威人物和村民三者之间形成的旨在推进新农村村落规划与治理措施，通过村内权威人物的作用，更好地监督和协助村两委的村务工作，同时在调动村民积极参与村内治理的过程中，不断提高村民主体地位和公共福利。在农村，处理村民事务，需要看人情办事，虽然这并不符合现在村务治理的科学性和客观性，但农村的"乡土性"正是需要人情的滋养和文化权威人物的"面子"，这或许可以理解为村民"自治"即自我管理的一种方式。

---

① 法国社会学大师皮埃尔·布迪厄（Pierre Bourdieu）首提。从分析的角度来看，场域可以被定义为在各种位置之间存在的客观关系的一个网络或一个构型。进一步说，场域是一种具有相对独立性的社会空间，相对独立性既是不同场域相互区别的标志，也是不同场域得以存在的依据。

二、家庭企业、亲属组织与市场分化

(一)家纺企业的发展与运作

在中国社会中,家庭——这个社会细胞,有很强的生命力及适应能力。费孝通等人曾指出在农村"真正有活力的就是家庭工业"。杨善华等人认为应从农民的作为和实践中的制度创新来认识乡土社会的家庭、家族及其智慧,农民从自家的生存和发展出发,一直在日常生活中用"人情"和交往精心编织一张有事时能用得上的关系网。① 刘承斌在对浙江义乌经验的论述中,以"家庭本位合作制"来说明,家庭企业经营中,家庭成员之间的紧密合作,超强的向心力、凝聚力使其有能力和动力与占据资源、信息、人类资本的企业对抗、竞争;家族成员作为管理层和员工团队的重要组成部分,来积极参与公司的日常经营。关于家族企业的人类学研究表明,相比非家庭成员,家庭成员会更加忠诚和努力工作,更长时间地服务于企业。由于家庭成员对员工和企业的了解,他们更容易协调合作,并且适应工作。②

在 M 村家纺企业的日常运作中,以家庭为单位,遵循"家文化"、家共同体精神,内嵌于家纺企业的"家本位"原则,既有家人之间的"自家人"生产,又有"雇主与雇佣工人"之间的公私分离。所以,通过家族关系而建立的非正式治理机制,有明显的伦理本位的管理模式。"家文化"理念下形成以企业主为核心,向外是与企业主有血缘关系的亲属,无血缘关系的工作人员等"差序格局"。③

1."前庭后厂"与家庭协作

在大麻镇家纺生产中,多数家庭是自家庭院(后院)"开厂",企业

---

① 杨善华、刘小京:《近期中国农村家族研究的若干理论问题》,《中国社会科学》2000 年第 5 期。
② 田广、张林林:《经济人类学中国本土化路径模式:解读相际经营原理》,《青海民族研究》2014 年第 4 期。
③ 田广、周大鸣:《工商人类学》,银川:宁夏人民出版社,2012 年。

小老板是年龄在40—55岁的父母，或是他们成家后的子女。父母一辈做老板的，子女多数在自家厂子做工。M村的CKN是家纺企业的一位"小老板"，在其厂子中，其父亲和岳父长期在厂子里"帮忙"；另外雇工7位，其中两位女工整理经线，两位验布和管理布匹，一位负责杂活，外放织布机二十多台，带动附近家庭织布机产业链生产（CKN，2017-07-05；2018-03-24）。

在GZQ的家纺企业中，GZQ是企业老板，其妻子、大女儿及入赘女婿在家中厂子上班。另外雇佣4个外地人（来自贵州、云南）。在他介绍中，"再过五六年，会将厂子全权交给女儿和女婿经营，自己也跟不上快速的时代和技术革新，当然，至于下一辈能经营成什么样子，则是儿孙福气了"。（GZQ，2018-03-24）

2.家庭本位的实质："公"与"私"的理性契合

雷丁以"弱组织和强网络"（weak organization and strong linkages, Redding，1990）来说明家庭企业运作的特点。家庭自家成员，上至父母，到妻子，下到子女，都在自家厂子上班。家庭作为"初级群体"本位原则所表现出来的家庭成员个人"不拿工资"让家庭成员产生"厂子都是我们自家的""我群体"概念，只有外人、聘来的帮工才"拿工钱"。这与西方人的家庭观念及起源于西方的现代薄记制度和"资本主义精神"存在实质性的区别。这种"我利益"和"我家的利益"之间的界限是模糊的。[1] 相对于家庭厂房中雇佣的外人工人而言，这种家庭模式中的利益界限又是"公"的、清晰的。相应地，在结算经营利润时，家庭企业除去生产成本后，把家庭成员人力投入成本在内的所有结余都归为"利润"。这种家庭成员不拿工资也要继续在家庭做工本质上是以家庭为单位的理性选择，这也是家庭本位在家纺生产中的实质要义。

---

[1] 刘成斌：《农民经商与市场分化——浙江义乌经验的表达》，《社会学研究》2011年第5期。

在家庭本位的运作中，不担任老板的子女及其配偶等人日夜做工，没有节假日，没有固定或加提成的月工资收入，更多的是户主老板给的象征性的零花钱。自家经营企业，给家庭带来不错的收入，虽然他们也会开着不错的轿车，晚上和同龄人打打麻将，或去市区夜生活，或给同行小伙子说着"自家厂子都是我的"的话，但总归觉得自己手上的钱少。一部分人会抱怨着继续在自家厂子"帮忙"；一些年轻人会选择去本村或邻村其他家纺厂"上班"（打工），再或者干脆直接去市区和省会城市找工作。自己打工赚的工资成为自己的"私有"财产，而不是无声无形无私地贡献于家庭总利润中。[①]

3. 家庭继替与分化

人类学家认为人们的一切活动，包括经济活动都会受到其所在文化价值系统的制约。文化因子与文化系统结构之间的相互制约和相互依存，必然导致文化对外来刺激做出强烈的反应，且很可能超出经济活动范畴，这又必将导致相际经营活动变得复杂化。在社会秩序维持家国互动中，家庭组织不是封闭的实体，而是变动、开放的文化与社会体系，既有内部的互动，也有与外部环境的互动。

在大麻镇，经济收入的提高，并未完全阻碍传统汉族父系家族主义的传统在中国社会和家庭继替中延续、变通。前文提及 CKN 担忧自己经营的家纺小厂子，将来无人继承的问题。"我的独生女儿也可能自由恋爱、外嫁他市，所以二三十年后，自己的家业即一直持续运作的家纺企业将如何继承，而不落'外姓人'"。这和现代化的过程中，中国人总是自觉、不自觉地把思想、人生、生计的设计和实行与家族主义理念牵涉在一起一样，显示出强烈的文化持续性和协调性。虽然农村在发展，市场在转型，但村内一些小老板还是希望"子承父业"，继承家产。所以访谈时，CKN 开玩笑说，自己

[①] 张静、宋志方：《家庭本位与经济-社会网络——对 D 镇乡村家纺企业的经济人类学分析》，《湖北民族大学学报》（哲学社会科学版）2019 年第 4 期。

的独生女儿也许会在姻缘机遇中,选择招女婿或"并家婚"①,承继父系家族(姓氏);当然,他又说自己想得很开,或许家纺企业也会不断转型,当地家纺可能走向规模经营,集中效应,随之作为厂房的固定资产也会以其他形态被继承(两年后,他的女儿大学毕业,传统嫁娶,也许他已做好家纺转型的准备)。总之,家庭总是在天性与文化之间妥协。家纺发展中的家庭本位既有对传统社会文化的继承,也将生产方式的变化内嵌于社会转型之中。

4. 家庭企业的社会资本网络

人类学有关企业家精神研究的主题还包括非规则关系的重要性,比如对个人网络(建立区域外和较大社区内的联系)的人类学研究指出,文化倾向在非正式社会网络和塑造企业家精神实践中,具有不可忽视的重要性。②家纺行业长期在本地发展、积聚,会逐渐形成一定的社会资本网络。当社会资本投入企业活动之后,不仅带来经济上的增值,还会再生新的社会资本。社会—经济矩阵在生态学、历史传统、文化体系等多种结构形态下相互交织、紧密镶嵌。经济和社会领域的相互交织,超越了经济学关于供给与需求的研究范畴。利用关系资源是乡镇企业兴起的重要途径。社会文化传统和原有社会结构体系(如"单位制"),是积累这种社会资本并将其转化为经济资本

---

① 参见庄孔韶、张静:《"并家婚"家庭策略的"双系"实践》,《贵州民族研究》2019年第3期。自20世纪90年代末以来,中国近十个省份出现了一种新的婚姻结合形式——"并家婚"。学者对各地大同小异的"并家婚"称谓不一,如"两头走""两家并一家""双独双栖""不招不嫁"等。该婚姻形式实行男女双方"既嫁又娶",主要具有以下特点:第一,婚前就婚礼举办、婚后居住顺序、婚后生育两个孩子的姓氏安排等问题进行协商。第二,结婚程序上,免去男方彩礼和女方嫁妆,但双方父母均为新人安排婚礼仪式,宴请亲朋,准备婚房。婚后,年轻夫妻在双方父母家庭不定期轮流居住,生育两个小孩,根据婚前协商按生育顺序或性别继承男女双方姓氏。第三,新家庭成立后,两个孩子对于双方父母及近亲属称谓一致,如称呼男方母亲和女方母亲均为"奶奶"等。第四,日常生活中,夫妻双方与各自父母一起,维系双边亲属关系。在子代人生礼仪、民俗节日、家庭重大事情上均实行"双边"规则,如在男女双边各办孩子"周岁酒",除夕夜先后去到两边父母家吃年夜饭等。第五,通过协商规定双边父母赡养义务,双边财产继承权利。为了便于表述,本书结合该婚姻形式主要特征并结合实地调研情况,将具有以上特征的婚姻形式统一称为"并家婚"。

② 田广:《在回归传统中走向现代——废名小说论》,兰州大学博士学位论文,2005年。

的浓厚土壤。①私营企业家与他的亲戚和朋友的关系，特别是这些亲戚和朋友的权力地位，对他们进入私营经济领域、获得资源和私营企业的发展等，都有重要作用。陈云龙将浙北乡村经济——社会变迁过程中强劲的"情感——利益混合关系网络"纳入情、义、利、面子，甚至权力等因素。②

虽然家纺不断走向现代市场，但传统亲缘、业缘关系和现代经济、社会交织。微观行动与宏观结构互嵌，家族——熟人，生产——交易互嵌于当地家纺发展的实践中③。在各村担任书记、村委委员的村民也在自家经营家纺生意，在访谈交流中，他们提及闲暇时间，和村内主要"小老板"一起见面吃吃饭，走动走动，交流"感情"，在非正式场合，谈及生意、产品样式、经销商和新货源等，一是有利于拉近村镇范围的产业关系网，二是有利于小老板支持村务工作等。在当地走访，企业主、经销商，普通工人或者在家人员也会时常谈及家纺产销行情，乡间弥漫着"生意"气息。

（二）家庭企业市场分化

对于企业"自家厂"的第二代年轻人，由于20世纪计划生育的严格施行，当地家庭多是1—2个孩子。这些长大后的年轻人一部分毕业回乡，在家或就近就业，一部分因求学、婚嫁"外流"，家庭企业存在后续年轻接班人短缺的问题。另外，近年来家纺企业因市场竞争激烈，行业快速转型，产业积聚效益等，对外地人前来务工经商的吸引力有所下降，加上年轻打工者不甘于体力繁重内容枯燥的工作，所以家纺发展整体上面临劳动力短缺的问题。

现在大麻镇 M 村家纺企业主大多是20世纪80年代后开始做家纺的第一代老板，年龄集中在50—60岁。他们从最开始的艰难创业，寻找市场，到现在夫妻两人可掌控四台机器，保持着常规生产、忙季加班、淡季清理机器

---

① 宋林飞：《经济社会学研究的最新发展》，《江苏社会科学》2000年第1期。
② 陈云龙：《从"承中有变"到"变中有承"：透过婚礼实践看儒家伦理的地方化运行》，《社会发展研究》2023年第3期。
③ 纪莺莺：《文化、制度与结构：中国社会关系研究》，《社会学研究》2012年第2期。

的节奏，利润积累可观，已"习惯"现有生产和订、送货节奏。随着当下兴起的"电子龙头"有一定的技术要求，需要用电脑操控，甚至还需几十万投资改换新型机器。如此一来，旧的机器会低价处理，也会面临新机器生产后的新市场开拓潮流下的激烈竞争。家纺企业面临新机遇与风险。

1. 现代企业管理

现阶段，家纺企业的小老板，一部分有"盈利即可、自给自足"的生产倾向，一部分即使追求利润的不断增加，融入商品生产中，但他们依然不具备平等意义上的市场主体资格。部分家庭小老板作为面向市场的主体，存在分散性、弱小性、被动性等物质。因为政策导向和政府的强制行为使得农民的生产经营自主权还没有充分的保障。① 例如，在个体走向公司模式经营中，由个体包税制，做定额税到现在公司按产值交税。

> 前来进货买布的销售商大多不需要开发票，走公司账的并不多，这就导致我每个月要去做"杂账"，去凑发票，购买进项税等。平时我们买材料，也不需要发票，价位上也会有所不同，否则与其他家没法竞争。但后来走向公司管理后，我们也要为政府贡献税率。（CKN，2016-11-20）

2. 家纺企业走向分化

市场是家纺经济发展的引航者。当下，市场培育成为家纺产业的关注重点。2012年9月，杭州湾轻纺城开业，市场拥有沙发布交易区，纺织成品、窗帘布交易区，电子商务和工厂展示区等。2014年，投资设立电子商务集聚区，引进电商企业49家，取得初步成效。今后还将启动320国道大麻镇路口区域的整体征迁，打造一个集商务会展、科技创新、工业设计、物流仓储、金融服务为一体的临杭国际家纺商贸综合体，通过一系列的举措，加快生产服务性产业，实现家纺产业从二产向三产的结构调整。家纺企业面临专

---

① 余建杰：《新形势下农民市场主体地位的缺失与确立路径》，《科学社会主义》2011年第6期。

业化、规模化市场，有效率的组织生产，调整人口结构，并解决自身负担等问题，共同作用于生产者主体。①作为生产主体的家纺企业主逐步走向"分化"：多半时间日夜兼作机器生产的人被冠以"小老板"的身份，而另一部分人彻底放弃传统农耕，不断扩大家纺企业，走向大企业运作模式，被冠以"企业家"的身份。

"日出万绸，衣被天下"的经济支柱——家纺产业，形成了城镇的特色产业基地。近几年，镇政府充分利用当地的产业基础及区位优势等，将全镇工业发展的着力点放在壮大提升家纺布艺产业上，并出台相关鼓励政策，纺织产品已由原先单一的被面发展到了各类家纺布艺品，全镇分布着大大小小的家纺企业、家庭作坊。随着杭州湾家纺市场建成运营和电商网络平台的发展，大麻镇家纺产业顺应时代发展趋势，线上线下同步发展，形成特色化生产、多样化销售的立体发展模式。在家纺科技创业园启动并初步建成，亿元工业区设立并扎实推进后，镇传统产业转型升级又有了新的平台。

经济发展是乡村社会建设的根本动力。经济和市场秩序是维系发展的关键。但在乡村社会，传统经济形态并非严格遵守理性经济假设，而是在乡土人情社会，有其自身的组织和逻辑。随着现代市场转型，政策和外部市场都对传统经济形态有一定的冲击，所以原有的家庭企业与家文化、现代市场和制度等相互嵌入，共同影响经济形态转型。在技术和外部市场的机遇下，传统的农村集市进行商贸合作，与大型超市发展经济链；家纺企业也走出家庭，走向企业园区，进行集聚生产。同时，数字产业和农村电商的兴起，也带动地方经济新繁荣，成为当下乡村的重要经济形态之一。

---

① 魏宏运、李金铮：《从11村个体农民生产消费看近代中国农村变迁——评侯建新〈农民、市场与社会变迁〉》，《中国经济史研究》2004年第3期。

第二节 市场：多元与创新

一、"集市圈+"的发展

（一）"集市圈+"超市合作

D村建村不久就发展起集市这一乡村"市场"，随后无论是村内政务还是村际经济往来、社会交往中，大多以集市为单位，将周边村落连在一起。特别在2002年农业税费改革后，集市交易更加自由，吸引更多外村人口的涌入，甚至在D村购买楼房，在主干道两侧租赁"门头房"开展个体经营。在市场化新形势下，D村治理主体更加灵活，在集市管理上，村领导人主动放权，以民间自治组织自我管理为主，村委协调为辅；社会文化上，主动寻求自身内源机制，加强与上级政府部门沟通、争取更多发挥优势的机会；以村民利益为出发点，招商引资，建设"农超并接"的商贸强村。具体实践上：

第一，建立大型联合超市——惠康超市。外商投资与本村人竞标成功下，运营现代大型超市，他们虽然与D村村委没有直接关系，但他们的消费人群更多的还是D村村内人，超市通过现代市场和便捷的运输向村民输送消费品，也在反向上获知村民需求，不断向外寻求多样的货源，这无疑建立起"外部市场—村内超市—村民"之间一种新的联系机制，这种机制以经济功能取代"权力文化网络"的权力功能,并补充了"社会文化网络"的社会、文化功能。

第二,民俗与棚内集市发展。今日D村,在招商引资的大旗下,建设了民俗一条街,使村里传统小吃和特色民俗活动得到保护与传承。古集、古会在经济发展下更加灵活、多样。D村计划建立棚室市场,有800多个摊位,希望能吸引更多村庄的人来D村赶集,只有增加赶集人数,集市才不会消失。日日集的演变也如同县镇棚室日日式市场,实际上是一种棚室超市,村民买卖更加灵活、自由。棚室集市的管理也将更加规范,专门的集市贸易管理委员会将常规运作起来,以促进集市市场化的转型,更好的推动D村新农村城镇化建设。

现任D村书记认为:"农村城镇化就是农村教育、医疗、卫生、交通等和城市同步发展,整体质量上虽然暂时无法与城市并肩,但设施配备,服务指标要逐渐健全。""集市点所在的D村服务设施和村内功能基本和镇驻地大社区一致,所以D村也逐渐向小城镇迈进。但更有利的是,集市远离喧嚣的城市,空气质量好,在城镇居住比在城市居住会更舒服,且随着交通的不断发达,进城购物更加方便,居住不拥挤,人际关系更加融洽。"(GJG,2015-02-14)

D村集市在现代市场力量的引入下,将不断完善经济供给和社会服务机制,不断推进D村整体的发展与善治。

(二)"互联网+"线上市场

市场相对于国家力量来说,更像一只无形的手,引导城乡经济产业发展。在现代信息化机制下,农村市场将不断扩大,买卖交易不局限于现实的时空范围,并且实现了远程交易。

发展新型市场——"互联网+"下的网络市场不仅提高了大中城市的经济交易效率,也给传统农村集市的发展带来新的契机。D村棉衣加工坊的业务拓展,除了依托现实空间与地域的市场联系,也在寻找高效的"在线交易"。目前,在线购买该加工坊幼儿棉衣的货源需求较小,市场并未打开,但随着农村信息化的普及、市场运行的渐趋完善，农村"集市圈"终将突破地域限制，走向村外甚至全国的需求市场，以获得"集市—市场"发展的新生命力。

（三）"集市圈+"民俗文化的线上线下发展

2024年农历北方小年，在赶年集的大街上，除了往日来来往往的村民和路两边的摊位，还多了几处年轻人架起的手机，通过抖音直播宣传集市文化，或通过直播同步售卖农产品、家乡特产等。

2024年4月在春会开始之际，县、镇相关媒体也走进D村集市大街，或通过镜头直播的方式，或通过之后相关媒体平台视频播出，介绍着百年大集的盛况。如4月30日"宁阳发布"的视频，现场记者介绍：

> 在山东，有种逛街叫赶集，现在赶集可是一件时髦事了。是融入当地生活最简单的一种方式。你又有多久没有赶集了呢？作为土生土长的宁阳人，今天我们来到了东疏镇的大伯集（dài bái jí），也就是大伯集（dài bēi jì），带您在这一摊一物当中寻找人间烟火气……大伯集上最具特色的大伯集煎包我买到了，我觉得如果要是正好赶到午饭时间，吃个煎包，喝碗汤，再炒一个小炒，这可比山珍海味更抚凡人心呐。熙熙攘攘的大集上，聚拢是烟火，摊开是人间。大集上刚从地里摘的挂着露珠的新鲜果蔬，抹个零添把葱的热心摊贩，一路走一路逛的群众们，全部都汇聚成了最抚人心的烟火气。大伯集这个小村落承载着厚重的历史以及崭新的未来，已经成为了远近闻名的红色文化旅游小镇。今年的大伯集恰逢五一假期，就让我们和大伯集来个双向奔赴吧。

把集市带上云端。不管是直播间里边有大集，还是大集里面有直播间，自媒体赋能下，百年大集，有了一种新的形式。这样能让更多的市民、更多的年轻人了解到乡村传统文化，了解赶集，过来赶大集，真正能够振兴乡村。

二、企业园集聚生产与农村电商

以亲属组织为生产单位成员和企业链，给家庭企业生产带来便利性。一是节约了人力、工资投入成本，增加利润；二是因亲属圈的便利，开拓了业务网。但产业链的发展，也需要不断更新技术，需要专业化技工和更广阔的市场，所以在当下经济挑战下，家庭企业需要走出"亲属圈"，走向市场。

（一）企业园集聚生产

家庭企业面临"低小散"企业整治。追求兴业富民产业美的目标，该镇全面开展家纺行业中"低小散"情况的调查摸底工作，逐家摸清证照、用地、用房、用能、排污、产出、税收等基本情况，建立"一企一档""一户一档"。在此基础上研究制定行业整治方案，按照"改造提升一批、兼并重组一批、整合入园一批、合理转移一批、关停淘汰一批"的思路，加大工作力度，切实加以推进。全面开展无证无照违法违规生产加工行为的整治，进一步完善综合执法机制，依法关停无证无照生产加工、不符合污染物排放标准、安全生产标准、工业产品生产许可证条件、能耗限额标准且整改无望或整改后仍不达标的企业、个体户（作坊）；处置涉及违法用地、违法建筑、违法违规生产经营、违法排放等各类违法生产的企业、个体户（作坊）。

新时代，小微家庭企业需要进行集聚生产。根据行业特点研究制定入园标准，设立"两创"中心准入门槛，全面实行合约式管理，对入园企业的技术装备、生产工艺、产出水平、节能减排等作出明确规定，严防发生"低小散"企业、个体户（作坊）简单搬迁、低端平移等"退低进低"现象。鼓励探索建立各种形式的省外、境外产业转移园区，有序引导低端产业、低效企业合理转移。在不断扩大的基础上，发展原有的大麻家纺科技产业园，并进行二期建设。大麻家纺科技创业园位于大麻工业区运河北侧地块中，具体范围：北至丁家桥港、西至九里港、南临科洲公路，用地面积222亩。一期已建成完成，用地面积110亩。继续推进二期建设，向南拓展，拓展区域面积112亩。

（二）数字产业与农村电商

农村电商在推动乡村振兴的过程中发挥了重要的作用，无论是在产业类别、生产技术和人才储备等领域，还是在生态环境、生活水平、乡风民俗、人文历史等领域，都或多或少有农村电商的参与和推动。在 M 村的家纺企业发展中，也不断融合电商平台，加强政府、平台企业和个体的协作发展，提高整体发展效率，也在实践中丰富农民的文化和技能。[①]

第一，启动建设家纺数字产业园，规划可供出让面积约 300 亩，重点引进 8—10 家家纺、家具生产等超亿元的大型企业，入驻企业竣工投产后三年内销售收入须达 1 亿元以上，成为大麻经济的龙头企业，引领全镇企业快速发展。

第二，运用"互联网+"，打造智慧物流体系。通过整合物流产业闲置资源，搭建包括大数据、云计算等在内的物流系统平台，实现物流产业数据资源共享。建立健全金融、税务、海关、检验检疫、交通运输、邮政等（相关机制）。

第三，发展壮大农村电商。充分利用农村电商服务站（点）、供销网点、农民合作社等现有资源，建设镇、村级电子商务物流网站（点），完善以市级配送中心、镇级服务站、村级服务点为支撑的三级农村物流网格体系，推进不同运营主体进行协同合作，提升农村电商物流"最后一公里"的时效性。加强农村基础流通设施建设，提升电商公共服务水平，优化农村产业集聚能力，强化电商精准脱贫，加快构建具有普惠性、公共性、引领性、示范性的农村电商生态体系，达到农村电商行政村全覆盖。

---

① 肖国安、陈谦、王文涛：《乡村振兴战略背景下我国农村电商发展路径研究》，《贵州社会科学》2022 年第 10 期。

第三节　新型权力文化网络

杜赞奇从历史和社会学的角度，探讨20世纪上半叶中国国家政权和乡村社会之间的互动关系。提出国家政权扩张下的"权力文化网络"机制，它包括不断相互交错影响作用的等级组织和非正式相互关联网，诸如宗族、宗教、市场和水利控制的等级组织以及诸如庇护人和被庇护者、亲戚朋友间的相互关联，构成了施展权力和权威的基础。[①]"文化网络"中的"文化"，是指扎根于各种关系与组织中，为组织成员所认同的象征与规范，这些象征与规范包含着宗教信仰、相互感情、亲戚纽带等。这种象征性价值赋予文化网络一种受人尊敬的权威，它反过来又激发人们的社会责任感、荣誉感，从而促使人们在文化网络中追求领导地位。从结构分析的角度来看，在研究社区组织时，文化网络模型比其他模式更为优越。文化模式吸收了施坚雅的一个观点：他认为找出村庄处于其中更高一级的范围界线——在他的研究中，这一范围为市场体系，这对理解村庄本身的发展十分重要。很明显，小到村庄之下，大到集市之外的一系列组织，都对村民的生活产生影响。

笔者在书中提出：村领导人、村庄非政治型权威人物与村民之间钩织着

[①]（美）杜赞奇：《文化、权力与国家：1900—1942年的华北农村》，王福明译，南京：江苏人民出版社，2020年，第3页。

一种新型的权力文化网络。这一网络相对于杜赞奇之意是"微型"的，在性质上也是"变异"的。现代民主政治建设的背景下，村民不再只是被动的依附者，而非政治型文化权威人物也不可能拥有不受限制的"自我力量"来实践文化建设的设想，更有一些文化人并不能或不愿与村政治型领导人通力合作，所以一些设想也面临两难的尴尬，或仅仅只是空想。

一、社会文化网络

在D村发展的过程中，不断表现出村落治理的新生制约或推动力量。上级政府对于文化建设的支持成为"微型"权力文化网络的最大支持力量外，在"崔家大院"的复古建设中，镇政府除给予政策上、批准程序上的支持，还引导开发商投资，使得现任书记的纪念馆计划较快投入实践。传统古会剧院与现代文化广场的建设，成为"集市圈"范围内的公共领域，村内外的人在此聚集、进行情感交流，逐渐形成一种"精神共同体"，是以集市为载体的流动、交往的礼俗社会体系[①]，更是在小村庄里巩固共同体及构建新的"社会文化网络"，它更多的是发挥村际之间文化交流与社会资本建构的功能。现任书记在新型城镇化背景下，规划新农村建设。"社会文化网络"相比于"权力文化网络"更体现了当下国家建设"政治、经济、文化、社会与生态"五个文明共同发展的要求。新型城镇化最大的落脚点是"人全面发展"的城镇化，D村在不断探索村庄治理与发展新机制的同时，也不断"培育"促进人发展的新资源、新环境。多元化的网络系统将"传统熟人社会"纳入"当代熟人社会"之中，文化与社会资本的力量将不断在D村治理中彰显。

在M村家纺经济网络中，人们对"经济"的理解，就是把家庭经济生活方面的问题有秩序地加以管理，使得家共同体利益最大化，当作家庭成员

---

① 参见阎云翔：《礼物的流动：一个中国村庄中的互惠原则与社会网络》，上海：上海人民出版社，1999年；熊培云：《一个村庄里的中国》，北京：新星出版社，2011年。

的一部分进入社会，所有从长期考虑的经济策略以及决策，也都依赖家庭成员；但实际的家纺运作中，农人对经济、市场的理解并不清晰，而处于乡土人情的社会，对于他们来说，亲缘、姻亲关联同样也是重要的发展动力。郭于华曾以"亲缘关系"概念，表述传统亲缘关系在农村现代化进程中并未衰落，而是更富有生命力和象征体系，在亲缘网络体系中有不同的作用表现。① 同样，当代浙江农村在承接工业化、市场化和城镇化的冲击中，当地人在亲代与子代之间的代际关系中理性应对。现代化进程并没有导致家庭功能衰落，代际之间在日常照料、经济支持、情感慰藉等方面依然存在密切的互动，家庭凝聚力在经济共同体的发展中具有强大的抗逆力性和适应性。社会网络既是他们依赖的主体，利益更大化的途径，也是他们在市场化环境下逐渐脱离的对象，在乡土与理性之间不断妥协和调和。

二、家文化与经济的互嵌

从早期经济人类学对中国乡村经济模式的研究，到持续性对微观经济单位的关注，乡村发展，乡村工业组织生产与适应不断呈现出多样性形态。从人类学和深度分析视角关注的微观家纺企业，家纺企业发展既有地方特色、文化属性，也在新形态下面临与市场竞争、生态环境协调的选择。经济人类学更多关注个体或团体在适应环境的过程中，是如何以及为什么会修正他们的行为，或者行为性战略的，以及在什么情况下难以适应。② 关注地方经济与文化的关系和发展的多样性，从更多应用性视角参与经济分析和深度访谈，并注重与环境问题的紧密结合。③

中国的家庭制社会结构在一定的社会条件下同样具有资本与市场的生产

---

① 参见郭于华：《农村现代化过程中的传统亲缘关系》，《社会学研究》1994年第6期；郭于华：《传统亲缘关系与当代农村的经济、社会变革》，《读书》1996年第10期。

② 田广、罗康隆：《经济人类学》，银川：宁夏人民出版社，2013年。

③ 李亚平：《贯彻新思路 抓住新机遇 围绕新要求 认真谋划好"十三五"水利发展新蓝图》，《江苏水利》2015年第4期。

能力，文化与经济发展的关系是一种多维互动关系，家庭制生产的传统与社会体制的变革不断互动，相互影响，促进经济的发展。[1]同时，这种家庭主义文化也在经济社会变迁和多种文化交融中不断选择和扬弃。当下家纺人也不断寻求更多的市场资源和多样化的销售渠道。近年来，当地家纺走出去，参与展销会即是最好的证明。根据不同展销主题，设计不同的家纺布花纹、图案，除早期的中亚、东南亚市场，现在逐渐打开美欧市场。

（一）个人理性的彰显

我们一般认为，在现代化、经济渗透等趋势下，个人会变得越发理性、个人主义，然后基于理性人假设，社会重新分工并实现个人利益最大化。但实际中，大麻镇的家纺形态是经济逻辑和文化逻辑，现代和传统，全球和地方相互渗透、张力的产物，是乡村转型的特有状态。正如萨林斯所说，经济活动不再"绝然独立"，而被视为"文化序列中一个不可分割的领域"。"经济活动是具体生活形式中，价值体系与社会关系的物质表述。"[2]经济人类学的优势，是用人类学的观点和优势来看经济现象，无论这一现象是在民族地区或汉族地区、农村或城市、现实或网络。[3]在"大家纺"发展道路上，以家庭为单位的生产经营既要不断突破亲属、亲缘、血缘网络，由地方社会走向全国乃至国际市场经济网络，真正实现市场与社会，全球与地方之间的双向互嵌，引领特色乡村企业发展，又要加强对生态环境的关注，实现有质量的发展。

（二）新家庭形态下家纺企业继承的新命运

企业目标和家族优先权的牵连总是不变的，这就可能直接关系到企业整

---

[1] 张世平：《儒家文化与经济发展——国外研究述评》，《社会学研究》1994年第3期。

[2] （美）马歇尔·萨林斯：《石器时代的经济学》，张经纬、郑少雄、张帆译，北京：生活·读书·新知三联书店，2009年，第1页。

[3] 张慧：《经济人类学本土研究范式的新转型》，《中央民族大学学报》（哲学社会科学版）2015年第6期。

体表现。人类学家的研究表明，家族企业可能会成为家族成员间冲突的来源。比如"谁是企业的继承者"这个问题，以家庭为主体的企业也倾向"子承父业"和"圈子"文化，如兄弟档、夫妻档、好汉帮等，但也非常容易导致家族矛盾。① 继承是家庭企业继续生存发展的重要环节，是每个家族成员都关心的议题，有效解决继承中的冲突，对于保持家族企业的正面形象至关重要。② 计划生育政策实施的结果之一就是少子化家庭增加。当下独生子女二代正处于婚嫁选择的过程中，在本地婚嫁资源紧张的情况下，一部分年轻人不得不"外向"流出，这对于固定资产——家纺企业的继承来说并不利。并且部分年轻人越来越倾向"走出去"，或不习惯父辈企业主的生产模式，或因在外求学、求职，有更多的机会，即使不外嫁的年轻人，对于家纺企业的继承与经营问题，也是需要再权衡的问题。③

家庭、地方社会的发展离不开更大层面的宏观变局。在大麻镇还有一社会文化新策略的出现——"并家婚"，即因计划生育严格执行带来的少子化和独生子女家庭化，加上当地发达经济带来的高婚嫁成本等而采取的"既嫁又娶"的新婚俗。对于女方来讲，不再是严格的嫁入男方家做儿媳妇，而是扮演父母的"儿子"和公婆的"儿媳"双重身份，并为父系宗族传"姓氏"，维系亲属关系和承担日后养老、财产继承等。④ 这一新的婚俗也预示着以父系为核心的血缘关系弱化，姻缘、地缘、业缘等其他关系强化。亲属关系既有简单的维系倾向，又有向多元发展的趋势，尤其在半工半农，半田半厂的当地家纺发展中，以血缘为核心的家族主义逻辑在自由市场化和乡村走向城镇化的过程中将会面临新的命运。

---

① 田广、周大鸣：《工商人类学》，银川：宁夏人民出版社，2012年。
② 余建杰：《新形势下农民市场主体地位的缺失与确立路径》，《科学社会主义》2011年第6期。
③ 张静、宋志方：《家庭本位与经济—社会网络——对D镇乡村家纺企业的经济人类学分析》，《湖北民族学院学报》(哲学社会科学版)2019年第4期。
④ 张静：《"并家婚"中亲属称谓的人类学解读》，《贵州民族研究》2017年第8期。

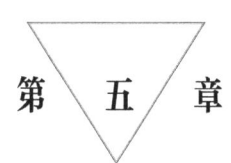

文化底蕴：传统文化传承与振兴

第五章　文化底蕴：传统文化传承与振兴

　　人类社会中具有不同文化的群体围绕着资源的使用，在长期的生产生活实践中发展出了不同的生计方式。而作为人类社会不同群体生计方式构成要素的资源，不仅应当包括安东尼·吉登斯所说的配置性资源和权威性资源，同时还应该囊括有宗教信仰、文化价值观念、生产生活习俗等共同构建的文化符号体系。[①] 乡村社会在长期守望相助的熟人情境下，发展出适应当地人生产生活的文化体系。在外部政策、新技术力量的影响下，既要革故鼎新，还应激发原文化活力，参与到当下的现代化建设中。[②]

　　首先，依托解放战争时期的红色印记，东疏镇以崔家大院的百年古建筑为场所，筹备攻济打援指挥部纪念馆，通过多种途径积极进行红色文化的宣传教育，并进一步宣传了以集市为底色的D村，古集古会在新时期彰显着生命力。其次，手艺人的"工匠精神"是让传统文化成为遗产，继而不断发扬、创新的基础。M村依托丝绸之乡，不断将非遗文化进行文化多元、市场嵌入式等多种路径发展。最后，民间信仰习俗的作用不断在新时期发挥精神力量。M村的老年女性通过信仰习俗，形成互助式组织，以非正式的形式精神陪伴与养老。

　　在乡村振兴的实践中，以文化的理念（如以文化人、凝聚人心、价值

---

① 李文钢、张引：《当乡村振兴遭遇发展主义——后发展时代的人类学审思》，《西北民族大学学报》（哲学社会科学版）2018年第6期。

② 吴永明：《振兴乡村文化，激发农村发展的活力》，《农家参谋》2020年第4期。

认同）、资源（比如传承至今的优秀传统文化）、平台（比如公共文化服务体系、旨在转型升级调结构的文化产业）、方式（比如感化、习得的柔性调控）、路径（比如日用而不觉的浸润）参与、介入社会治理，以此发挥文化的社会治理功能，拓展文化自身的发展空间。[①]

文化治理是社会治理的重要组成部分，利用文化资源激活创新活力，成为治理的重要动力之一。文化振兴也成为乡村全面振兴的重要方面。

---

① 陈野：《文化治理功能的浙江样本浅析——以农村文化礼堂为例》，《观察与思考》2017年第4期。

第一节 红色文化：革命纪念馆

加强革命文物保护利用、弘扬革命文化、传承红色基因，是全党全社会的共同责任。中共中央总书记、国家主席、中央军委主席习近平近日对革命文物工作作出重要指示指出，革命文物承载党和人民英勇奋斗的光荣历史，记载中国革命的伟大历程和感人事迹，是党和国家的宝贵财富，是弘扬革命传统和革命文化、加强社会主义精神文明建设、激发爱国热情、振奋民族精神的生动教材。

"传承红色文化，坚定理想信念"。做好新时代革命文物的保护工作，做好红色文化故事的讲述和时代精神的传承，充分认识革命历史、弘扬革命精神的重要作用。经过多年积累与发展，多地农村地区的红色文化与当地民俗文化共融共生，已经形成了其独特的文化价值，红色文化的传承与发展是农村地区的精神财富，为乡村振兴提供社会支撑与文化源泉，对实现乡村全面振兴具有重要意义。

D村是解放战争时"攻济打援"指挥部旧址崔家大院所在地，也是淮海战役策源地，粟裕大将曾在此坐镇指挥。这个古村落和集市村，2006年"两委"将筹建"华东野战军攻济打援指挥部纪念馆"的构思创意上报东疏镇政府，后经上级政府筹划、建设，2008年，东疏镇通过走访、验证、搜集整理历史史实，以图文的形式重现"攻济打援"的真实背景、具体过程和辉煌战果，于 2008 年 4 月份对外开放，开放至今。2021 年，东疏镇党委成立"红色文化"挖掘工作专班，进行全面规划。建立新馆，修复旧馆，建设红色文化公园……①

一、D 村：华东野战军攻济打援指挥部纪念馆

山东 D 村曾是 1948 年中国人民解放战争关键时期，华东野战军攻济打援战场之一。1948 年初，国民党军集结 25 个整编师（军）、57 个旅（师）在中原布下强大阵势，敌我双方呈反复拉锯的僵持状态。毛泽东和中央军委认为，此时中原不宜打大的歼灭战，决定由华东野战军副司令员粟裕率第一兵团 3 个纵队于 1948 年渡江南进，执行宽大机动（随时随地、大范围）作战任务，意图是以此迫使敌方改变中原兵力部署，以粟之兵力吸引敌 20—30 个旅回防江南，以扭转中原战局。对中原战局的困境，粟裕一直在思考中。1948 年 1 月 22 日，粟裕向中央军委和刘邓发出一封长长的"子养电"（按照电报地支代月，韵目代日的惯例，1 月 22 日称"子养"，此即为著名的"子养电"），建议"三军"（刘邓、陈谢、陈粟大军）在今后一个时期，采取忽集忽分的作战方式，如能有两三次歼灭战，则（中原）形势可能变化。1 月 31 日，粟裕又在"子养电"中写下了"斗胆直陈"4 个大字，上报中央军委。4 月 18 日，粟裕再次向中央军委建议，华东野战军 3 个纵队暂不渡江南进，而集中兵力在中原黄淮地区打几个大规模的歼灭战。连续三封电报引起中央军委的重视，4 月 30 日，毛泽东、刘少奇、周恩来、朱德、任弼时在河北阜平县城南庄听取了粟裕的详细汇报，同意华东野战军 3 个纵队暂缓渡

---

① 参见宁阳县人民政府网站，http://www.ny.gov.cn/art/2021/4/15/art_70320_10289264.html《奋斗百年路 启航新征程·身边的爱国主义教育基地｜宁阳县：华东野战军攻济打援指挥部旧址：擦亮"红色名片"筑梦新时代》，2021 年 4 月 15 日。

江南进，留在中原地区大量歼敌。并且调陈毅到中原局，与邓子恢一起主持中原局工作，由粟裕任华东野战军司令员兼政委……1948年6月份，粟裕得到了一个重要情报，开封城国民党守军兵力薄弱，他立刻设计了一个"先打开封，后歼援敌"的作战方案。当时情况很紧急，他们一方面向毛主席报告，一方面下命令。毛主席很快回电："情况紧急时，你们应该独立处置，不要请示。"6月17日，华东野战军突然兵临开封城下，只用了5个昼夜就攻下开封，3万国民党守军被全歼。随后，粟裕将开封作为诱饵扔给邱清泉，命令部队主动撤出开封，隐蔽集结于睢杞地区，等待战机。此时，国民党援军邱清泉兵团贪功冒进，而区寿年兵团却在睢杞地区犹豫徘徊，两兵团一夜之间拉开了40公里距离。粟裕及时抓住这一战机，迅速切入两兵团之间，全力围歼战斗力较弱的区寿年兵团。激战6天后，直捣区寿年兵团司令部，前来增援的黄百韬兵团也遭受了沉重打击，此役共歼敌5万余人。开封、睢杞两场大仗共歼敌9.3万余人，这就是历史上的"豫东战役"。在豫东战役进行的同时，华野山东兵团谭震林、许世友利用敌黄百韬兵团增援豫东战场之机，于5月29日至7月15日，发动了兖州战役，歼敌6.3万人，控制了济南周围300公里的广大地区，使国民党第二"绥靖"区司令官王耀武据守的济南成了一座孤城，国民党若想援助济南，只能依靠空中援助。到了8、9月间，中央军委和毛泽东主席根据战局发展，命令华东野战军集中全力举行济南战役，并确定了"攻济打援"的作战方针，即"攻城打援分工协作，以达既攻克济南，又歼灭一部援敌的目的"。按照这个部署，华野各兵团迅速向山东集结。8月上旬，粟裕率领华野指挥机关与谭震林会合，并在曲阜主持召开华野前委扩大会议，统一"攻济打援"的作战指导思想，即以参战兵力的44%，共计约14万人组成攻城兵团，分东、西两个集团对济南实施突击，由山东兵团司令员许世友统一指挥；以参战兵力的56%，共计约18万人组成打援兵团，打援战场选择在汶河以北，泰安以西，肥城以南地区，阻援战场选择在鲁西南金乡、巨野、嘉祥地区，确保攻城、打援同时进行、同时获胜。打援由野

战军司令部直接指挥……①

在2015年对现任书记G书记访谈时，他就介绍到，镇政府正在实施"1+x"工程，即一个大社区+x个特色村，这一个大社区是以镇所在地为中心建立，建设楼房和进行土地流转，使得农民逐渐从土地中解放出来，从事手工业和加工业。x此处为3，东疏镇计划暂时建设3个特色村：L村，X村和D村，其中D村的特色就是红色文化为主，以粟裕"攻济打援"指挥部纪念馆作为宁阳县红色革命教育基地（GJG，2015-02-14）。实际上，纪念馆筹划自2006年开始，前后镇政府组织多次论证，从2008年临时展馆使用到2014年正式展馆动工建设，再到纪念馆旧址2021年7月15日对外开放，胜利广场主题展馆新址2023年11月完成，2024年1月对外开放，历时十几年。

（一）筹建"华东野战军攻济打援指挥部纪念馆"

2006年11月，D村"两委"将筹建"华东野战军攻济打援指挥部纪念馆"的构思创意上报东疏镇政府，并列入了D村重要工作计划中。12月起，华东野战军"攻济打援"指挥部纪念室（馆）建设筹划工作开始实施。在前任崔书记一年多的考察学习中，2008年3月，镇党委政府、镇宣传室的相关负责人在D村开始了紧张的筹建工作。为了再现粟裕等老一辈无产阶级革命家、军事家在驻D村期间的战斗、工作、生活的情景，他们精心查阅大量党史、史志等档案材料，翻阅了诸多粟裕文选、回忆录，还通过互联网搜索有价值的图片资料。2008年4月，"攻济打援"指挥部临时陈列室布展完毕，同时对外开放。2008年12月，东疏镇政府又正式委托泰安德禄工程咨询有限公司编制可行性研究报告，使筹建"攻济打援"指挥部旧址纪念馆的远期规划有了实质性进展。②

---

① 参见中共大伯集村支部委员会、大伯集村民委员会编修：《大伯集村志》，北京：中国文化出版社，2011年，第183-185页。

② 同上书，第190-191页。

2014年9月，在和现任部书记的具体访谈中，笔者了解到，D村村委计划将"攻济打援"指挥部进驻的"崔家大院"①进行复古建设，吸引周边及其它省市人群前来参观。在现代技术支持下，红色文化的纪念、参观中加入影像元素，文字、照片、影片等多形式并存，以传播红色文化。2014年12月，在外商投资下，革命纪念馆建设正式动工。承包商与D村村两委达成协议，在村西头建设民居楼房，预计30栋，售卖给本村及周边村民（主要是6个自然村：赵家大伯、张家大伯、胡家大伯、D村、范家庄、刘家庙），从所获收益中支取б部分资金建设纪念馆。纪念馆前后共3排房子，建成后，当时初步计划一是将粟裕将军及当时"攻济打援"的资料、宣传图片、纪念册等在馆内展览；二是和济南军区后勤部进行沟通，希望他们提供一些旧坦克等军事武器，在馆内展览，以留住传统；三是村里组织收集的一些传统农具（如犁、耙、镰刀等）在馆内展览，供人们观赏，同时也是对传统文化的继承和保护。

2024年2月1日，笔者随D村部书记，与几位访谈人一起参观学习。先是到达"华东野战军攻济打援指挥部纪念馆（原展厅）"，纪念馆门前牌子标示着"东疏华东野战军司令部指挥部旧址"。

书记先后介绍了建馆缘由、场馆设计、馆内设施，以及华东野战军"攻济打援"战役战斗过程，后续场所宣传及运用等。第一，在"建馆缘由"方面，重要的是通过回顾历史，理解和体现解放战争没有人民的支持，就不会取得这么大的成绩。淮海战役的胜利是人民用小推车推出的胜利。济南战役解放军兵力是32万人，民工是53万人；淮海战役是60万解放军战士，民工543万，9∶1的比例。没有哪一个政党能像共产党一样动员这么多民工，

---

① D村的崔家大院，始建于清朝中叶，原来建筑面积较大，前后左右共有16个庭院，南北相间，形成六进六出的格局，每院由正房、厢房和南屋组成，属于东方中式四合院建筑。1948年9月6日，细雨霏霏的上午，粟裕将军率司令部及部队进驻了宁阳城西的一个古镇——D村。当时华东野战军的前锋部队已包围了济南城，为了便于指挥济南战役，并阻击徐州、河南商丘增援之敌，华东野战军选择了三足鼎立之中心——D村，在D村崔家大院设立了攻济打援指挥部，以便于指挥全局。

解放战争的胜利也是人民的胜利,共产党员任何时候不能忘了人民,要为人民服务。

第二,展馆设计上,纪念馆每处设计都有依据。中央展厅东西长度为26米,意指华东野战军司令部在村坐镇了26天;南北宽度为9.88米,源于1948年9月16日我军发起了历时8天8夜的济南战役;高度为7.6米,纪念坐镇指挥了济南、淮海两场战役的将领粟裕(1907—1984)。自古中原(山东、河南)是粮米之仓,纪念馆门前立鼎,寓意"御敌天下,问鼎中原",此鼎与北京天安门、南京紫金山直线距离为457公里,展厅内共有照片243张。馆内依据所赠地图,纪念馆特制了与大伯集息息相关的三场战役的运转图,囊括豫东战役、济南战役以及淮海战役。

第三,依据馆内照片、图文布置,书记按顺序重点讲述了粟裕将军"斗胆直陈　改变战局""挥师北进　进驻大伯""攻济打援　鏖战泉城""策源淮海　逐鹿中原""伟大胜利　红色回忆""人民支前　鱼水情深"几大主题,全面展示了粟裕将军入驻大伯集前后中国解放战争的进程。

1946年6月,国民党撕毁"双十协定",自此拉开了解放战争的序幕。在解放战争进行到18个月的时候,敌我双方的兵力发生了重大变化,国民党兵力由盛转衰,自原先的430万降至230万,而解放军兵力逐步提升,战争形式开始反转。在此转折之际,1947年12月,中央领导人召开了十二月会议,指出敌我力量发生了重大的改变,提出"打倒蒋介石,解放全中国",拉开了人民解放军由战略防御到战略进攻的序幕,中国革命进入新高潮。

国民党集结了25个师、57个旅,在中原地区与人民解放军展开拉锯战,敌我双方不分胜负。当时国民党的统治重心在长江以南,因此毛泽东派兵粟裕,率领解放军跨过长江,深入敌后进行作战,意在吸引国民党部队回援,以减轻河南、山东部队的压力,和缓中原战局局面。

此时粟裕正在河南,根据地战场形势严峻,他分别于1月22日、1月31日和4月18日三次斗胆直陈,建议人民解放军暂不渡江南进,应当在长江以北寻找机会,主张集中优势兵力将国民党优势力量歼灭在长江以北。这

第五章　文化底蕴：传统文化传承与振兴

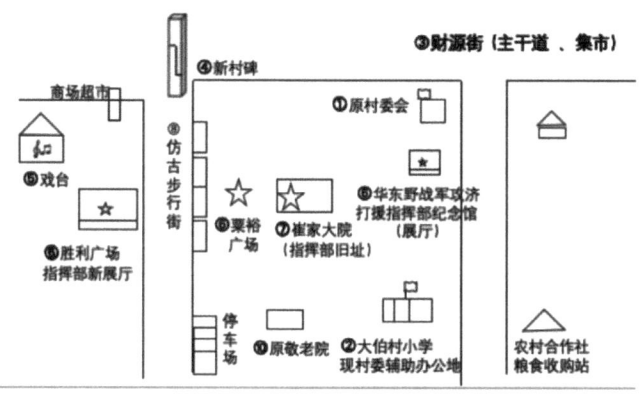

图 5-1　村平面示意图部分

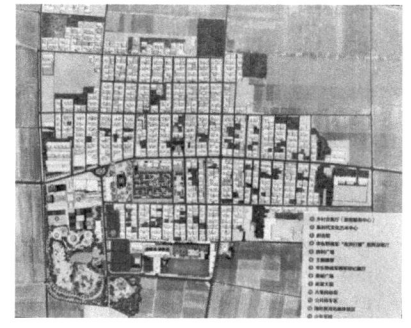

图 5-2　纪念馆、指挥部、新展厅等位置示意图

图 5-3　崔家大院旧址修复后

图 5-4　新建粟裕广场"华东野战军将军印记展厅"及胜利广场"华东野战军攻济打援指挥部展厅"

175

三次电报引起了毛泽东主席的高度重视,召陈毅、粟裕赴中央驻地当面汇报,后决定采纳粟裕的建议,集中兵力于长江以北进行歼灭战,并任命粟裕为华东野战军代理司令员兼代理政治委员。豫东战役亦称开封战役、睢杞战役,此次战役中我军俘获国民党高级首长区寿年。

粟裕擅长打险仗、奇仗,能以少胜多。粟裕于1984年2月5日逝世,火化后发现其脑中存在三个弹壳。受限于当时的医疗条件,这三个弹壳在粟裕脑中待了50余年,也造成了他终身的头疼。粟裕后续并未参与抗美援朝,也是因这三个弹壳而选择留在青岛疗养。

(二)崔家大院:华东野战军攻济打援指挥部旧址

1948年9月6日上午,细雨霏霏,粟裕将军便率华东野战军司令部从曲阜迁至大伯集村,"华野"参谋长陈士榘、政治部主任唐亮、副参谋长张震、政治部副主任钟期光等首长一同前住。指挥部机关设在村内的崔家大院(崔家大院建于清朝光绪年间,建筑风格为六进六出,建筑面积6000平方米,占地4公顷),机要通讯机构设在村民戴永登、戴银祥家,并安装有电台,电话班驻在张家祠堂,很快架通了通往攻城和各打援阵地的电话专线。在济南战役前夜,在9月16日午夜12时,指挥部首长粟裕将军从大伯集村"攻济打援"指挥部向山东兵团司令员许世友发出了解放济南战役的命令:"现在,我命你发起总攻,东西两路大军开始进攻。"

1948年9月24日7时,在济南战役尚未结束的情况下,粟裕司令员经过深思熟虑,高瞻远瞩地在大伯集崔家大院,向中央军委、毛泽东发出了举行"淮海战役"的战略军事建议电报,为中央军委和毛泽东主席调整战略部署,构成了淮海战役的战略蓝图。当时,粟裕所提的"淮"是指淮阴、淮安,"海"是指海州(现在的连云港市),这是一个"小淮海"作战计划,主要是要消灭两淮和连云港地区敌人十几个师,为下一步夺取徐州创造条件。9月25日,在济南祝捷声中,粟裕在大伯集村接到了毛主席亲自起草的"我们认为举行淮海战役甚为必要"的中央军委复电。9月30日傍晚，又是一个细雨霏霏的日子。指挥部首长和解放军战士从大伯集又踏上了新的征程，首长向群众挥手致意，全村群众在泥泞的道路上夹道欢送。

"攻济打援"指挥部在大伯集进驻整整25天。在这二十多天里，不少往事至今让大伯集人难以忘却……①

郜书记继续介绍：崔家大院当时有60多间房子。从战略意义上看，大伯集符合粟裕靠前指挥的特点，古集市商贾云集，交通便利，是连接南北的重要枢纽，位于攻济打援中心位置。当时的大伯集已经有了地下党，有基层党组织，为躲过国民党眼线，司令部将领大多便装赶往大伯集，大伯集的战略位置与西柏坡有异曲同工之处。

济南战役采用了围点打援的指挥战略。1948年9月2日，华东野战军派出先遣部队；9月6日，陈士榘、唐亮、张震、钟期光正式入驻大伯集。

9月16日，粟裕从大伯集下令攻城，拉开了济南战役的序幕。济南战役采用了围点打援的指挥战略"攻济打援"，根据济南敌情、地形，解放军攻城部队分为东、西两个集团，主攻方向置于西面，以求首先夺取机场，断敌空援。敌方对解放军的策略始料未及，兵力东西调度频繁，战斗节奏混乱，战役尚未结束，国民党将领王耀武便乔装潜逃，途经寿光被俘。历时8天8夜，济南战役大获全胜，1948年9月24日解放济南城。

淮海战役分三个阶段，第一阶段于碾庄圩展开（1948.11.6—11.22），歼灭黄百韬兵团；第二阶段于双堆集展开（1948.11.23—12.15），由刘伯承、邓小平指挥，消灭了国民党将领黄维；第三阶段（1948.12.16—1949.1.10）围歼了杜聿明，整个战役历时66天。解放军参战部队60万人，国民党的部队80万人，是以少胜多的典型战役。淮海战役是在解放战争三大战役中消

---

① 中共大伯集村支部委员会、大伯集村民委员会编修：《大伯集村志》，北京：中国文化出版社，2011年，第186—187页。

灭敌人最多、战役最惨烈，创造了以少胜多，影响最大的战役，淮海战役的胜利，标志整个中国解放战争基本结束。

真正的淮海战役中，解放军消灭国民党军队80万，其中华东野战军消灭的国民党军队是55.5万人，为粟裕指挥。由于共产党的保密工作出色，1948年到2006年，多年来大伯集人民都对于是谁指挥的这个战役存疑，直至2006年9月28日，粟裕的秘书鞠开沿着粟裕战争路线路线巡航至大伯集，才揭开了这段历史之谜。

夜幕之下送驻军。崔贻汉，崔家大院房东。他说，1948年农历八月十五夜幕降临，我和几位通讯班战士坐在院里静听一位首长谈论解放济南的事，大小军官都沉浸在胜利的喜悦中。首长问，全国解放后，同志们各有什么打算？这个说，我想当火车司机，载着人民观赏祖国的大好河山；那个说，我想继续上学，然后当教师；还有的想继续留在部队保卫祖国，也有的想进机关当干部，为老百姓办事，个个发言热烈而激情。那天，天气时阴时晴，小雨时落时停，东厢房的通讯兵小王和刘河成忙着盘线装箱，将通往四周的电线收起，并捆好行李在院子里守候着……①

2006年9月28日，粟裕的秘书、84岁高龄的鞠开前来大伯集村故地重游，见到了保存完好的粟裕坐过的木椅。他手抚木椅，哽咽着回忆起在这里战斗过的往事。他说："首长当年就是坐在这把椅子上办公的。毛主席当时想让他率军渡江，他考虑到过江后群众基础不牢，粮食供应怎么办？伤员怎么办？他认为条件尚不成熟，应在江北打一个大的战役，待将国民党的有生力量消灭后，再渡江更好一些。我那时候才20多岁，首长每天都起草好几份电报，我再拿到作战科去发。首长经常盯着墙上的地图，一看就是老半天，很多作战方案就是在看地图的时候想出

---

① 中共大伯集村支部委员会、大伯集村民委员会编修：《大伯集村志》，北京：中国文化出版社，2011年，第188页。

图 5-5 崔家大院修缮后旧址及陈列物品、旧址石碑

来的。"①

依托解放战争时期的红色印记，东疏镇以崔家大院的百年古建筑为场所，筹备"攻济打援"指挥部纪念馆，通过发动镇内群众积极捐献济南战役时期粟裕将军等革命前辈使用过的相关物品，走访亲身经历过那个年代的老人，详细了解历史事实。多年来赴各地走访，收集文史资料、历史照片、电报信函、重要文献等重要物品，重现粟裕将军在大伯集期间指挥济南战役的真实背景、具体过程和辉煌战果。并积极进行红色文化的宣传教育。②

当前，华东野战军"攻济打援"指挥部纪念馆（展厅）是最早建设的展厅，即是上文中随部书记参观的纪念馆，该纪念馆会继续保留；为了更全面展示"攻济打援"战役及精神，在村西"胜利广场"新建了指挥部新展厅，该展厅采用新媒体3D影像等，更加立体形象地展示战役全过程。之后将与旧纪念馆同时开放；在这两处的中间位置，又建了"粟裕广场"，建立了华东野战军将军印记展厅。

在县文旅局的指导下，景区完善了水电等基础设施，设计了专门的公交路线、停车场以及充电桩，以容纳外地游客。为促进红色旅游与古村古集的融合，宁阳县紧紧围绕红色文化旅游项目建设与和美丽乡村建设工作，在2023年倾力打造"两轴四区"的红色旅游区："两轴"即"古集民俗轴""文旅景观轴"；"四区"即"新时代文明实践区""红色文化教育区""国防拓展体验区""美丽乡村生活区"。同时融合村庄内的民俗艺术、民间手艺、商贸文化、中医文化形成以红色文化为核心、多元文化资源并存，集"重温历史、学习体验"为一体的红色"新地标"。

古集文化与红色文化融合背景下，随着纪念馆的开放，文旅相关部门的宣传，伟大战役及历史意义在当前的乡村建设、红色教育、爱国主义情怀提

---

① 宁阳县人民政府：《宁阳县：小村筹划大战役》，http://www.ny.gov.cn/art/2021/3/19/art_70320_10288241.html。

② 宁桂冲：《宁阳县东疏镇打造红色阵地助推乡村文化振兴》，https://sdxw.iqilu.com/w/article/YS0yMS0xNTE2ODY4MA.html。

升上发挥重要作用。纪念馆建成后，也成为该县红色爱国主义教育基地，并成为该村在镇域下的新农村建设特色。在东疏华东野战军司令部指挥部旧址（山东省文化和旅游厅2020年12月31日公布，宁阳县文化和旅游局2023年10月1日立），还同时被设立为：东疏镇党员干部现代远程教育课件资源素材基地（2011年10月）、宁阳县铸牢中华民族共同体意识教育实践基地、宁阳县爱国主义教育基地、宁阳一中社会实践基地、宁阳县廉洁文化现场教学点、宁阳县中小学爱国主义教育基地、保密教育基地、全县青少年爱国主义教育基地、国家安全教育基地、泰安市关心下一代教育基地、山东省党史教育基地、泰安市国防教育基地等实践、教学、参观学习基地。

习近平强调，加强革命文物保护利用，弘扬革命文化，传承红色基因，是全党全社会的共同责任。保护好、管理好、运用好，发挥好革命文物在党史学习教育、革命传统教育、爱国主义教育等方面的重要作用，激发广大干部群众的精神力量，信心百倍为全面建设社会主义现代化国家、实现中华民族伟大复兴中国梦而奋斗。

红色文化本身具有影响农村社会治理体系的重要作用，农村红色文化的精神价值与产业发展能够进一步助推农村社会治理体系的改革升级，持续推动红色文化的传承、创新与保护，有利于乡村文化的持续振兴与发展。① 新时期挖掘和利用当地优秀的红色文化资源，激发和增强当地人，尤其是青少年的爱党爱国情结，通过经典红色文化故事，传递百年党的奋斗史和伟大辉煌。另外，通过纪念馆的开放、宣传，可以增加集市日、非集市日往来人群，集市的客流量增加，以给村民增加收益，进一步发展古集、古会，促进以D村为中心的该片区域经济、教育、卫生等的全面发展。最后，可以进一步扩大D村名声和影响力，增加关注度。村两委及本村文化人在镇政府支持下筹备、建设及运作纪念馆，也给村内的治理提出新挑战与机遇，村委既要发挥自身优势，充分发扬红色文化，又要处理好外来参观人员与本村村民之间的利益关系，也要与镇政府共同发展。

---

① 宋娜：《文化自信视域下红色文化推动乡村文化振兴的价值研究》，《农业经济》2022年第8期。

二、M 村：退伍老兵的故事

SYF，1942 年 11 月出生，于 1964 年 10 月入伍江苏镇江机炮连，三年义务兵。因"文化大革命"延长，后又因 1968 年 12 月苏联攻占珍宝岛等特殊事件，延迟至 1969 年 3 月退伍。在与 SYF 的座谈中，他谈及参军艰苦、军旅趣事和对党和国家的感恩之情。

如在入伍前，到达结婚年龄的年轻人，会尽早解决婚配问题，结婚后再入伍，在老兵的记忆中，他们说有一种"三早"的说法，即等着入伍的新兵，在出发前第一天早晨结婚，第二天早晨回门，第三天早晨就出发入伍了。最初入伍时，军队条件艰苦，每三年才会更新一次被套；生活粮食也远不足需求，所以大家除了训练、防卫，还需要自己种植粮食、蔬菜，满足基本生活。一到丰收季节，各班都兴奋等待分发蔬菜，每个班 12 个人，会派一个人来给大家分发。当时住的是只有一层的茅草屋，有的要住火炉房。出行时，虽然部队有马，但马主要是用来驮机枪的。

图 5-6　笔者访谈 SYF 与村委工作人员 SQ，2019 年 7 月 20 日

在当兵训练时，会有白天和晚上的训练项目。如在晚上练习射击，需要离靶心12厘米内打中，才算合格，这样也会较好地保证在真正射击时能击中目标。机炮训练比较艰苦，衣服基本都会磨破。在紧急出兵时，一些老兵会比较有经验，一条单裤穿上就出发，新兵则会手忙脚乱，一层层衣服穿好。另外，在三年义务兵时期，一般不允许请假，三年后，有特殊情况的才允许，如在母亲去世时。

退伍时，单身的小伙子回到家乡，比较受小姑娘们的欢迎，或许是军人的荣誉感，让他们在找对象时相对容易。退伍回家，在部队的生活用品一般不允许带回来，但当兵时的水杯和搪瓷碗会带来，也许这寓意着，记住当兵的苦，忆苦思甜；另外就是感恩当兵的机会，部队和国家解决了大家的衣食，并锻炼和培养了自己。①

通过与退伍老兵座谈，采用口述历史的方式，记录红色记忆，并在社区形成系列性红色文化活动，并融入当地的儿童青少年文化教育宣传中，培育爱国主义精神，缅怀先烈，重温党的奋斗史。

在镇、社区相关工作人员组织下，推进口述历史资料的收集、整理中利用档案管理技术使口述历史资料更加系统化，并更好地实现抗战老兵口述历史资料的存储与利用。②在后辈红色故事重温与学习的过程中，体会革命精神，并从个体记忆向集体记忆升华。以红色精神为引导的社区集体记忆也有利于形成文化力量统合及群体认同。③

---

① 根据笔者访谈资料整理，2019年7月20日。
② 燕妮：《抗战老兵口述历史资料档案化管理的重要意义研究》，《陕西档案》2023年第3期。
③ 马伟华、张亦弛：《生成、建构与维护：兵团老兵屯垦建设记忆的口述史呈现》，《中央民族大学学报》（哲学社会科学版）2023年第1期。

第二节　非遗文化：茧乡丝绸文化馆

一、茧乡丝绸文化馆的实践

蚕桑是当地人民赖以生存的根本，也在所属地域流传着"蚕花习俗"。清明时节是"蚕花习俗"最为隆重兴盛的时候。对于养蚕来说，清明时节前后便开始育蚕养蚕，《四民月令》就有记载"清明节，命蚕妾，治蚕室"。而对于种桑来说，也会通过此时桑叶大小来预示长势、占卜蚕茧收成，桐乡人茅盾在《春蚕》一文里就提到民谚"清明削口，看蚕娘娘拍手"。[①]2008年列入国家级非遗名录的"含山轧蚕花"与"扫蚕花地"，亦可统称为"蚕桑习俗"；国家级非遗名录里另一项的德清"扫蚕花地"则是一种由祭祀仪式演变而来的歌舞表演，一边唱一边舞，歌词与动作也都是与蚕桑生产相关的内容。这个表演并不限于清明，只是在像清明、除夕、元宵这样的特定节日期间，蚕农会将表演"扫蚕花地"的走街艺人请到家里来表演，娱神娱人，并祈愿蚕桑丰收。

在杭嘉湖平原一带，有一则流传极广，关于养蚕人之间的一段纠葛，通

---

① 春梅狐狸：《走呀，一起去"轧蚕花"！——江南水乡的清明节蚕桑习俗》，公众号"传统服饰"，2022年4月5日，https://mp.weixin.qq.com/s/mFvhJktOMir-cmQSPIoNCA。

常称之为"龙蚕"。

1927年,浙江重要的现代丝绸企业、嘉兴地区最早的现代化丝绸工业——苕溪丝厂,在海华村海卸洋口诞生。创建人为潮州著名的丝绸巨子纽家连,民国初年间,丝绸的主要原料是以土丝为主,它是农村凉庭用土法自缫的丝。由于设备简陋,制成的丝条纹粗细不匀,糙头、断头多,必须再花人力加工,产量低,质量差,不可能织造细密,薄型的高级织物。为了力求产品向高精发展,钮氏决定自建丝厂生产白厂丝,于是选择海卸花港洋等共置地30多亩,起造苕溪丝厂合伙经营,先置意大利式坐缫车168部,四年后又添置96部,合计264部。1935年添置了当时最新的日本回转式坐缫车160部,包括后缫复摇设备等,还自设发电设备,安装从厂里直达塘栖的长途电话线路。

除厂房外,还建有一座四层楼、封闭式的蛹仓库,十多处茧站,分设菱湘,洛舍、花林和门庄等处。门庄和洛合两处各装备由环球厂承造的比较先进的烘茧机。钮氏选择到乡下偏僻的地方去开丝厂,是出于以下三点考虑,一是那里茧子多,茧质量好;二是水质好;三是乡下工人易控制,不会闹风潮。蚕种都是土种,有一种三眠子连心种,茧型小为一颗花生,缫折要六七百斤,但却能缫出7/11、10/12等最细条纹的丝,该厂打出一只"时装"牌(Fashionable)白厂丝专销法国,一部分给达昌绸厂当原料,有一只"DC"牌专销美国。"好连道"牌(GoodChance)白厂丝专门内销。丝质好,为达昌织绸创名牌提供了独特有利的条件。抗日战争爆发了。日本为了在国外和中国争夺丝绸市场,便有计划、有目的地大肆破坏我国的蚕丝事业。①

走进位于大麻镇光明路与科洲路交叉口的茧乡丝绸文化馆,不仅有蚕茧、生丝、面料、织锦书画和老式的脚踏纩丝车、老木丝织机等丰富的馆藏

---

① 范红杰、郁震宏主编:《重订大麻志·民俗》(草稿),2008年,第87页,未出版。

品，还有丝巾、旗袍、手包、家居服、床品、丝绸饰品、可收藏的丝绸书画等文化衍生品，覆盖了养蚕、丝织、印花手绘等多种工艺，生动地展示了杭嘉湖地区蚕桑丝绸从古至今的发展历程。茧乡丝绸文化馆不仅有助于古老丝绸文化的集中展示，也有助于提升茧乡品牌的知名度。"有品牌才有话语权，随着企业的发展，我们越来越感受到品牌的重要性。"桐乡市丰达丝织有限公司负责人羿礼锋说，以后大麻人和外地客商可以通过丝绸文化馆直观感受茧乡品牌的丰富内涵，为企业发展注入强大的品牌动力。

该馆是独具江南水乡特色，将中国传统文化与丝织技艺文化相结合的"茧乡"品牌展馆，先后被评为"桐乡市科普教育基地""桐乡市市民学习基地"等，向大众普及了发明种桑养蚕且普及全国的"嫘祖始蚕"，开辟历史上第一次东西方大规模文化与商贸交流的陆上"丝绸之路"，把博大精深的中国文化传播到东南亚乃至非洲那些遥远地区的海上"丝绸之路"，使得江浙一带成为全国闻名的纺织品产地。通过将民间老木纺纱车、丝织机等原样复制并做出展示；将养蚕、丝织、手绘、手绣等多种工艺免费向社会开放，生动地展示了杭嘉湖地区蚕桑丝绸从古至今的发展历程。让青少年学生领略丝绸魅力，寓丝绸文化于教育之中。深受中外友人的青睐，并赢得广泛好评。（2019-05-25参观访谈）

（一）丝绸纽带，中西为和

在中西文化结合的背景下，以丝织品织造人物肖像油画（阿黛尔夫人），进一步将丝绸文化发扬光大。茧乡丝绸文化馆是浙江丰达丝绸科技股份有限公司旗下品牌，该公司是一家以"不忘初心，匠心前行"为发展理念，以"原创设计，做精品质"为核心价值，以"文化驱动，科技创新"为战略定位的丝绸文化企业。公司致力于挖掘、传承和弘扬中华丝绸文化，以卓越的设计研发能力，融合中华文化元素，在传统丝绸面料、丝绸服饰产业基础上，拓展研发出丝绸文化礼品、丝绸生活用品、丝绸装饰品及丝绸艺术品等创新领域，完成了从产品制造到文化创造的转型升级。

（二）企业融合，产业发展

公司始终秉承匠心精神，以原创设计和做精品质为核心，融合中华文化元素生产出了面料、睡衣、床品、围巾、文创等全系列产品，携旗下"茧乡"品牌在世界级盛会上将中国丝绸呈现于世，除参加了"世界互联网大会"并获得了广泛好评外，也将继续以传承中华丝绸文化为己任，以建设中国特色民族品牌为目标，努力将"茧乡"丝绸这张金名片传向世界各地，开创一条丝绸文化之路。G20峰会，茧乡丝绸文化馆作为宴会服装的合作方之一，设计主题为以"荷"为贵，出自《论语·学而》"礼之用，和为贵"。提出了以中国文化思想，"国之相交，以和为贵"为中心，以荷为元素，以杭州文化为主的设计方案。

访谈人SJD、村委工作人员SQ与作者在M村丝绸文化馆参观"茧乡"品牌展，2019年5月29日

(三)文化与技艺的传承

丝绸为底,印刷《论语》,制作成书,既可传承文化又可传承思想。千百年来,在古老的丝绸之路上,各国人民以丝相连,以绸为媒,共同谱写千古传诵的友好篇章。访谈中,访谈对象介绍到的家乡陕西就位于古丝绸之路的起点。站在这条古老的丝绸之路上,回首历史,他仿佛听到了山间回荡的声声驼铃,看到了大漠飘飞的袅袅孤烟。跨越时空,沧海桑田,但东西文明通过这条古丝绸之路的传递和融合始终未变。

二、推动"非遗文化产业+"发展

非遗文化资源不仅在保护中传承,还应在利用中发挥其时代价值。在当地一些非遗文化元素多元的乡村,发展了特色村,形成"产业+文化+乡村休闲"的模式,吸引外来投资;带动一方旅游经济发展。当地的茧乡丝绸博物馆推出一些文创产品,在文化馆和网上店铺售卖,既是对优秀文化的最好传播和传承,也带来经济收益。

我国有着悠久的工匠技术历史,精湛卓绝的工艺技术,体现了文化与智慧等方面的传承,强化了非遗的核心竞争力。《说文解字》曰:"工,巧饰也。""巧饰"则说明"工"本身就是技术和艺术的统一体。"工"作为一种工作方法和原则,本身就具有追求高端精致的意味。譬如,古代形容某人擅长某一领域,或在某一领域有所建树,常常谓之"工于某某"。

目前,全镇共有16项非物质文化遗产,其中,省级2项,为大纛旗和舞方天戟;嘉兴市级2项,为桐乡大纛旗风和舞方天戟;桐乡市级12项,分别是大纛旗、舞大刀、蚕花庙会、大麻龙舞、吴王庙会、舞方天(画)戟、舞钢叉、桐乡上梁书、锣鼓赞、抛钢叉、抛灌子、桐乡稻作习俗。在传承非遗文化方面,当地主要有以下实践:

第一,注重申报、强化挖掘。注重申报各级非遗保护项目、各级传承人。目前大纛旗、方天戟、已被列为省级非物质文化遗产。钢叉,大刀现已被列为嘉兴市级非物质文化遗产；省级、嘉兴市级传承人各1人。同时深入调研，努力挖掘提升非遗项目价值。

第二，注重传承，强化管理。大麻镇成立了大麻镇非遗技艺协会，任命镇宣传委员为名誉会长，加强传承队伍管理。将非遗技艺项目引入大麻中心学校，打造了20件适合学生使用的器具，聘请师傅专门教导。在中心幼儿园开展了幼儿舞狮教学，"从娃娃抓起"做好非遗技艺传承。

第三，注重宣传，强化交流。依托文化礼堂，在M村特设非遗技艺物品展示区，积极开展各类媒体宣传，通过文化体育报专题报道大麻非遗技艺；开展对外文化交流，组织参加各类演出，邀请了编舞老师对表演进行编排，内容与配乐上融入现代气息，用更加精品化的活态表演不断提升非遗文化影响力。在宣传和传承中，推动非遗传承实践，让大众迈进非遗，成为人民群众喜闻乐见的生活文娱方式，并自主地、自觉地参与到文化传承和文化互动中，并最终实现共享。

第四，培育乡土建筑工匠。大麻镇现有优秀乡土工匠2名：孙玉兰（虎头鞋、虎头帽）、张福兴（泥塑人像）。大麻需建立乡土工匠行业管理制度，注重培育优秀乡土工匠。大麻乡民习武自卫之风更甚。此习俗延续到后来，成为清明迎会之俗，称吴王庙会。时间在农历二月廿六、廿七、廿八3天。庙会上举行习武大演习，主要有举大纛旗、舞方天戟和舞大刀3种。其中大纛旗、大刀已被浙江省列入非物质文化遗产名录。现年89岁的钟善庆老人回忆，他年轻时最擅长舞大刀，有一年迎会，在镇上的南星桥上摆一只方凳，他在凳上舞大刀，动作敏捷，45公斤重的大刀在他手里如同一根扁担，舞动起来虎虎生风，引来众人观看，南星桥两堍被闹得水泄不通。他说年轻时力气大得惊人，46.5公斤重的石鼓他一只手可以连举3次，村上人无人能敌。

第五，注重非物质文化遗产利用，将传统技艺与文化产业相结合。各村、社区均建有文化礼堂、农家书屋等公共文化服务设施，全镇积极组织开展各项文体活动，丰富百姓精神文化生活。例如，借助"非遗闹春"民俗会舞龙大赛，"清明轧蚕花"民俗会非遗展演等活动，将"非遗"带出去。

表 5-1 镇非物质文化遗产名录

批次	序号	申报类型	项目名称
第一批	1	传统体育、游艺与竞技	桐乡大纛旗风
	2	游艺与杂技	大纛旗
	3	游艺与杂技	舞大刀
第二批	4	民俗	蚕花庙会
	5	传统舞蹈	大麻龙舞
	6	民间信仰	吴王庙会
	7	传统技艺	舞方天（画）戟
	8	传统技艺	舞钢叉
第三批	9	传统体育、游艺与杂技	大纛旗
	10	民间音乐	桐乡上梁书
	11	民间音乐	锣鼓赞
	12	传统体育、游艺与杂技	抛钢叉
	13	传统体育、游艺与杂技	抛灌子
	14	民俗	桐乡稻作习俗
第四批	15	传统体育、游艺与杂技	舞方天戟
	16	传统体育、游艺与杂技	舞方天戟

第三节　习俗信仰：精神互助团

一、信仰与祭祀：德政禅寺

（一）节庆祭祖

乡村社会一直延续着传统的习俗文化和信仰仪式。在 M 村春节、清明、端午等重要节庆，有重要仪式、祭祀和饮食习俗等，当地寺庙香火旺盛，且年长者尤其是老年女性们还进行定期的信仰活动。祭祀是中国家族的整合力量，祭祀在中国可归为祖先崇拜。由于嗣系观念，中国家族双亲和子女在双亲逝世以后，子女与双亲仍维持着依赖关系，一个人的存在是由于他的祖先，但是反过来说，祖先的存在也是由于他的子孙。阴界祖先的生活，必需依靠阳世子孙的供奉，这就是祖先崇拜。[1] 所以，家庭世代亲子并非单纯的生物关系，也包含双向"受惠"中家文化运行机制的"反馈模式"。[2]

说到祭祀，一是在春节。随着传统社会文化在现代社会的淡化，人们在过年时也感叹年味淡了，但过年团聚、祭祀、守岁、拜年等仍然是必不可少

---

[1] Baker H. *Chinese Family and Kinship*, Columbia University Press, 1979.
[2]（英）马林诺夫斯基：《原始的性爱》，王启龙、邓小咏译，北京：中国社会出版社，2000年，第25-27页。参见麻国庆：《家与中国社会结构》，文物出版社1999年，第221页。

的环节。《西湖游览志》云:"除夕,人家祀先及百神,架松柴齐屋,举火焚之""儿女终夜博戏藏钩谓之守岁",可见以麻将赌博守岁古也有之。① 过年祭祖、祈福守岁等民俗祭祀和仪式在普通百姓的生活中"非制度化"地延续,并在家族团体中耳濡目染,得以延续。② 2016年调研期间,在除夕这天。访谈对象ZXM家。

她妈妈摆好祭祖桌子和诸神位像,神位前摆一排酒杯,倒满酒。最前边是两个高高的烛台,点上红蜡烛,烛台上各挂一串纸叠的金元宝;两边是爆竹和带有"步步糕"字的年糕;中间区用来摆放供品,有水果(苹果、橘子、桂圆),荤菜整鸡、整鱼、大块猪肉(猪、鸡、鱼,传统祭祀的小三牲,小三牲通常也是用来供养父母的美食;猪头为六畜之首,现以猪肉替之,取诸事顺利之意;公鸡取"大吉"之意;鱼则是年年有余之意),素菜豆皮、小青菜等。并有一些礼品盒,如可比克薯片,旺仔牛奶等小孩子的零食。这时门口会放上大香炉(一个铁制的,专门插放高香的),插上三柱大高香。这些多元、多义的祭祀物品,都是人们表达感情、想象和价值的重要工具。这些含有仪式行为的周期性节日既有关乎时间、超自然的文化通俗性,又因时因地而异带有地方性知识色彩。

二是清明节,M村村民重视的第二大传统节日。人们吵架时一般会骂两句话,一句是"你清明夜饭吃不着",另一句是"你年夜饭吃不着"。这两句话是二选一,清明过完后吵架就骂"你年夜饭吃不着",过完年则是"你清明夜饭吃不着"。反正没有人会骂"你中秋夜饭吃不着"或者"你端午夜饭吃不着"。由此可见对于当地人来说,一年中最重要的两个节日是过年和清明,实际上也确实如此。

2016年清明时节,绵雨,随师妹ZXL到家,参与观察当地人如何过清明。实际上与后来2017年在此过春节的经历比较,当地人对两个节日的重视程度相当。ZXL父亲一早起来到镇集贸市场买来新鲜青菜、鱼肉,高香,

---

① 范红杰、郁震宏主编:《重订大麻志·民俗》(草稿),2008年,未出版。
② 郑振满、陈春声:《民间信仰与社会空间》,福建人民出版社,2003年,第3页。

纸钱，做好一桌子菜以作供品。上午在正厅前门口摆桌祭祀，另要到已逝祖先坟前烧香祭祀。

（二）德政禅寺

在840年前，庞大的南宋宗室南迁后，弥漫着皇家气息的一所寺院在当时的临安府与安吉州交界处建成，此寺就是当地的德政禅寺。出资建造德政禅寺的人是宋孝宗的叔祖，赵令揆，他同时还有着太师、安定郡王的身份，是宋太祖一脉。[①]寺院的南面是大麻人心中的胜地——清池漾，漾中的麻姑墩则是上千年来大麻人口耳相传的麻姑仙子炼丹得道之所，漾中弥漫的水汽和寺院里常年不绝的缕缕香烟一起漂浮于空中，幻化出麻姑仙子的模样。

现在六七十岁的老人回忆起他们见到过的德政禅寺的时候，德政寺虽然还在，但已经破落了，曾经供奉如来、文殊、普贤三尊大佛的大殿，佛像没有了。平日里多是空旷的大殿，残存着一些几百年树龄的紫荆、蜡梅、金桂、银桂、牡丹，花开的时候，闻到阵阵花香；但在重要节庆，也会有三三两两的老年人前来烧香、祈福。

在地方特色各异的乡村民众生活中，特有的神明、神学、信仰和仪式以各种分散的形式服务并渗透于他们的日常生活，成为乡村社会习俗性文化活动的一部分。杨庆堃通过分析宗教以分散性形式服务于世俗社会制度，指出若没有宗教的帮助，乡村妇女难以打发时间。"晨昏时，为宅神上香；到庙里为无数公共和私人的事情祈祷；为大事小情拜访民间算命者得到指点迷津式的启发，参加庙会和宗教节日；按照黄历选择吉日来安排生活中的大事；对超自然力量加诸生活和世界的影响作出反应——所有这一切都强化了在传统社会秩序下宗教和日常生活的密切关系。"[②]

[①] 明朝《湖州府志》载："淳熙四年皇叔祖、太师、安定郡王建。"
[②] 杨庆堃：《中国社会中的宗教：宗教的现代社会功能与其历史因素之研究》，上海：上海人民出版社，2007年。

二、互助性老年组织：精神寄托与养老

在农村社会，念佛这一民间信仰习俗也以自发流传性、非组织化、非制度化的方式为个体或集体祈福禳灾。①普通农村妇女或许并不清楚所实践的信仰、仪式、所念佛经的所属，她们没有固定组织。不同地域，"念佛"群体的形成、发展和现状不一，且多无明文记录。念佛主要依赖世代口头相传，依靠"习惯"加入并得到不断巩固和发展。其加入原因多样，既有精神寄托、寻求老年群体性活动存在感的需要，又有日常的祈福、祭祀等需求。此外，通过念佛还可以获得部分额外经济利益来补充养老资源（收入）或者宽裕生活等。需要指出的是，农村念佛是地方习俗性文化活动的表现，其宗教内涵并不明显，"他们不必在信仰和仪式之间争论，也不必在科学和宗教之间徘徊，更不必纠结于自己的实践是否需要固定场所，固定经文，固定仪轨等"②。

在当前构建积极老龄化社会中，我们需要关注老年人的生活、经济和精神诉求，在通过多样化方式助力家庭养老和社区建设的同时，更要关心老年人的主体性需求与能动。一些农村地区老太"念佛"在一定程度上满足了养老需求，并渗透于日常生活和乡村习俗性文化活动中。

老太"念佛"在浙江地区相对普遍，例如相关主题的文献、新闻报道涉及绍兴、嵊州、余姚、慈溪等多个地区，而且存在相对较长的历史延续性。在浙江 M 村，老太"念佛"已有上百年历史，且现在仍流行。在笔者 2018 年 9 月到 2019 年 4 月的实地访谈中，通过对五位"念佛"老太访谈（见表5-2）及当地村民介绍，几乎每个小组村都会有若干老太太，经常性参与"念佛"活动，并为需要"佛经"的农户进行"念佛"服务。在 M 村某一念佛小组中，最小参与者为 60 岁，最高年龄则高达 86 岁。每个组内成员大概

---

① 陈春阳、林国平：《文化节与闽台民间信仰——以福建东山关帝文化节和湄洲妈祖文化节为中心》，《东南学术》2019 年第 3 期。

② 梁永佳：《中国农村宗教复兴与"宗教"的中国命运》，《社会》2015 年第 1 期。

为8—12个，基本覆盖附近3个村小组的老年女性。以此推算，M村22个小组内约有100位老太念佛，念佛家庭占全村596户的六分之一左右。念佛老太群体成为当前浙江部分村不可忽视的老年群体，念佛习俗在当地村民日常生活中占据重要地位。重要的是，老太"念佛"在当今老龄化的乡村社会，具有一定积极意义，即获得个人精神或者物质收益的同时，也丰富着乡村老年群体的生活方式。

表5-2　老太访谈对象个人信息

姓名（首拼简）	年龄（岁）	念佛时长（截至2019年4月）	所在村组	访谈时间
FBK	60	2年1个月	村小组17	2018年9月17日
FH	62	2年7个月	村小组17	2018年9月17日；2019年4月13日
LCY	69	4年2个月	村小组19	2018年9月17日；2019年4月13日
SYH	73	5年7个月	村小组3	2018年9月17日
HTN	78	7年1个月	村小组7	2019年4月13日

相较传统农村，浙江M村具有优越的地理位置和发达的个体经济，并在当前乡村振兴、村文化和村生态建设中，有其独特的实践。例如，村委会组织开展了一系列诸如文化礼堂建设、"最美家庭"评选等活动，将清闲在家的老人、妇女组织到乡村多样的文化娱乐活动中。相比于空闲在家，多数老年人喜欢和同龄人聚在一起，聊家常或念佛诵经等来打发时间。其中一部分老年人因其精神诉求而"念佛"，如祭祖、祈福或个人精神寄托；一部分人则出于经济因素，为给子女减轻养老负担而自谋生计，靠"念佛"贴补日常开支。

（一）民间文化习俗性信仰

第一，送"竹篮子"加入老太"念佛"群体。老太加入念佛群体的标志是送"竹篮子",即每一个妇女在开始念佛之前,由她们出嫁的女儿买一个竹篮子给她们。在访谈中有人介绍到,女儿给母亲送"竹篮子",意指给即将上学的孩子"买书包"之意,即取意去学堂(佛堂)。通常篮子里放一些日常用品,如水杯、茶叶、雨伞、鞋子、红枣等零食,念佛妇女会带着竹篮子到当地佛堂,给竹篮子"开光";通过烧香、敬神仪式后,将这些东西分给已经在念佛的老太们。完成以上程序,即表明自己要开始念佛了。随后在第一次去参与念佛时,她们也会带一些小礼物,送给其他念佛老太,以增进大家的情感联系。加入念佛群体后,她们的念佛活动在地点、时间、种类上又有区分。

第二,"念佛"地点可以分为"在寺念佛"和"在村组念佛"——本研究统称为"互助性老年组"。1."在寺念佛",即前文提到的"德政禅寺"。现在六七十岁的老人经常回忆他们印象中的德政寺,常年不绝的缕缕香烟。现在德政禅寺虽已破落,曾经供奉的如来、文殊、普贤三尊大佛像已不存在但在寺烧香祈福仍在当地流传下来。现农历每月初一、十五,本村及周边村的念佛老太均会"在寺念佛"。2."在村组念佛",即附近几个村民小组的老太集中在某一个固定地点,进行日常化念佛。2018年9月29日对妇女主任SQM的访谈中,她介绍道:在M村杨家角村小组附近的旧时灌溉站南星机埠是一个念佛地点。当天念佛的老太一共8人,平时达12—16人,均是附近2—3个小组村的,但时间不固定,如果某个人家中临时有事则会不来。

第三,"念佛"时间上,首先,从念佛日的设定来看,一般在农历每个月的初一、十五或菩萨生日当天等固定时间,几乎所有念佛老太都会到寺念佛。这里值得一提的是九月,由于九月逢三、五、七、九单数日多是神仙的生日,于是有比较频繁的集体念佛。其次,以每次念佛时长看,一般一人一把(束)"佛经"要念5个小时。一般家庭祭祀,如过年祭祖则需要8把(束),这就需要一位老太为一家之需念佛40个小时。念佛的老太们也会合作为同一个家庭共同念佛。在访谈中,老太们介绍到,村内或村里家户由于各种需要对念佛经的需求量较大,所以平日家务不多时,她们都会参与念佛。

第四,"念佛"种类。按念佛目的不同,分天佛、桥佛、路佛、做岁佛、菩萨佛等。念佛当日,老太们要斋戒食素,不可沾荤。念天佛规模较大,一般为村集体祈求太平。如在访谈时,一位老太SYH正好当天"念天佛",目的为攘除针对本小组可能存在的"安全"隐患。"念天佛,没有具体的要求,是我们听说哪个村民小组附近,近期经常发生不好的事情,就共同为这个小组每一户人家念一份'佛经',一份8把,以保平安。"同样,当本村在造新桥、筑新路或者某项新工程要投入使用时,附近的老人们也会自发去念路佛(桥佛)求平安。此外,念路佛(桥佛)还需要老太们走过一定数量的桥如7座或9座,以提升念佛的灵力。而岁佛是年三十晚上念的,一直念到新年初一的凌晨,以祈求家人平安。最后,家中祖先去世祭奠时,各家会根据自身经济条件和信奉程度,请老太们念佛,一般以7位老太为"一堂",进行念佛;经济条件好的会多请几堂。

第五,念佛时一般手持"佛经"或纸钱折成的元宝①。在M村,"佛经"是用小麦秸秆(带穗那一节)扎成的。据说这些经过老太念了的"佛经"、元宝在祭祀时焚烧,会转化成逝者在阴间的财富。"儿时就听一些妇人时常会说起什么自己去世了的亲人托梦,说是在那边(阴间)缺吃少用的,要叫人念几堂佛送给他。"(念佛老太LCY,2018-09-29)

不同种类"佛经"在价格上有所区分:祭祖、祭菩萨所用的佛经是每把15元,一般一家需要8把;建房动土、上梁时所用佛经每把50元,一次需要14把。这14把佛经中的12把,则要求12个生肖不同的念佛老太诵经完成,另外2把则是生肖是龙和虎的两位老太,14把佛经就蕴含"双龙双虎"之意。14位老太必须是丈夫健在,取意圆满,保佑新房吉利。综上的念佛种类,初衷多是积善,保平安,为家人和子孙后代祈福等。

---

① 念佛老太以麦秆做佛经。现今村田地集体承包,一些家庭不再种植粮食(小麦),但虔诚的老太会到田地里种一小块地的麦子,只为收获那些麦秆。

(二)习俗信仰的多元性功能

1. 在精神寄托中寻求心灵安养

"心诚则灵"是当地念佛老太的信奉主旨。她们在诵经实践中,寄托了自己的意愿和祈求。在念佛时,她们内心平静,对于家人的祈福,以及为他人或公共事务祈福时,都存在着一个"他"世界,以通达祈愿。

无论是自家人,还是他人所需,求佛保佑的多半缘由是"祭祀",包括在祖先忌日、过年、家中大事(建房)等重要日子时祭祖。如在除夕这一天,各家各户特地烧制菜肴,摆好祭桌和神龛,提前请老太念好"佛经",通过烧香、供奉等仪式祭拜,祈盼各路神灵能以神圣的力量来保佑、庇护全家现世的幸福。

> 我们在进入农历腊月就开始忙了,老太太们集中起来的时间也比较多,主要是准备村里各组各家过年祭祀的"佛经"。基本一家要8把(束),我们要每天都来,大家一起合作。
>
> 若这家今年有老人去世,还要多请几把。有的邻村也需要,也会到我们念佛小组预定"佛经",这样,我们的活儿就会很多,一般要忙到大年三十前一天。(念佛老太FBK、FH,2018-09-29)

老太们参与其中到诵读佛经,在群体与神圣力量之间建立起互动的关系。这种象征性的仪式,在她们的精神世界,使人和神之间的无形关联变成了现实。老太们也在诵经中求得内心的安静和精神寄托。

此外,对于老太本人来讲,她们认为诵读佛经,为村内大事、家户之事,诵经念佛,是广行善事,做好自己升至西方极乐世界的精神准备,即"往生"之轮回说。"积善成德,而神明自得"(《荀子·劝学》)也成为老太心中的信念,并乐在其中。

2. 在组织互助中实现自助养老

传统的家庭养老是一种依赖性的养老方式,具有风险性、不稳定和不均衡性。在家庭内部,年轻女性在家庭中扮演着重要的角色,上要奉养老人,下要抚育子女，同时还要照料丈夫。但随着子女外出，伴侣离世，她们也会面临老无所依的境况。对于一些没有养老经济负担的老太们，加入村组念佛群体，会在组织中得到一种共同体感和存在感，通过念佛，老太们加强在老年群体中的联系，并参与到村内精神性集体活动中，在组织中得以互助。

上文已述，老太"念佛"一把佛经（小麦秸秆）一般为15元。实际上，小麦秸秆成本较低，多是老太为念佛，在田间地头自己专门种植的。经手工制作，一束剪齐整，用一根细麻绳捆绑，用作"佛经"。一位老太为一家念一组"祭祖"佛经，大概需要用时2—3天，收入是120元。平均看起来，收入并不高，但对于清闲在家的老太来说，这些已足够她们买些日常生活物品。在老太们的聊天中，说着"自己多少挣点钱，花钱花得舒服"。传统农民勤劳又实际，念佛对于农村一些老太而言，确实是个不累人又拿钱的好活计。有的老太说到念佛活动所带来的经济收益，可能比子女每月给的生活费都要高，这对念佛老太来说，也有很大的吸引力。[①] 所以念佛带来收入，使老太们获得心理和经济上的满足，提高了主体性和存在感。无论在精神上，还是在经济上，均在组织中实现着"自助养老"。

老太"念佛"作为一种信仰、习惯、寄托或收入来源，其形式本身并不重要，重要的是"念佛"对人的影响。念佛作为一种精神慰藉，可以排解老年人的感慨、无奈和孤独感。参与日常念佛群体活动，让老太们打发时间的同时，也让他们"有事可做"，并感受到自我价值。老太集体念佛逐渐成为她们作为一个共同体的具体、正式的仪式，并加强了相互之间的社会关联。

3. 增加家庭经济与社会资本

对于家庭内部而言，女性在家庭中扮演着重要的角色，上要奉养老人，下要抚育子女，同时还要照料丈夫。而传统的家庭养老是一种依赖性的养老方式，具有风险性，不稳定和不均衡性，当她们老无所养，便无可依靠。即使家庭圆满者，经济条件不好时，家庭对于老人、甚至子女自身的消费需求

[①] 赵春晓：《农村老太念佛的实证研究——以浙江省嵊州市丁村为例》，浙江师范大学硕士学位论文，2011年。

也无法完全满足。因此有一些老太,或因子女负担重,或家庭不如意,通过念佛获取经济利益而补充自我养老。另有一些念佛老太没有家庭经济负担,仍可以通过念佛在老年人群体中得到一种共同体感和存在感,在精神上有所寄托。所以,通过念佛,老太们一是加强在老年群体中的联系,参与集体性事务;二是给家庭带来收入,获得心理满足,提高了家庭存在感、家庭地位等。

4. 发挥习俗文化资源的整合优化功能

老太念佛活动作为乡村社会的一种民间习俗性信仰文化活动,在乡村原有人力、文化资本基础上,借助"念佛"仪式,活跃于当前乡村发展过程中,成为当地老太群体聚集的文化资本力量。"熟人社会"下的念佛老太们在日常生活中较长时间聚集在一起,固定的念佛地点,组织成员,念佛时长(周期)和作为信仰习俗传播的特殊身份,成为当地老年社会生活的重要内容。

老太"念佛"作为乡村精神文化活动的一部分,成为村内和村际老人聚集结识的纽带,并在精神娱乐中活跃乡村气息。一些中年妇女在茶余饭后也开始加入"观摩"和学习"念佛"的队伍,并通过手机等电子设备学习诵读佛经,一方面为自己加入这一群体做好准备,另一方面也加强了代际群体之间的联系,并潜移默化地传递着这一民间习俗。

M村的"念佛"活动也成为村社区文化活动的一部分,通过有组织、有固定时间的"在寺念佛",M村的德政禅寺"香火"不断。在重要节庆,平时未加入念佛组织的其他老太,也与念佛老太一起到寺内烧香祈福,并在这一天,共同食素。一些念佛多年的老太有时会住在寺院,早晚均在诵经,以表虔诚和内心安宁。随着入住寺院人数的增加,当地相关部门是否会将寺院与社区养老中心相结合,成为当地养老的重要环节,并一定程度上助力社区养老模式创新,这也是值得思考和关注的重要问题。

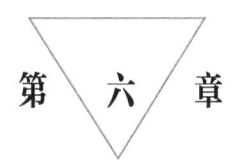

第六章

全面振兴：家风、乡建与景观再造

第六章　全面振兴：家风、乡建与景观再造

乡村治理手段和过程最终目的都是发挥村民自主性和实现最大限度的乡村社会公共利益。把中国乡村社区视为具有乡村社会的文化结构和社会结构的共同体，重视作为文化体系的共同体和作为社会结构的村落之间复杂的关系，才能更好地找到乡村社会变迁的动力。

文化振兴是新时代乡村建设的灵魂。盘活和合理利用乡村家风文化、乡风民俗文化资源，发挥村民公共文化场所的凝聚性，通过村民集会活动增强体验感、参与性；发展农村公共文化，通过农村娱乐活动等方式，增加农民之间的公共交往，在交往中获得人生体验，恢复农民生活的主体性价值；[①]培育农民的公共参与精神以推动实施乡村振兴战略。乡村社会的公共空间，既不同于私人领域的家庭生活，也不同于行政领域的政治生活，是乡村社会人们的主要公共生活领域和相互交流的场所，共同培养起乡村社会的政治民主基础，也同时促进乡村的经济与文化发展。

本章节以 M 村打造"美丽庭院"和重构"生态景观"的多项实践，分析 M 村如何调动妇女组织积极性，通过多种创意，因村制宜，建设具有地方特色，人与自然和谐的家庭景观；通过环保酵素和垃圾分类实践，如何发挥主体积极性，增强居民垃圾分类意愿。最后，总结经验，提出在中国乡村中形成一种花园文化意识，培育"文化自觉"和"行动自觉"，养成垃圾分类习惯，建设生态宜居的美丽乡村。

---

① 贺雪峰、谢丁：《乡村建设的中心是文化建设》，《文史博览》2005 年第 12 期。

在当前乡村文化振兴中，发挥乡村文化空间集体凝聚力，重建乡村文化，营造火热的集体生活，重新塑造其文化魅力，发挥正确的文化引领作用。乡村利用自身特有的权威、文化网络和"自治"资源，不断在社会变迁中实现自身发展；① 在新农村建设与发展中，提高农民的主体地位和文化感受能力。②

---

① 曹锦清、张乐天、陈中亚：《当代浙北乡村的社会文化变迁》上海：上海远东出版社，2001年，第155页。
② 贺雪峰：《乡村的前途——新农村建设与中国道路》，济南：山东人民出版社，2007年。

第一节　家文化：家风引领与和谐家庭建设

近年来，M村每年都推选和宣传村"最美家庭"和"最美媳妇"。M村积极响应市、镇妇联号召，践行中华民族家庭美德的丰富内涵，号召村民们做积极向上、文明良好家风的建设者，做和谐文明家庭的创建者，使文明村的创建活动更加深入人心，全面提升村民们的幸福感。在该镇开展"优美庭院"创建活动中，充分发挥了妇女和家庭在美丽乡村建设中的积极作用。在实际行动中，以点带面，重点发挥村妇女主任的作用，并成立妇女执行委员会，把村内妇女积极纳入村治理与建设的队伍中。

镇妇联组织各村妇女代表到其他镇村学习"优美庭院"的建设经验。随着创建示范点，集中献智设计，建立的网络讨论群里时常把看到的好的创意与其他成员进行交流，形成了"我是妇联一员，我为妇联添光彩"的氛围。M村LMD（也是M村2017"最美媳妇"代表）充分发挥所长，帮助优美庭院创建点设计多款围墙式样，多次开展上门入户宣传（访谈镇妇联主席XHF）[①]。在日常推进中，妇联主席带领各村妇女进行"变废为宝"，如利用利用废弃空瓶，做成花盆，固定在墙上，这样既能节约空间，又能美化环境，承载起百姓对美好生活的向往与追求并涵养文明家风。

---

① 公众号"印象麻溪"：《新一届妇联执委助力优美庭院》，2017年8月23日，https://mp.weixin.qq.com/s/reH1FPgMob-H6IUPZipcOw。

一、美好家庭引风尚

除实践形式多样，在日常村文化活动的推进上，M村配合镇妇联工作，推出"最美媳妇""最美志愿者""最美家庭"及"家风家训"评选活动。既扎实推进全镇社会主义核心价值体系建设，建立良好道德规范，构建共有精神家园，树立和宣传一批事迹感染人、品质引领人、精神激励人的基层先进典型，努力形成"弘扬最美、学习最美、争当最美"的社会新风尚。

> *最美心灵孝为大，美善质淳似桑麻；*
> *媳婆夫子家秀敏，妇弱心强公德娣。*①

LMD，大麻镇M村的"最美媳妇"：她是一个普通农村妇女，更是远近闻名的孝媳、贤妻和良母；她用二十多个春夏秋冬，诠释"孝"和"爱"的传统美德。

一副弱肩挑重担，百善孝为先！嫁为人妻后的LMD成为肩挑家庭重担的最大支撑。丈夫是父母唯一的儿子，两个姐妹嫁出后，照料老人所有的生活起居成为LMD的日常。平常生活中，两位老人想吃什么，她会立即买来；因公婆年龄大，外出不便，她会去商场给老人买衣服；除了吃穿物质上尽可能做好，她也会照顾到老年人的情绪，去理解和包容，会每年为他们准备生日礼物。

公婆生病加重了LMD的担子。两位老人同一天住进医院，除了与姐妹轮流在医院照顾陪床，她每天要在家为老人做饭，照顾年幼的儿子上学。肝癌严重的公公由桐乡市医院转到杭州住院期间，LMD都陪同照料起居。当时公公病情已到晚期，需要很大的医药开销，她和丈夫下决心，即使借钱看病，也要让老人家接受最好最全的治疗。公公去世后，身患糖尿病的婆婆精神状态和情绪都不稳定，LMD处处包容，并定期到医院为其检查取药。糖

---

① 笔者2017年在M村住村调研，辅助村委访谈、编辑和宣传"最美媳妇"时所作。

尿病患者的日常饮食要特别注意，她说每次都会把白切肉最好的一块留给婆婆。邻居们夸她实在、老实，她说这也是自己的本分和娘家人的叮嘱，公婆如同自己的亲生父母，对他们的照顾是最基本的孝道。

两份角色均称赞，笑颜如花绽！LMD 的一言一行不仅得到左邻右舍的夸赞，更是成为后代最好的榜样。她的孝顺感染着儿子：从小拿到好吃的，最先想到爷爷奶奶；现在，儿子也会记得家人的生日，这也许就是大麻人代代传承的精神品质。

夫妻之间相互尊重，相互支持。丈夫主要在外管理厂房生意，家中大小事则由 LMD 来照应，但两人相互包容，遇事一起商量解决。在前十几年的家庭生活中，两人将大部分的精力放在照顾老人和孩子身上，失去很多享受两个人世界的时间、机会。现在，随着家庭生活的好转，婆婆身体状况得到控制、儿子懂事成年，夫妻两人也很珍惜他们之间的美好纪念，两人于 2013 年拍摄结婚 20 周年纪念婚纱照。当然，在平时，他们也是邻里称赞和羡慕的恩爱夫妻，他们有在傍晚手牵手散步的简单小幸福，也有一起去看场电影，给对方过生日的浪漫甜蜜。

三美更新献社会，善美大麻人！LMD 不仅是最美媳妇、最美妻子、最美妈妈，她还追求更美的角色。从儿子几岁时，空闲时间会带领儿子和小伙伴到村镇大道上捡垃圾，除杂草，这些小举动是自发的，是不引人注意的，但在行动中既服务了社会大众，又教育和培养孩子们的社会责任心。现在，她本人也在空闲之余，留意各种义工、志愿者活动，希望自己为最美大麻传递正能量。

LMD 用实际行动践行孝道，展现了一个农村妇女淳朴真诚的坦荡情怀，诠释着大麻人勤劳、善良的美丽形象。

二、家风家训促和谐

在全镇广泛寻找最美家庭、绿色家庭，引领全镇家庭共同美化家园。组织最美家庭、文明家庭发挥引领示范作用，一方面利于乡村文明建设，另一方面，在一系列活动中提升乡村治理水平和乡风文明建设水平。大麻镇各村（社区）结合实际，广集民智、广听民意，制定了一个个管用有效的村规民约，助力乡村环境治理，引导村民行为举止和培育文明乡风。

M 村规民约（部分）

爱国家，走党路，志不移；共自治，依法治，讲德治；

守法度，享自由，扬正气；互帮助，睦邻里，促和谐；

分垃圾，制酵素，倡勤俭；治五水，护绿植，保生态；

规建房，理庭院，美家园；辖网格，排纠纷，理秩序；

优生育，重教育，利千载；保非遗，惜资源，传文化；

行公益，崇民主，守文明；村安定，家和美，人人乐。

2022 年 11 月表决通过的新版村规民约中，第二章"婚姻家庭"

第四条　遵循婚姻自由、男女平等、尊老爱幼原则，共建团结和睦的四好家庭。

第五条　孝顺好。子女应尽赡养老人义务，关心老人、尊重老人。外出子女要经常回家看望父母。

第六条　恩爱好。夫妻双方在家庭中地位平等，应互尊互谅，共同承担家庭事务，共同管理家庭财产，反对家庭暴力。

第七条　家教好。倡导立家规、传家训、树家风，积极参与星级"文明家庭"创建，传承良好家风；父母应尽抚养未成年人子女和无生活能力子女的义务，不虐待儿童。遵守计划生育政策，提倡晚婚晚育、优生优育

第八条。勤俭好。倡导文明新风，喜事新办，丧事俭办，不铺张浪费，不盲目跟风攀比；崇尚科学，不搞封建迷信活动，不搞宗派活动。

M 村退休老教师 FBK，一直是笔者的访谈人和访谈介绍人。笔者在驻村

调研时,一直是这位老人带笔者入户访谈,搜集材料,并有2个月的时间借住在他家。FBK一家为人和善,宽以待人,乐善好施。夫妻两位老人闲暇时间,在自家后院养了些家禽,种了些果树,种下去一年的香泡结的果子不多,但是十分香甜,很快分得只剩下一个,打算留到儿子回来吃。他家来了朋友,FBK立马摘下这个香泡分给客人们吃,强烈推荐自家的香泡,并请客人们下次再来品尝。每当自家的家禽生出蛋后,便将蛋送与邻居朋友,别人婉拒,说"不用了,你留着自家吃吧",FBK便哈哈大笑,"我自家还有好多呢,自己吃都吃不完,摆着也是浪费,你帮帮忙,拿走么好了"。

在这样的情况下,无论是自己村坊里头,还是外面,大家都知道村杨家角小组有这么一个宽以待人,乐善好施的人,那个人就是FBK。他常常说,"我反正老了,儿子又有稳定的工作,钱财物件自己够用就行,其他的多做善事,大家一起开心就好。"FBK的儿子在其言传身教之下,性格温和,虽在外工作,但对邻里非常热情。每次从上海工作回来,都带着各种特产,不仅送给自己的双亲,更送给邻居朋友。

三、优美庭院增振兴

2008年,"中国美丽乡村"建设在浙江安吉启动后,多省市加快了建设美丽乡村的行动,并在实践中不断探索地域模式和特色,如杭州美丽乡村庭院景观营造模式,基本形成城市休闲模式,乡土观赏模式以及农家乐体验模式。[①]实际上乡村园艺,美丽庭院的概念和行动是对中国几千年人居文明发展的"私家园林"概念的回归,也让长久失落的"庭院生活"重新回到家庭中。从古代帝王宫苑,皇家园林,到江南私家园林的发展,"家"与"庭"在中国人的心目中始终是不可分割的一个整体,并向私有化、家庭化方向发展。[②]

优美庭院是美丽乡村的细胞,是乡村振兴的重要推动力量。优美庭院建

[①] 倪云、徐文辉:《杭州市"美丽乡村"庭院景观营造模式研究》,《中国园艺文摘》2013年第5期。

[②] 倪云:《美丽乡村建设背景下杭州地区乡村庭院景观设计研究》,浙江农林大学,2013年。

设也是 M 村及镇在实践中，营造家庭花园，促进生态美学的摸索[①]，同时在推进优美庭院建设中，也不断发挥广大妇女和家庭的合力，挖掘好的经验做法。

（一）M 村具体实践[②]

第一，就地取材，变废为宝的原则。在打造优美庭院过程中，始终坚持生态环保的绿色发展理念，坚持成本控制与实际效果并重，提倡以废物利用呈现最具创意的"优美庭院"。如在 M 村进行的庭院改造中，充分利用现有资源，就地取材，发挥创意，如利用竹匾、蚕台、砖瓦、瓮罐、废旧自行车、轮胎、酒瓶、浴缸、儿童玩具等废弃杂物，进行废旧物品改造再利用，点靓扮美庭院。在专业园艺设计师的指导下，废弃的养蚕架摇身一变成了花草架；闲置水缸瓦罐和小木头种上绿植；村民家门口用水泥砖、瓦片堆砌的小景观；屋后用轮胎涂鸦制成的别致"篱笆"；农房院墙上绘制的形式多样的图画……处处都是颇有创意的摆设，一步一景，有种"人在画中游"的感觉。

第二，整体和谐，因户制宜的原则。从村整体上，对老村落的道路系统，排水系统进行适度更新改造，特别是对于一些角落、房屋间的空档，着重加以利用和改造，将原来脏、乱、差的死角打造成一个个美丽的盆景亮点；将村落房屋的断点加以改造，可设置成停车场、公厕、小广场、小公园等供人们使用、休憩的公共场所和设施，并在其中植入弘扬中华文明的各类元素，将这些地方打造成为人们用得上、看得上的美丽所在，以提升村庄整体的舒适度。如临近大麻镇镇区的 M 村，为与镇主路、街道门店相搭配，临街家庭主要以绿化为主，墙内或房前屋后栽种花草树木、摆放绿色盆栽盆景。而位置相对闭塞的 E 村，充分利用地理范围宽阔的优势，多数个体家庭

---

① 吴晶、周膺：《生态美学的衍化：从社会城市到浙江大花园》，《浙江学刊》2020 年第 3 期。
② 根据 2018 年 5 月、2019 年 4 月镇综合治理办公室 XHF、M 村妇女主任 SQM 提供材料和访谈整理。

创意打造有特色、有亮点的庭院景观。

第三，志愿服务，群策群力。为了使广大妇女积极投身争创"美丽庭院"行动中，大麻镇妇联联系各村妇女，成立自己的团队。M 村各"巾帼志愿队"，走进优美庭院改造户。首先，志愿者们坐在一起，发表了自己对这户庭院的改造建议。其次，经过相互讨论并达成一致意见后，志愿者们辅助农户打扫卫生、清理庭院，或帮助户主安装了花架，在捡来的松果上涂上鲜艳的颜色。最后，经过大家的齐心协力，使得卫生情况有了很大的改变。在整个活动过程中，志愿者们明确分工，积极合作。通过志愿者以点带面，以户促户，助力美丽庭院的创建。

第四，建设"生态微庭院"。在人居环境整治过程中，不少村民发现，将房前屋后堆放的一些杂物清除之后，通过土地平整，感观上得到了一定的提升，但是如果可以在此基础上，再加优化，或许更能提升环境品质。根据村民反映的情况，大麻镇提出了"生态微庭院"想法，利用腾退出来的空地，进行适当的改造，打造房前屋后"小花园"。鼓励村民在自家庭院内及周围裸露地植树种花，打造花果飘香的"生态微庭院"。

（二）优美庭院助力美丽乡村的经验

我们在看自我与他者与世界的联系时，强调的是文化的基础作用，文化的主体性和在多元发展中的认同、反思、创新和运用。[①] 在家庭花园发展和维系过程中，让当地居民形成一种花园文化意识，并接纳更多元的方式。在乡村家庭庭院，长期居家生活，也让人们有了时间和闲情打理家庭花园，并不断分享。中国庭院的历史和文化底蕴，在当下乡村振兴中，不断被唤醒，并延续到生态宜居的美好生活中。

1. 挖掘和保护地方文化，彰显地方特色

文化自觉意识下的文化转型和文化创新利用，也是当下乡村振兴，精神

---

① 参见费孝通：《论文化与文化自觉》，北京：群言出版社，2007 年；刘亚秋：《费孝通社会学思想中的主体性研究》，《西南民族大学学报》（人文社会科学版）2020 年第 4 期。（2018-05；2019-04，镇综合治理办公室，XHF；M 村妇女主任 SQM 提供材料；访谈）

建设，乡风文明的重要一环。以新媒体时代和网络空间的文化重组为背景，赵旭东从发展的宏观性讨论中国的文化转型。由人对自然的无所畏惧到敬畏，文化为人的需要服务；人通过不同的感知方式去认识这个世界，尊重人、自然和物质世界的多样性和统一性。[①]落脚到乡村社会的发展，广大村民主体对于文化的认识、理解和运用，也应在新时代有更丰富的形式和内容。从被动的文化接受、有限理解到主动创新、多媒体感知、文化表达。[②]

优美庭院建设中，多遵循"一院一景，一院一韵"的思路，因地因村制宜，适应新时代需求的各类元素，适应现代人生活需要的前提下，尽可能多地保留历史痕迹。[③]如在浙江大麻镇，对老村落的道路系统、排水系统进行适度更新改造，特别是对于一些角角落落和房屋间的空档，需要着重加以利用和改造，房前屋后一些角落和真空地带，精心谋划，形成"旧轮胎花盆""瓦片围栏"等景观，将原来脏、乱、差的死角打造成一个个美丽的盆景亮点。[④]"宜居"与"宜文"的优美庭院，旨在在庭院改造和建设过程中，融入民俗、文化、风情等元素，充分展现"美丽乡村"的淳朴民风和文化，也更容易被村民接受。

2. 以人为本，人造自然

一是庭院修饰遵循以家庭为核心，以人为本的理念。如在庭院墙面图文设计上，融入良好的家风、家训，倡导文明、绿色的生活方式。二是在设计上，保持人文"自然美"。如前文房前屋后的断点改造，废弃地，使之成小广场、小公园等供人们使用、休憩的公共场所，但保留绿化和自然面貌，在其中植入宏扬中华文明的各类元素，将这些地方打造成为人们用得上、看得

---

① 赵旭东：《从社会转型到文化转型——当代中国社会的特征及其转化》，《中山大学学报（哲社版）》2013年第3期。

② 张静：《乡村振兴背景下的乡贤与地方社会治理》，《生态经济评论》，北京：中国社会科学出版社，2018年。

③ 张静：《乡村振兴与文化活力——人类学参与观察视角下浙江桐乡M村经验分析》，《中华文化论坛》2018年第4期。

④ 任姝玮：《把"小盆景"连成"风景"》，《浦东开发》2018年第8期。

上的美丽所在，以提升村庄的舒适度。农家庭院这样一个天然的基层细胞成为大众向往的宜人宜居宜业，文明和谐美丽的好地方。

"人造自然"的家庭花园与常态化。花园建设与维护在个体家庭中成为常态需要实践和情感上的花园归属感，需要乡村（城市）整体规划，注重精神建设和个体情感的共同作用。一些乡村地区，部分家庭庭院修葺处于起步和试点阶段，在中国美丽乡村和优美庭院建设中，需要因地制宜，建立长效引导机制，培养家庭对花园建设和维护的长期爱好和习惯。每个家庭都很爱惜自己的花园，并精心打理，花园成为家庭的一部分，甚至是家庭生活的重要内容，花园建设需要长时间的积累和情感上的用心，在当下的优美庭院中，注重庭院修建后的维护、爱惜对家庭情感凝聚、对最终美丽乡村、美丽中国的建设有重要意义。

3. 注重美丽乡村建设的整体布局

优美庭院不应是乡村振兴战略中的临时措施，而应该是建设美丽乡村，提高人民生活质量和幸福指数的长期实践。这需要将优美庭院建设融入国家总体布局，统观美丽中国建设部署，联系不同地域美丽乡村建设实际，不断在实践中保持。当下，部分地区乡村优美庭院建设，也逐渐与农家乐、旅游、民宿等经济建设融合，为村民带来更多创收途径，带动了乡村经济增长。培根《论花园》曾说花园是"人类一切乐事中最纯洁的，它最能愉悦人的精神，没有它，宫殿和建筑物不过是粗陋的手工制品而已"。乡村优美庭院营造除了承载居民日常活动需求的功能，也在改造中也不断融入乡土历史、文化等元素，形成独具当地文化和环境特色的场景和场所，让美丽庭院成为村民身心健康的栖息地。

第二节 文化礼堂：
乡风文明与精神文明建设

农村公共文化建设是社区永葆活力的助推器，稳定而富有活力的乡村社会，是中国现代化顺利转型的基础保障。阎云翔通过东北下岬村的经验，认为私人生活的变革导致的村庄公共文化的衰落，是非集体化后，国家对地方社会干预减少的结果①；吴理财等人认为，改革开放以来中国农民个人或家庭提供的私性文化活动较为丰富，而政府或组织提供的公共文化活动却日益式微。文化建设与经济发展相辅相成，没有经济的强有力支撑，村民文化发展只能望洋兴叹；只追求经济实力的提升，则会造成发展畸形。党的十九大的"乡村振兴战略"目标既要稳步提升农业综合生产能力，又要推进农村美丽建设，农村的全面和谐发展。

2013年，浙江省率先提出并开展了农村"文化礼堂"建设，以"文化礼堂，精神家园"为定位，打造公共文化服务体系升级版。让"文化礼堂"成为公共文化服务职能的服务者和乡村精神文化家园。②在浙江多个村，"文化礼堂"成为村集体文化活动和村民参与公共事务的主要场所：传统节日和

---

① 阎云翔：《私人生活的变革：一个中国村庄里的爱情、家庭与亲密关系1949—1999》，龚小夏译，上海：上海书店出版社，2006年。
② 谢会昌：《乡村文化礼堂内涵建设研究》，《甘肃科技》2016年第6期。

特色文化习俗也因"文化礼堂"的各类活动而被更广泛地了解；多彩的各类文化活动极大丰富了村民的休闲娱乐和文化生活。

一、M 村文化礼堂多彩的活动

在 M 村各类活动中，既有本村组织的，也有与邻村互动的，有村民的个人才艺展示，也有集体性的文艺活动，使得村民日常生活更加充实；"文化礼堂"使敬老文化得以在村民生活中充分体现落实，同时辅助居家养老的日常时间，不仅能够给村里老人提供一个舒适休闲的好去处，还能鼓励老党员、老干部和村里有声望的老人继续为乡村的德育及文化教育事业尽一份力。在 M 村文化礼堂，也存在丰富多彩的乡村风情活动。

（一）休闲集聚

M 村文化礼堂，除展览村务日常工作，年度、季度先进党员，年度最美村媳妇、最美志愿者及光荣榜信息外，每天下午四五点钟，村农闲者，多数是老年人会聚集在这里，或几人围坐"闲聊"，或四人一桌打牌、打麻将消遣。文化礼堂前边是篮球场，周末村里年轻人也会在此打篮球；旁边是居家养老服务中心，和文化礼堂相结合，聚集村里老人，丰富他们的日常活动。

（二）文化会演

文化礼堂一楼还经常被用作"文艺演出"舞台。例如，2017 年 9 月 26 日，为喜迎十九大，丰富村民业余生活，营造良好的文化氛围，打造 M 村美丽文化新气象，大麻镇镇党委和镇文化站联合 M 村在文化礼堂展开"喜迎十九大 奋勇当先"文艺演出。该镇是越文化的中心，在村民之间，越剧也繁荣至今。镇、村文艺演出中，越剧是必备节目。在本次文艺会演中，《十八相送》《穆桂英挂帅》《送凤冠》等越剧上演，另有歌舞剧《唱支山歌给党听》《五水共治》等。文艺演出以群众喜闻乐见、轻松欢乐的方式将村民在日常经济劳作中解放出来，利用空闲时间，融入村文化创造和共享中，同时加强本村村民间联系、合作，加强与邻村村民、村委会之间联系，在文艺比赛中，增强集体荣誉感、参与感，是建设乡村文化，丰富娱乐生活的有利方式。

（三）礼堂音频

因文化礼堂是村委会日常管理和运作的一部分，也是及时联系村民，反映民情的平台。文化礼堂会不定期推出"音频栏目"，从村书记，到党员，到先进村民，会在特定时间，通过广播形式，向全村读最新政策文件，村集体事务安排预告，以及党员学习心得，最美党员、先进个人分享等。如在村书记为村民读《之江新语》中的《打好"团结牌"》："懂团结是真聪明，会团结是真本领。团结出凝聚力，出战斗力，出新的生产力，也出干部。在团结问题上，'一把手'更应带好头，起好表率作用。"[1]

文化礼堂是"实现精神富有，打造精神家园"的重要载体，将村民之间口头传承的民俗传统、乡贤闻人、治家理村的家训格言、群众性文化活动和农事活动等丰富的文化资源整合在一块，以及各具特色的主题文化墙，使农村文化礼堂呈现出百花齐放的良好局面。

（四）家风乡传

在文化礼堂开展"树文明家风，建和谐家教"活动，也是礼堂的重要日程内容。首先，妇联主任在M村文化礼堂会议室里讲明好家风，好家教的重要性。其次，妇联主任带领大家看了相关的宣传教育片，期间下面的村民在交流各自的家风家教。再次，妇女主任总结了宣传教育片的内容和精神，带领大家回味影片的意义和目的。村民各自上台讲讲自己的心得体会与想法。最后，妇女主任总结了大家的心得体会与想法，并宣传如何树立文明家风，建立和谐家教。

---

[1] 习近平：《之江新语》，杭州：浙江人民出版社，2007年，收入习近平同志自2003年2月至2007年3月间在《浙江日报》"之江新语"专栏发表的短论232篇。这些短论提出了推进浙江经济社会科学发展的正确主张，并回答了现实生活中人民群众关心的一些问题。

二、以文化空间凝聚共同体精神

培育和壮大农村内生力量的过程，其实就是在综合考量农村内外部环境的情况下，借助政府和社会等外部力量对村庄内部各种有利于发展的内部因素进行激发，村庄资源整合不断增强的过程。[①]

在文化礼堂进行的各类活动可以增强村民之间的感情和相互信任，巩固乡村社群的社会关联和认同感；传统节日和特色文化习俗也被更广泛地了解，有利于优秀民间传统文化的保护和发展；成为村民议事集会交流意见的公共场所，是民主参与公共事务的有效公共平台，也是一种能力的有益锻炼和培养。农村"文化礼堂"实际是一种对乡村公共空间的整合建构，并在实践中促进村落共同体的振兴。[②]其中我们可以看到集乡学、宗祠、文艺舞台、社交场所、议事大厅等于一身的功能整合思路。它强调因地制宜，充分发挥本地乡土特色。无论是和谐健康的社会，还是农村发展，最终的落脚点是"人全面发展"。M村在不断探索村庄治理与发展新机制的同时，也不断"培育"促进人发展的新资源、新环境和多元化的治理网络系统。使文化与社会资本的力量在乡村振兴战略中不断彰显。

在文化活动空间上，该镇还充分利用了文体中心，含镇图书馆、伯鸿城市书房、农耕文化馆、社区文化家园等公共文化设施，基本满足城乡居民使用需求。农耕文化馆位于隔村民俗文化博物馆内，主要展示村的历史信息、乡风民俗以及陈列农耕用具，内部还设有十八般兵器。现在每年元宵前后，在村文化广场上都会举行民俗会、舞龙比赛，场面壮观，吸引数千人前来观看。

传承优秀的民间习俗，在纷繁夺目的新媒体、新潮流中，发挥民间习俗的精神和亲属连接作用；村文化礼堂的组织活动与长期发展与村民日常生活

[①] 杨守宝、王全美：《资源再造和内源性机制形成的路径选择——新农村建设的能人视角》，《乡镇经济》2008年第1期。

[②] 毛一敬、刘建平：《乡村文化建设与村落共同体振兴》，《云南民族大学学报》（哲学社会科学版）2021年第3期。

紧密联系，成为其日常娱乐，精神家园，参与公共事务不可分割的一部分。为更好地培育村民的文化自觉意识，应进一步加强村图书阅览室建设，让阅览室不再形同虚设。提高图书阅览室使用率和加大宣传力度，鼓励与城市地区进行教育和图书来源方面的合作，建立社会图书资源互通、共享；注重长效机制。解决文化礼堂活动组织较为松散，活力不足的问题。在不影响村民日常正常生产生活的前提下，确实可以形成相对固定日程的活动；加强城乡互动机制，促进文化教育资源的互通等。

第三节　生态景观：治理赋能与行动自觉

  2012年党的十八大首次提出"美丽中国"的概念，强调把生态文明建设放在突出位置。2013年中央一号文件正式提出"加强农村生态建设、环境保护和综合整治，努力建设美丽乡村"的要求。美丽乡村是"美丽中国"建设的重要组成部分，并在新时代探索乡村如何更好发展，对乡村振兴战略具有现实意义。2012年以来，在浙江诸多镇村，开展了优美庭院的创建工作，取得一定成效的同时，也面临诸多挑战，需要从乡村整体布局出发，从现有实践中总结出路，也需要不断向外界学习更好的做法，实现乡村生态宜居的长效性、可持续性。

  乡村振兴，生态宜居是关键。近年来，我国农村生活垃圾排放量迅速增长，但垃圾分类治理严重滞后，给农村人居环境和居民健康带来严峻挑战。垃圾总量大，农村生活垃圾成分逐渐多样复杂，除塑料、玻璃制品垃圾快速增多外，电子垃圾、废旧电池等数量不断上升，严重污染农村人居环境。①农村垃圾污染问题引起政府的高度关注：2017年，党的十九大报告强调，要"开展农村人居环境整治行动"，并开启首批100个农村生活垃圾分类处理及

---

① 李玉敏、白军飞、王金霞等：《农村居民生活固体垃圾排放及影响因素》，《中国人口·资源与环境》2012年第10期。

资源化利用的示范县（区、市）项目；2018年，《农业农村污染治理攻坚战行动计划》印发，将农村生活垃圾治理列为重要着力点。[1]尽管政策逐步介入农村生活垃圾处理，[2]但当前乱堆乱放、混合收集仍是我国农村生活垃圾收集的主要方式，农民环境责任感较弱，垃圾分类处理的积极性偏低。[3]

村庄打造宜居的生态系统，改善人居环境，要结合内部系统和优势，多路径探索。如D村结合集市文化和红色文化建设，进行村容村貌改造；M村积极开展垃圾分类和"环保酵素"行动，既丰富村民业余生活，又让"绿色文化"深入村民心中，建设美丽和谐的生态乡村。

一、人居环境：D村村容改造

D村在红色文化辐射和集市发展影响下，不断美化人居环境。既有前文提及的2014年"苗木花卉"栽培、种植已试运行，总目标是培植3000亩花卉，现在由个人承包200亩进行实验。2014年培植出来的花卉以最低价格卖给村民，栽种于房前屋后，使得整个村落看上去在一片绿叶红花中，环境和村民的心情、精神面貌均得到改善。再有，扩大古会发展和红色文化宣传等积极效应，D村连同周边多村进行村容村貌统一改造。

> 大伯集和刘家庙渊源流长，地理位置也比较近，所以大伯集村的红色文化辐射，对我们村也有积极影响。所以我们村容村貌也是县、镇里重点打造设计的，包括我们村直通大伯村这条路也是重点进行了改善，栽种大苗木，拓宽路面，改造下水道，污水处理等都进行重新治理。这对村级发展和惠及老百姓来说，都是很好的事儿。环境的改善，容貌整

---

[1] 姜利娜、赵霞：《农村生活垃圾分类治理：模式比较与政策启示——以北京市4个生态涵养区的治理案例为例》，《中国农村观察》2020年第2期。

[2] Yeqing Tong, Jiafa Liu, Sizhe Liu. China is implementing "Garbage Classification" action. *Environmental Pollution*, 2020.

[3] 操建华：《乡村振兴视角下农村生活垃圾处理》，《重庆社会科学》2019年第6期。

治等现在都有很大的一个改观。

根据党委政府的整体构想,建设"和美片区"。一是整体粉刷村貌,村民房屋外立面,面积在16000平左右;二是主要从宁化路、巷道等,进行道路硬化方面环境美化,栽植苗木。对主要路口儿、巷道进行"亮化",重新安装路灯。在主干道——宁化路两侧,安置小栅栏,栽种木槿、石楠秀、大女真等,路两侧墙壁粉刷等,总投资在200~300万元。

另外呢,根据这些扶持,对农田水利建设重新进行了改造,投资200多万元。包括对所有的机井,对农村的灌溉条件等有很大的改善。(刘家庙书记XSG,2024-05-06)

村村辐射和积极的相互影响,还在持续。邻村刘家庙不仅在乡村风貌、生态建设、路面修缮等积极响应,调动村多数妇女,参与公益环保队伍中。此外,在D村红色文化挖掘和革命精神积极影响下,刘家庙书记说,村里

图6-1　D村向南与刘家庙村相通主干路

百年的"庙"也在重修，吸引了更多村民参观和祭拜，同时也注重挖掘和传承乡村文化。通过墙面绘制红色故事、弘扬传统道德观念等方式，传承乡村的文化遗产，彰显乡村的独特魅力和特色，提升乡村的文化价值。这一系列举措不仅增强了农民的文化认同感和归属感，也成为了参观路上的靓丽风景线，切实推动了村环境质量的提升和乡村振兴的实现。

为进一步扩大集市、红色文化的积极影响和辐射作用，县、镇政府也维修了其他沿途的主干道，比如县道039（宁阳—西河）段。该路段是镇多个村通县城的主要交通干道，于2022年8月16日开工建设。此次改造工程主要包含路面清理、扩宽、建设排水沟、铺设沥青、划线、安装路灯，于中小路十字路口增设智能红绿交通信号灯一处，总投资430余万元，对上争取200万元。路段改造升级后，大大提升了县道039的整体道路通行质量，保障了周围居民的生产生活和出行安全，同时还缓解了国道342的交通压力，有利于加快东疏与外界的交流，为建设"西部新区 富美东疏"奠定坚强的交通基础。①

发展集市经济，挖掘传统文化及发挥辐射作用，D村正走在乡村向城镇转型发展的路子上。G书记介绍说"我对于城镇化的理解，是教育、医疗、卫生、交通等与城市同步发展，整体质量上虽然暂时无法与城市并肩，但设施配备，服务指标要逐渐健全。集市点所在D村服务设施和村内功能基本和镇驻地—大社区基本一致，也逐渐向小城镇迈进。但更有利的是，集市远离喧嚣的城市，空气质量好，在城镇居住比在城市居住会更舒服，且随着交通的不断发达，进城购物更加方便，居住不用急，人家关系更加融洽。文化纪念馆建成后，我们再进一步建设文化广场，不仅发挥多元作用，我们村中妇女闲暇时间也能在广场上活动，集聚跳舞，更进一步促进村民文化交流。"（GJG，2015-02-14）

---

① 参见公众号"富美东疏"：《宁阳东疏|通车！东疏镇这条重要道路通车了！》，2022年10月8日，https://mp.weixin.qq.com/s/sl_5_7f9Nu3BvByYKdznHw。

在村容村貌改造，周边主干道路硬化完善中，D村不断结合传统集市、文化的发展，也推动了乡村生态振兴。D村发展辐射周边村民往来，集市圈扩大，类似施坚雅论述的"基层市场区域"，且区域的经济功能和行政功能有一定重合，并相互促进。在生态景观重塑行动中，基层政府和村两委积极带动，全民参与，再造乡村社会资本和文化资本，赋能乡村全面治理。

二、行动自觉：M村环保实践

生活垃圾的集中处理本质上是以一定场域为基础的农户公共物品的合作供给行为，其动态均衡是个体因素与农户决策社会环境因素相互作用的结果。[1]村庄自然条件，经济水平是生活垃圾集中处理效果的外部主要影响因素。环保意识和集体行动的参与水平是保障农村生活垃圾治理效果的关键因素。无论是经济发展与生活质量的协调，还是环境整治、建设美丽乡村的重大战略任务，目前在农村循序渐进推进垃圾分类，加强生态文明建设，具有重要现实意义。

M村由于纺织纤维和加工业的发展，当地村内外河水也受到一定污染，对居民生活、健康都带来一定影响，如在M村2007—2016死亡人数及原因统计（见表6-1）中，除老龄化下的正常死亡，也有一定比例的溺水死亡和癌症死亡：在2012年，该年死亡25人中，8人死于癌症，癌症死亡率高达32%；因生活用水、空气受到污染而带来的人体健康疾病已严重影响到村民正常生活，也引起人们对环境污染治理和环保的重视。

表6-1 2007-2016死亡人数及原因

年份	人数	部分死因及数量（个）	比例
2007	21	车祸1	5%（=1/21）

---

[1] 许增巍：《农村生活垃圾集中处理农户合作行为研究》，西北农林科技大学博士学位论文，2016年。

续表

年份	人数	部分死因及数量（个）	比例
2008	21	溺水 2；脑癌 1；肺癌 1	19%（=4/21）
2009	20	食道癌 1；胃癌 1；肝硬化 1	15%（=3/20）
2010	18	肝硬化 1；食道癌 1	11%（=1/9）
2011	20	胰腺癌 1；胃癌 2	15%（=3/20）
2012	25	食道癌 2；肺癌 4；肝癌 1；胃癌 1	32%（=8/25）
2013	11	癌症 1	9%（=1/11）
2014	15	肺癌 3；肛肠癌 1；溺水 1	33%（=1/3）
2015	21	肺癌 2；溺水 1	14%（=1/7）
2016	11	癌症 1；溺水 1	18%（=2/11）

多年来的乡镇经历以及从事垃圾分类工作的亲身体验，TYF对基层垃圾分类工作深有感触。生活垃圾分类目前实行的都是四分类法，因为各类垃圾的性质不同，笔者认为分类最困难的，当属易腐垃圾的分类和收运，因为易腐垃圾在产生时往往与其他垃圾是一起的，且易腐垃圾是有机物，放置时间一长会霉变，产生污水和异味。（TYF，2019-03-01）

当地人在推进特色乡村企业发展的同时，开始关注生活和生态环境，努力实现有质量的发展。近两年，镇、村两级对污水倒灌河流、生活污水排放进行监督检测，并开展水生态修复、种植水生植物等措施来改善环境。此外，该村在垃圾环卫设施建设、垃圾处理和利用上，也在不断探索适合本地的模式和策略。

（一）垃圾分类实践

垃圾分类是保护环境、节约资源的重要手段之一，也是建设"生态宜居"乡村的重要一环。通过垃圾分类，将改变原来传统的垃圾堆放、填埋方式，将可回收垃圾回收利用，有害垃圾无害化处理，减少污染，节约资源，变废为宝，改善生存环境质量，进一步推进美丽庭院建设。

针对大麻镇的垃圾分类实践具体而言，第一，为推进大麻镇生活垃圾分类工作，提高垃圾处置效率，实现生活垃圾减量化、资源化和无害化的目标，该镇行政村（社区）开展农村生活垃圾分类知识培训会，合计培训党员、村民组长、居民代表等200多人。就生活垃圾分类工作的背景、意义，生活垃圾分类标准、垃圾分类收集设施设置及标识导则，垃圾收运体系、垃圾回收处理流程和垃圾分类宣传工作等方面的理论知识进行了授课指导。第二，大麻镇进一步推进分类设施设备扩面提升、生活垃圾分类示范点建设、健全餐厨（厨余）垃圾和有害垃圾收运体系，并将在镇区光明路全面取消垃圾桶，实行垃圾上门收集，打造示范街道。以大麻镇目前在推进的光明路商业街垃圾分类运输项目为例，初期准备工作，首先是相关工作人员进行入户宣传，并发放两种颜色的垃圾袋，对普通垃圾和餐厨垃圾分类后，打包投放到垃圾桶，镇、村保洁人员上门收运。其次是保洁物业公司做好分工，在2019年7月30日正式运行。最后是在对农户垃圾分类管理上，由原来的"三分法"（有害垃圾、餐厨垃圾和其他垃圾），到现在"四分法"（有害垃圾、餐厨垃圾和其他垃圾、可回收垃圾），增加了可回收垃圾。早先进行垃圾分类时，因为在农村老百姓家，可回收的垃圾（物品）都自己收集卖钱，保洁人员上门基本上收不到，现在随着经济收入增加、环保和垃圾分类的宣传，村民正在养成垃圾分类、回收处理的习惯。

对于有害垃圾，因其在日常生活垃圾中所占比重较小，一是该镇实行村民累计到一定数量后，由保洁员上门回收的规则；二是在公共场所设置一些有害垃圾的收纳袋，村民自觉投放；三是各村开展"分类小能手—有害垃圾兑换"长期活动（见表6-2）。

表 6-2 有害垃圾积分兑换

有害垃圾积分				物品兑换			
序号	物品	单位	积分值/分	序号	物品	单位	积分值/分
1	过期药品	瓶/盒/板	1.0	1	笔	支	4.0
2	消毒药水	瓶/罐	1.0	2	书写本	本	8.0
3	纽扣电池（电子）	节	0.5	3	牙刷	支	8.0
4	电池（5号、7号）	节	1.0	4	餐巾纸	包	10.0
5	废灯泡	个	2.0	5	牙膏	支	30.0
6	废灯管	根	2.0				
7	过期化妆品	瓶/支	2.0				
8	废温度计	支	2.0				
9	充电器电子电路板	个/块	2.0				
10	打印机墨盒	只	2.0				

各部门工作人员积极参与宣传，村民拿出平日里收集的有害垃圾、可回收物进行了分类投放，现场工作人员对有害垃圾数量、可回收物重量进行了确认并记录在个人的"绿色存折"上，依据积分兑换规则当场兑换相应奖品。在 M 村建设美丽乡村，环境治理的过程中，不断推出地方特色的具体实践，开展生态文明建设，改善人居环境。

（二）环保酵素实践

环保酵素，是发酵过程的一种、是混合了糖和水的厨余（鲜垃圾）经发酵后产生的棕色液体的通俗称法，所产生的发酵液体有柑橘般的刺激气味。

环保酵素的制作材料为厨余垃圾,节省金钱、用途广泛,对环保起着很大的作用。

如2017年10月10日,在M村村文化礼堂开展的"厨余生活制酵素,绿色文化传村坊"制酵素活动。镇妇联主席带领地村民收集新鲜的果皮、蔬菜叶等材料;收集完毕后,妇联主席在文化礼堂向村民介绍酵素制作的流程,大家分工处理材料;最后,将材料依次放入塑料圆桶中,经有氧、厌氧发酵后产生的酵素,可制作酵素皂、酵素洗手液,替代各类化学洗涤用品。

因酵素材料多取生活厨余垃圾(剩菜、剩饭、菜叶等)、果皮、树枝树叶等,用于厌氧消化生产沼气或堆肥,就地或就近资源化,具有变厨余和鲜垃圾为环保清洁剂,节省家庭开销的作用。① 此外,丢弃的厨余垃圾会释放甲烷废气,比二氧化碳导致地球暖化的程度高21倍,在垃圾分类中减少厨余垃圾,不仅可以减轻分类负担,还有净化水质、净化空气、改善土质等效果。

此外,除发动村妇女群体参与环保酵素实践外,村镇青少年儿童也通过亲身实践,学习酵素知识,提升环保意识。如在镇中心学校酵素手工皂的制作。"首先把皂基加热融化,然后由同学们选择自己喜欢的颜色和香味滴入精油、色素、香精、起泡剂、酵素等,充分搅拌再倒入模具,大家相互沟通,相互协助,井然有序地完成了每一个步骤。经过充分的风干凝固后同学们小心翼翼地把自己亲手制作的酵素皂进行脱模,一块块精美、带着香味的手工皂大功告成。"②

在当前乡村振兴全面实施中,人民的美好生活需要不再是单一物质层面的渴望,而是多元化、全面性的需要集合体。③ 经济发展是提高居民生活质

---

① 薛玲、苏志国、张淑萍等:《农村生活垃圾四分类法的实验研究》,《中国人口·资源与环境》2016年第2期。
② 公众号"桐乡市大麻镇中心学校",《【麻溪德育】争当环保"酵"主,"皂"出环保生活》,2021年4月1日,https://mp.weixin.qq.com/s/tT8r45dzQ53wvMjdP402fg。
③ 田鹏颖、田菁:《动态演进视角下新时代人民美好生活的新特征、新要义》,《学习论坛》2020年第6期。

量、增强环保意识的基础,在农村基础设施不断完善、村民经济收入多元化的趋势下,需完善相应的经济补贴、公路交通等配套措施,为出行、垃圾处理与输出、吸引就近就业提供基础。此外,通过多种方式,包括"互联网+"赋能,利用农村电子通信、微信、微博等新兴传播媒介创新宣传方式,提供更多接受环保、生态建设的信息渠道,营造人人参与、人人有责的氛围,全方位引导居民环保意识。

第七章

秩序再造与平衡：内源式发展推动治理创新

第七章　秩序再造与平衡：内源式发展推动治理创新

"实施乡村振兴战略"是新时代乡村全面发展的总纲领，"产业兴旺、生态宜居、乡风文明、治理有效、生活富裕"是乡村发展的总要求。乡村振兴需探索更加健康、协调的治理之路。当下，乡村治理呈现多元化趋势，即治理主体，治理手段，治理资源的多元化。

在两村中，乡村内源性资源在乡村振兴新时代的发展与创新。乡村精英多元化，一是通过乡贤参事会，将村内不同类型的精英组织起来，共同参与到乡村建设中；二是吸纳外来人才，不断壮大治理精英群体；三是经济产业上不断丰富，借助本土的非遗文化、景观生态，发展乡村旅游；四是借助互联网，发展线上文创产业；五是在村共同体空间上，突破传统的家庭、社区、礼堂等现实载体，发展了微信群、公众号等虚拟空间。人们的交往和精神共建共享渠道多元，在传统邻里相助的基础上，不断发展出新共同体精神。

总结治理有效的经验、秩序建构图景，讨论乡村经营、振兴的可持续模式。第一，乡村内源性发展动力包括产业发展和经济振兴的根本动力；强有力的政策执行力和合作式治理是关键；培育文化自觉和创新意识是长效之本；地方性知识和社会资本是基础。第二，乡村治理创新路径：运用网格治理提高效率；深化"三治融合"，全面提升乡建能力；建立健全长效反馈机制。第三，治理振兴中的乡村秩序重构和治理模式；探寻乡村经营的可持续性。

乡村治理手段和过程最终目的都是发挥村民自主性和实现最大限度的乡

村社会公共利益。把中国乡村社区视为具有乡村社会的文化结构和社会结构的共同体，重视作为文化体系的共同体和作为社会结构的村落之间复杂的关系，才能更好地找到乡村社会变迁的动力。中国乡村发展具有内生性，乡村利用自身特有的权威、文化网络和"自治"资源，不断在社会变迁中实现自身发展。在对不同区域乡村治理实践效果思考的基础上，以发展为本，在实践中提升农民的主体地位，文化感受能力，促进人的全面发展。

第七章 秩序再造与平衡：内源式发展推动治理创新

第一节 以内源式发展推进全面治理

一、乡村精英多元化

（一）D村精英多元化

D村近几年也一直不断增加着多个行业的经济致富、文化精英。如CYS，40岁左右，开了医疗器械相关的公司，在周边多地跑业务。他还在疫情期间给村里和学校捐了防疫资金、医疗器械、口罩、酒精、体温计等。村卫生所的DWL在疫情期间也给镇、村、学校捐了不少物资。ZHQ，50岁左右，在村儿里卖猪饲料、鸡饲料。生意做得比较大，也向外批发等。DJG，近几年自己开办了鞋厂小作坊，也是年轻人经济致富的代表。DYZ，30左右，他既是种粮大户，也在合作社代收粮食。DGQ，40左右，之前在国外打工，做厨师。回家乡之后，在村打靶场南边，开了个奶牛厂。大概100多头奶牛，主要卖牛肉，盈收颇丰。

本书D村主要的访谈人，DAS也是实实在在在村里奉献的文化精英。

> 我也是为家乡做贡献的，1998年参加工作后一直在大伯小学任教，风风雨雨二十五载，要干到六十退休。我上的师范学校，初中毕业之后，1995年上了三年宁阳师范学校，1998年参加工作。后来又函授的专科，

现在又报上本科，估计明年就能拿本科证。活到老学到老！（DAS，2024-05-06）

（二）M村乡贤参事会

2018年4月12日下午，大麻镇G村召开乡贤参事会成立大会。村干部、联村干部及乡贤参事会全体会员等参加了此次会议。经过前期广泛动员和推荐，乡贤参事会成立工作筹备小组，在宣传发动的基础上，经细致考察推荐，共推选乡贤参事会成员35名，选出人员涵盖了优秀企业家、青年创业能手、党员干部、劳动模范、经济文化能人等不同群体。乡贤参事会要积极参与乡村治理，走好这条基层社会治理创新之路。充分发挥乡贤的亲缘、人缘、地缘优势，以参事会为平台，为家乡发展多做贡献。2018年12月17日，大麻镇B村乡贤们聚在一起商讨该村黑鱼养殖项目的退养工作，以更好地推进上级征迁工作，并为此进行大量的前期调查和协调工作，制定退养方案，通过第三方公司评估，按照每亩价钱赔偿给养殖户。一些村的乡贤们也积极参与到垃圾分类的督导队伍中，不断发挥引领作用。虽然新乡贤嵌入乡村治理过程中所蕴含的治理逻辑及其能在多大程度上提升乡村治理能力，各地情况及预测不一。①推进乡贤参与的自主性、积极性将是不断改善的过程。

乡村振兴要解决好培育新乡村精英的问题，更要创设条件让精英更好地发挥作用。②第一，需要能带动乡村经济发展，平衡乡村治理的带头人。能对外适应社会主义市场经济的不断发展升级，对内公平公正，带头致富，共同富裕。第二，乡村发展离不开治理有序，乡村稳定和谐。这需要乡村治理骨干和有专业技术的新乡贤。第三，乡村发展的出路，除基于原资本基础，乡土产业和社会网络之外，还需不断拓展新路子，发展新产业，这需要农村创业的新农人：下乡、返乡、懂农业、爱农村、有情怀、有资本、有能力

---

① 付翠莲：《乡村振兴视域下新乡贤推进乡村软治理的路径研究》，《求实》2019年第4期。
② 黄华等：《基于内生理论的我国乡村发展模式研究》，《小城镇建设》2021年第3期。

的人。

在实践中，江浙新农村走在发展的前沿，全面提升公共文化服务，镇政府为各个村配备"文化下派员"，实现"一村一文化专管员"。同时加强公共文化设施建设、加强公共文化服务供给、加强文艺队伍建设和文艺精品创作、加强公共文化管理体制建设等，以全面提升公共文化服务水平，实现常住人口公共文化服务全覆盖。

长远来看，乡村发展还需要可持续性的规划。现在乡村及镇相关部门与专业规划师、规划公司合作，为规划发展"把脉"，对症下药的同时，也"量体裁衣"，为长期可持续发展奠基。

二、治理共同体虚拟化

（一）微共同体：微信群

社会秩序，简单说就是"社会得以聚结在一起的方式"[①]。具体是指社会中的行动主体之间的相互关系及其活动，以及在此基础上形成的社会连接形式。从传统乡村生活共同体，到不同区域大小的，一定地域内的群体组织，再到新媒体支持下，"微"网络空间——微信群，成为不同时空下，人们交流交往的纽带和方式。

在当前的乡村振兴实践中，几乎村村都建立起内部的村民"微信群"，村民与村委微信群，村委与镇联微信群，不同群体、不同层级进行着相同或不同的信息沟通与交流。在微信群这一虚拟的、共享的信息空间，村民也能直接熟知村镇相关信息，上传下达。

村民通过微信群从不同地域的现实空间走向网络公共空间，经过长期互动形成了合作场域，在其中进行问题剖析、社区学习、舆论监督、加强邻里关系、开展媒介动员等一系列活动，实现了"离散化"村庄的再次聚合，将"半

---

① （美）西摩·马丁·李普塞特：《一致与冲突》，张华青译，上海：上海人民出版社，1995年，第12页。

熟人社会"转变为"熟人社会"。微信群中的在场和互训是关键因素,村民通过集体的虚拟在场和互相规训再造了"公共人",从而维系了乡村秩序。①

(二)新载体:视频号、公众号

今天的互联网时代,智能手机的普及,各种程序发明并迅速膨胀到我们日常交往的生活之中。微信便是在此过程中经由中国人之手而被发展出来,进而直接影响到社会关系中每一个人的生活。微信群及朋友圈上的点击互动、分享鼓励成为一种团体性生活的基本模式,并成为一种日常的需要,尽管彼此之间并非真实而是虚拟的在场。这是可以涵盖更大范围的社会团结模式的社会网络的构建,曾经相互分离开来的个人借助新媒体的平台而重新虚拟地在一起,彼此之间互动交流,相互分享彼此的知识、经验和认同。这种虚拟空间的群的生活方式将不在同一场域的人们联系在一起的,分享和体会彼此互联、相互鼓励分享的乐趣。

D村除类似现在诸多行政村,及隶属的镇政府等,有自己的公众号,村务微信群等外,还因集市文化、红色文化传播,发展了较多专门性虚拟平台。如公众号、视频号等。视频号"东疏张锐",作为镇政府相关部门,该视频号截至2024年6月1日,发布村,尤其是和纪念馆相关的内容200余条。有的内容点赞数达500个,无论内容还是被关注度,这在村镇视域内都是非常有影响力的;另外视频号"哲文传媒"等,主要原创D村所在县域内等人文、生活、历史、文化等内容,如2024年4月27日,在D村春会开始之日,发布当日村集市街区和春会特有的经济交易、文娱项目、特色小吃。村内外的村民,尤其是在外求学、工作的年轻人,在视频号里回忆这"赶集、赶会"的童年:"小时候赶个大伯集也要盼好长时间"(A村民留言),"最美桑梓地,悠悠故乡情,人间烟火气,七百载传承"(B村民留言)。

M村借助"微信"这一微型和虚拟的共同体形式,以"公众号"的形

---

① 牛耀红:《在场与互训:微信群与乡村秩序维系——基于一个西部农村的考察》,《新闻界》2017年第8期。

式，及时分享村历史文化，名人典籍，时政要闻和日常生活。如2017年11月15日的推文，介绍正在消失的习俗"十月朝（zhao）"——十月朝是一个扫墓的日子，过去许多家族都会在这一天去为先人扫墓，叫做"十月朝上坟"；2018年2月26日的推文"年味淡如水"：以对比形式说由之前的走亲访友，主人家炒六七个菜其乐融融到现在过年流行请客，或请大厨烧一桌子菜，但缺少春节做客的味道；由过去除夕左邻右舍的小孩子放鞭炮到现在各自窝在家里打王者荣耀；以及压岁钱越来越多，却不如以前拿着有限的几十元压岁钱有幸福感……

通过微信公众号，推出相关文化和村务信息，使村民在工作间歇之余也能及时了解村古今乐事，既是娱乐的一种形式，也是连接村民整体的新形式。此外，M村村委的工作小组也有自己的微信群，例如"M村镇联络""下乡小分队"等村务群、党员联系群，村集体事务发布群等。微信群内聊天及回应也能较好地反映村民对当前村务工作的满意程度，加强村民工作参与，以及村委会与村民之间的联系等。微信群及公众号虽不能完全取代现实的村务工作平台和沟通渠道，但不失为当下"微时代"一种有效的辅助形式。

除实践形式多样，在日常村文化活动的推进上，M村配合镇妇联工作，推出"最美媳妇""最美志愿者""最美家庭"及"家风家训"评选活动。既扎实推进全镇社会主义核心价值体系建设，建立良好道德规范，构建共有精神家园，树立和宣传一批事迹感染人、品质引领人、精神激励人的基层先进典型，努力形成"弘扬最美、学习最美、争当最美"的社会新风尚。

三、文化转型与行动自觉

文化不只是外在的表现形式，还包括基于文化理念转化的历史遗风、娱乐表演、大众传媒下的多种表达等。培育和创新"文化理念"也是当下建设美丽村庄的重要内容。在M村近一年多的生态建设实践活动中，通过美丽庭院建设、垃圾分类、"环保酵素"等，既丰富了村民业余生活，又让"绿色文化"深入村民心中。

(一) 培育和创新"文化理念"

垃圾分类在我国取得一定成效，但仍路长道远。目前在各地试点的生活垃圾细化分类的实践中，还应积极增强居民参与意愿。这种积极参与的意愿受到宣传主体的多元性、空间硬件设施配备的完善性、监督形式、激励措施的有效等因素的影响。如在 M 村镇，除环保工作人员入户宣传和普及垃圾分类知识，该镇妇联会不定期举办垃圾分类宣传讲座、组织垃圾分类亲子活动等。居民参与意愿也会受居民生活的公共空间和环境的影响，也需从自身做起养成习惯。对于乡村公共空间，除了村委会建立的公共活动场所，邻里间饭后聚在一起聊天的村巷街道，日常劳作的田间地头，以及老人打牌、念佛地点等空间不一的场所，可以通过信息沟通、交流和互动，促进信息的传播以达成合作和集体行动的意愿。[1]这对于推动环保实践，助力乡村发展，甚至推动健康优质老年社会建设等有实际意义。乡村社会具有亲朋邻里形成的社会网络，受到人情、面子的文化影响，在相互之间行动的压力下，也有力促进形成行为响应，进而改善自我环保和垃圾分类配合的选择。

除在垃圾分类等环保实践中，配备适合的硬件设施，政府相关部门也应做好"软件"服务，建设好促成个体行动的良好环境。结合农村的自然环境、社会结构、社会关系等对村民形成"规训"机制。[2]美化人居环境，完善基础设施，除政府在政策、资源的支持外，最重要的还是调动当地居民的积极性，如乡村新乡贤群体的资源带动整合作用，[3]在教育宣传、分类知识普及，鼓励行动上，居民个体合作等。让居民切身感受到环境保护的必要性

---

[1] 许增巍、姚顺波：《社会转型期的乡村公共空间与集体行动——来自河南荥阳农村生活垃圾集中处理农户合作参与行为的考察》，《理论与改革》2016 年第 3 期。

[2] 蒋培：《规训与惩罚：浙中农村生活垃圾分类处理的社会逻辑分析》，《华中农业大学学报（社会科学版）》2019 年第 3 期。

[3] 王文龙：《新乡贤与乡村慈善：资源整合、项目对接与激励机制创新》，《云南民族大学学报（哲学社会科学版）》2020 年第 2 期。

和环境改善的意义，以调动起行动的积极性。在环境这一公共问题上，没有旁观者，广大群众应成为主力军，垃圾问题关系到全社会的每一个人，治理垃圾污染，应该从每一个个体做起，发挥居民在治理垃圾污染方面的重要作用。[①]

（二）深化宣传，形成文化自觉

"市民做好垃圾分类不存在所谓素质不够，干湿分开很简单易行，仅习惯培养而已"。在市民反馈中，一些积极的回应多是因为暂未养成垃圾分类从家庭做起的习惯。从日本、德国、新西兰等国外垃圾分类的成功经验中，我们也可看出，"习惯"是垃圾分类长期推行的关键。日本的垃圾分类是母亲手把手教的；德国小朋友从幼儿园开始，垃圾分类就是课本的重要内容，上学后即进入学校的系统性和积极性宣传及环保知识传授中，所以既要有相应意识的强化，也要有在强化中促成文化自觉。

农村生活垃圾分类处置工作难点在"分"，关键点在全民参与。镇深化宣传，灵活利用各种宣传方式和途径，结合人居环境提升行动，利用"纳凉晚会""文化快闪"等形式，通过微信公众号、宣传物品等渠道，让农户知晓、掌握生活垃圾分类知识，提高农户对垃圾分类重要性的认识，让群众做好垃圾分类。

积极宣传环保理念，提高环保意识。如在儿童、青少年学校教育中，加强环保意识教育和实践引导，并通过他们的言行对家庭成员在环保行为上产生积极影响；在老年群体中，可以通过村集体休闲活动、聚会机会等，为老人做环保知识宣传，通过动画、影片等生动轻松的方式进行互动影响。

（三）长效机制，促成行动自觉

生态环境是关系党的使命宗旨的重大政治问题，也是关系民生的重大社

[①] 北京市政府赴日本考察团：《日本东京都垃圾管理经验与启示》，《城市管理与科技》2010年第1期。

会问题，需要各地区各部门坚决担负起生态文明建设的政治责任。[①]落实这些战略措施需要将各方参与主体的主动性调动起来，参与到当下的系统实践中，并共享建设的成果。费孝通从社会关系角度来理解"自我"，在讨论自我与世界的关系时，经常强调文化的基础作用，其实他的内心有一个"文化自觉"的关怀。[②]"文化自觉"强调文化的主体性，涉及国家、社会和个人三个方面，"觉"即为文化自觉的过程，经历从最初的文化自发到文化觉醒，再到文化认同和文化自信，然后基于此进行文化反思和文化创新，而后两者往往循环往复、交融进行。文化自觉是在文化自发的基础上多元文化主体对自身所处文化以及相关元素的认同、自信、反思和创新。[③]文化自觉意识下的文化转型和文化创新利用，也是当下乡村振兴、精神建设、乡风文明的重要一环。

村民个体在优美庭院建设中仍缺乏自觉性、可持续性。在走访的多个乡村优美庭院建设中，镇、市相关部门领导多次提到，目前的优美庭院建设还处在"上级出点子，村民随指挥"的阶段，也就是相关部门带着策划、工具和技术指导到各家进行规划和实践，一些村民仅仅是配合改造实践，但之后在打理、维护和再创新上，积极性较弱。有的家庭庭院长时间不打理，改造中的庭院又回到原来面貌，耗费了人力财力，却只见短期效果。所以鼓励农户积极参与与自身相关的房前屋后整治，将集中整治和长效管理同步推进，切实巩固整治成果，也一直是M村镇在实践中不断探索的。

全域秀美行动中，村民自治是法宝，以积分为抓手、以小礼品为激励手段，充分发挥村民的主观能动性，强化村民的参与率、获得感、满意度。"一张奖状兑换了一袋大米，平时自己多注意房前屋后的整理，多参与志愿活动，还能有奖品，这个活动挺好的！"5月27日上午，在大麻镇人居环境

[①] 郭永园:《理论创新与制度践行：习近平生态法治观论纲》,《探索》2019年第4期。
[②] 刘亚秋:《费孝通社会学思想中的主体性研究》,《西南民族大学学报》(人文社会科学版) 2020年第4期。
[③] 费孝通:《论文化与文化自觉》,北京：群言出版社,2007年。

全域秀美暨环境整治爱国卫生运动集中攻坚推进会的现场,不少村民都领到了一袋大米,这是大麻镇作为鼓励村民全面参与人居环境整治的一项措施,只有广大村民都行动起来,才能真正实现全域秀美。"一开始我们就以为是打扫卫生,后来网格员巡查到我们村坊上,帮我们清理房前屋后的垃圾,后来又指导我们如何装扮周边的小花园,原来不光是打扫卫生,这更是一种思想观念的转变。"村民们互相说道。

人居环境整治工作的主体是村民,让村民自愿加入赛场,能够赛出成绩是关键,这就需要各村网格长、微网格长、党员干部身先士卒,带头动起来,才能真正将这项工作长久保持下去,营造良好的人居环境。随着大麻镇农村人居环境整治工作的不断推进,农户房前屋后的卫生问题成了环境整治工作的重难点,为深入推进农户房前屋后卫生整治,镇委召开了人居环境全域秀美现场推进暨三治融合积分管理现场会,通过现场观摩的形式,重点让各村借鉴学习好的经验,更好地进行房前屋后的整治。让亲自修葺的花园成为家庭的一部分,甚至是家庭生活的重要内容,需要长时间的积累和情感上的用心,在当下的优美庭院中,注重庭院修建后的维护、爱惜对家庭情感的凝聚,对最终美丽乡村,美丽中国的建设有重要意义。

总之,激活乡土文化活力,推动乡村文化转型。文化自觉意识下的文化转型,也是当下乡村振兴,精神建设,乡风文明的重要一环。以新媒体时代和网络空间的文化重组为背景,赵旭东从发展的宏观性讨论中国的文化转型。由人对自然的无所畏惧到敬畏,文化为人的需要服务;人通过不同多样的感知方式去认识这个世界,尊重人、自然和物质世界的多样性和统一性。[1] 落脚到乡村社会的发展,广大的村民主体对于文化的认识、理解和运用,也应在新时代有更丰富的形式和内容。从被动的文化接受,无知理解到主动创新,多媒体感知,文化表达。

---

[1] 赵旭东:《从社会转型到文化转型——当代中国社会的特征及其转化》,《中山大学学报》(哲学社会科学版)2013年第3期。

第二节　以治理创新推进秩序再造

乡村振兴战略旨在通过建立健全城乡融合发展机制和政策体系，加快推进农业、农村现代化的实现，让乡村农业居民的生活富裕起来，使城乡居民能够一道步入全面小康社会。[1]有效推进乡村振兴诸多措施，应该具备治理主体的协同化、治理方式的精细化、治理手段的复合化和治理目标的现代化。[2]江维国等认为要推动乡村振兴"落脚生根"、取得实效，乡村基层治理需有效响应顶层设计，针对自身与乡村振兴内在要求的偏离，创新乡村基层治理体系，健全乡村治理逻辑，进而形成治理合力。[3]乡村振兴执行有效，需从政策执行基础、过程和考核体系等方面进行整体布局，推进地方经济发展与农民经济性相结合；提升基层干部统筹规划、层层落实的能力，激发他们服务城乡一体化建设的内在动力，不断发挥新时期基层干部乡村振兴"领

---

[1] 王博、朱玉春：《论农民角色分化与乡村振兴战略有效实施——基于政策实施对象、过程和效果的考评视角》，《现代经济探讨》2018年第5期。

[2] 李博、杨朔：《乡村振兴中"治理有效"的实践路径与制度创新——基于陕南汉阴县"321"乡村治理模式的分析》，《云南社会科学》2019年第3期。

[3] 江维国、李立清：《顶层设计与基层实践响应：乡村振兴下的乡村治理创新研究》，《马克思主义与现实》2018年第4期。

路人"的作用。① 镇、村组织处理好政策执行与主体配合的契合度，充分发挥农民主体的自觉性、积极性；此外，还应充分再挖掘和再利用乡村的社会资本，利用礼俗社会的基础，以新型社会组织带动个体参与到乡村建设的实践中。

一、乡村振兴的内源性动力

在 M 村及所在镇的乡村振兴实践中，通过打造优美庭院这一具体措施，可观其有效成果：经济产业在新模式的探索中不断前行，乡村风貌和家庭景观欣欣向荣，个人在致富、追求生活质量的实践中，发挥智慧，积极参与等。

（一）经济基础与产业振兴

经济发展是乡村振兴的物质基础。吴理财等人讨论乡村经济包括集体经济的繁荣和家庭经济的富足。繁荣的集体经济表现在乡村整体产业兴旺，为乡村社会的基础设施建设、贫困救济家庭提供雄厚的经济保障，从而使整个乡村社会生活日益自主与活泼；个体家庭富足保证了家庭不再为生计问题而奔波，并且可以形成更多元化的精神文化追求，进而使家庭的日常生活更为丰富多彩。②

在 M 村，家纺企业成为当地人主要的谋生手段，如 M 村全村 594 户，开布机、纱机的占到约 60%，整个轻纺行业占 80% 左右。③ 该镇自 20 世纪 80 年代初出现第一批丝织机加工户至今，已经历近 40 年的发展历程，家纺机器已更新四代，从木质，到金属机器，再到自动化设备，家纺机器的不同

---

① 马蓓:《乡村振兴，基层干部是关键》,《人民论坛》2018 年第 28 期。
② 吴理财、魏久朋、徐琴:《经济、组织与文化：乡村振兴战略的社会基础研究》,《农林经济管理学报》2018 年第 4 期。
③ 张静:《乡村振兴与文化活力——人类学参与观察视角下浙江桐乡 M 村经验分析》,《中华文化论坛》2018 年第 4 期。

类型表示着不同的家庭经济收益、企业规模和发展前景，目前多数家庭是第二、三代机器，家庭成员也基本是"在家务工"，农业生产则由老年人负责。当地流行一句"承包到老"，就是说农田由老人做的意思。起初，家家户户还种些水稻，现在水田基本都租给养殖户或承包给种粮大户。

"产业兴旺"推动乡村振兴。在家纺企业发展的基础上，当地人也充分利用丝绸历史文化，更加注重品牌影响。"茧乡丝绸文化馆"将中国传统文化与丝织技艺文化相结合，馆内展示着老式的脚踏纩丝车、老木丝织机等丰富的馆藏品，蚕茧、生丝、面料、织锦书画等。"桑之未落，其叶沃若"，中国是世界上最早饲养家蚕和缫丝织绸的国家。丝绸代表了中国悠久灿烂的文化，通过将民间老木纺纱车、丝织机等原样复制，展示传统种桑养蚕过程，丝织技艺，丝绸手工绘画工艺，现在已成为该市科普教育基地，让青少年学生领略丝绸知识，寓丝绸文化于教育之中。茧乡丝绸文化馆不仅有助于古老丝绸文化的集中展示，也有助于提升茧乡品牌的知名度。"有品牌才有话语权，随着企业的发展，我们越来越感受到品牌的重要性。"桐乡市丰达丝织有限公司负责人羿礼锋说，以后本地人和外地客商可以通过茧乡丝绸文化馆直观感受茧乡品牌的丰富内涵，为企业发展注入强大的品牌动力。此外，2019年，茧乡丝绸文化馆的"丝绸画缋"被评为嘉兴市非物质文化遗产的代表性项目，对带动地方文化的传承具有标志性意义。

在D村，除传统集市经济继续在新时期繁荣外，村集体通过古集古会也迎来新机遇和新发展。集市共同体是人们为满足生产生活需求而主动构建的实践群体，并体现着强烈的地方性。M村集市不仅包含丰富的商贸民俗，还在挖掘和传承红色文化的推动下，形成一个特有的文化空间和生活空间，建构新时期的群体关系，村村、村域与县域的联结。[①]集市凝聚民俗文化、红色文化，营造着公共生活空间，如新建的仿古一条街，联合了商业、农业、文化，也融合多地往来游客，成为实现城乡融合的重要空间载体。

集市经济及经商环境下，带动了家庭鞋厂作坊的进一步扩大，既给那些

---

① 谭萌：《集市：民俗学理解日常生活的新视野》，《民俗研究》2022年第1期。

没有正式工作的农村女性提供就业机会，填补生活与生计开支，且时间灵活；又进一步吸引中青年返乡，就地创业或就业。有经商头脑和经验的人积极加入集市拓展的互联网经济交易活动中，从事特色农产品销售，或者做起服装和线上销售等。集市已经成为一个助推城乡融合发展的交互空间。[①]集市发展及红色文化辐射下的村域多元发展也嵌入在县域经济的转型升级中，推动了劳动力、资本、信息等城乡要素的双向自由流动和城乡基本公共服务一体化。来自城市与乡村的各类要素在古集上自由流动，为居民的日常生活提供了极大便利，为农村居民带去了资金收入和优质的公共服务。

（二）镇、村组织与执行力

中央政府对乡村振兴战略的实施与推进需要各级政府根据顶层设计，结合地方实际，制定具体的实施规划。在具体实践和最后成效中，基层干部队伍是乡村振兴的核心。基层政府的主导作用体现在规划、协调、引导、战略选择等方面。[②]M 村及所在镇在具体实践中，坚持政府引导，与行政村实际相结合，因村制宜；发挥党组织的带头作用，充分学习他人经验，提升全镇乡村规划和建设者的眼界和水平；镇妇联组织加强组织引导和领导力，注重落实，发挥广大妇女的智慧；最后落实到政策和方案的具体执行，需要村委组织鼎力配合，群策群力。

第一，在基层政府的领导和组织中，坚持政策统筹引导和实践指导相结合。在统筹方面，引导镇各部门学会与各群团组织"联姻结亲"，借势借力助推各项工作，要学会资源整合、优势整合，借助各方的优势共同提升。在实践指导方面，除因地制宜的原则，学习地方经验，补充自身不足。例如2019 年 5 月，根据市里相关部署，镇政府组织"美丽宜居示范村、传统村落农房设计落地"专题研讨班的学习培训，组织各部门和镇街道相关人员

[①] 马海龙、赵梦雪：《中国式现代化进程中集市助推城乡融合发展问题研究——基于山东阳信集的考察》，《湖北民族大学学报》（哲学社会科学版）2024 年第 2 期。

[②] 蒋永甫、宁西：《乡村振兴战略：主题转换、动力机制与实践路径——基于文献综述的分析》，《湖北行政学院学报》2018 年第 3 期。

及部分村书记，前往建德、桐庐等地，参观考察当地的农房规划落地和国家级美丽宜居示范村的建设情况。M村村委书记SGQ和镇环境办主任TYF在参观学习后，总结道：建德胥江村根据其自身独特的优势，依山而建、蜿蜒曲折、高低错落。桐庐狄浦村以其历史文化底蕴为背景加以很好的保护与传承，使古物、古建筑完美地呈现在时代的潮流中。富阳东梓关村以富春江整治为切入点，实施村社搬迁，实行高起点规划，高标准实施。这些村庄走出了新农村建设的样板和标杆，每个村尊重历史，尊重自然，使历史文化与自然资源的结合得到有效的发挥，古老的村庄和新村集聚相结合。同时敢于创新，抛弃传统守旧思想的束缚，真正为民所想，充分尊重村民的意愿，解决村民的实际困难。在村落设计与美丽宜居中，因村制宜，得到村民的认可与支持，才使工作更加顺利，使村民更加安居乐业。

第二，镇妇联作为连接上级政策和广大D村妇女群体的中介，其政策推动力和较强的领导力，是推进乡村活动实践的重要力量。在大麻镇妇联主席XHF身上，淋漓展现着对妇女工作的热情和责任心，在笔者每一次对她的访谈中，在微信看到其对镇妇联工作的推进和总结中，都感受着她的强有力的组织和领导。如她在2018年妇联工作中总结四点：立足自身岗位，统筹日常工作；发挥妇女作用，助力中心工作；围绕重点工作，办好现场宣传；打造亮点工作，设立妇女微驿站。其中她在总结经验，安排2019年下半年工作中，指出坚持"思想引领提升执行力"即思想决定行动，行动决定效果，效果决定结果，提高妇女干部的政治站位，提升妇女干部的执行力是做好妇联工作的先决条件。提升执行力关键是一个"干"字。2019年她带领11个村1个社区的妇女同胞通过具体的项目和活动载体凝心聚力带头干，雷厉风行踏实干，解放思想高质量干，发挥妇联作为党委政府的纽带作用，贡献"半边天"的智慧和力量。

第三，村书记及村委执行力是落实政策的最基本力量。村级组织是农民主体的代言人，同时也往往是促进农民与政府、市场主体实现合作的重要中介。为了更好地团结各种乡村振兴主体，并实现各项工作的完美契合，村级组织要主动自觉地促进多方合作。特别是村级组织需要充分发挥衔接作用，促进乡村振兴主体与各项工作的密切结合。^①在大麻镇 M 村,村书记 SGQ 充分调动该村党员力量,鼓励他们加入村"自组织",参与讨论村内治理事务,参加村企业走访、安全检查,村河道治理,以及村务会议旁听中;在自身行动中,积极引导,为村民当好参谋,积极发挥村干部的领头羊作用,凝聚共识;在执行政策中,发挥村民个体的积极性,尊重乡村能人,如村内退休乡村教师、技术人员等,鼓励其充分发挥所长,在乡村发展中助力助策。

(三) 主体自觉与活力激发

内部因素是决定事务发展的关键。实施乡村振兴战略也需牵住"农民主体",重视农民的主体性作用。基层干部队伍是乡村振兴的核心,"有文化、懂技术、会经营"的新型职业农民队伍是实现乡村振兴战略的主力军。[②]乡村振兴也需要培育乡村振兴的内生主体,包括新乡贤、技术专家、企业家、创业者等,通过资源禀赋结构的升级,逐步使乡村从外生性发展转向内生性发展。[③]2018年中央一号文件强调,要培育富有地方特色和时代精神的新乡贤文化,积极引导和发挥新乡贤在乡村振兴和乡村治理中的积极作用;习近平总书记在党的二十大报告中明确指出:"全面建设社会主义现代化国家,最艰巨最繁重的任务仍然在农村。"坚持农业农村优先发展,坚持城乡融合发展,畅通城乡要素流动。加快建设农业强国,扎实推动乡村产业、人才、文化、生态、组织振兴。在乡村振兴实践中,我国东部沿海地区基层政府纷纷搭建"乡贤回归"工程,陆续成立各类新乡贤组织,如广东清远,浙江德清和上虞等地设立乡贤理事会。[④]20多年来,浙江全省各地乡贤会、乡贤馆、乡贤工作室等犹如雨后春笋般涌现出来,乡贤群体也从传统年长的地方能人,不断拓展到经过多年打拼成长起来的离土离乡的农村青年返乡创业就

---

① 徐顽强、土文彬:《乡村振兴的主体自觉培育:一个尝试性分析框架》,《改革》2018年第8期。
② 马彦涛:《谁来担负乡村振兴的重任》,《人民论坛》2018年第12期。
③ 张丙宣、华逸婕:《激励结构、内生能力与乡村振兴》,《浙江社会科学》2018年第5期。
④ 姜亦炜:《新乡贤组织助推乡村振兴》,《中国社会科学报》2018年9月12日。

业，甚至在地方企业发展中，成为行业骨干。①

第一，村镇乡贤已积极参与到乡村建设中。乡贤参事会是"一约两会三团"的重要组成部分，是完善"三治融合"的一个重要载体。今年初以来，大麻各村纷纷成立乡贤参事会。大麻镇相关负责人表示，乡贤参事会实现全覆盖只是一个新的起点。未来将按照"一约两会三团"的构架，深入挖掘"乡贤文化"，传承"乡贤文化"，更好地引导乡贤助推"三治融合"，助力乡村振兴。

第二，村镇充分发挥了广大妇女的凝聚力和战斗力。M村尝试建立妇女微驿站，同时在微驿站组建"麻花议事团"，议事团根据妇女议事会工作实践，创新摸索出了一套较为规范、完整的妇女议事制度，通过议事活动，让妇联执委、妇女组长、热心群众参与到镇村中心工作来，一方面妇联执委们通过议事活动，作为妇联一分子的自我价值得以实现。另一方面通过事事商议着办，实现干事更顺畅，并激发个体家庭妇女们的参与感、积极性。

第三，村镇通过比赛的方式，增强村民个体、家庭之间的比拼力，带动相应方案的推行。如镇、村组织数码摄影基础知识培训班，让有兴趣的村民学员跟随指导老师，结合理论学习、实践操作、户外采风，记录乡村振兴方案的实践成果。这种方式既鼓励村民用自己的镜头展现乡村的美景，也通过"对比"，对参赛作品在公众号推送、展示，让全镇人民向自己喜爱的创意庭院进行投票，评选创意大奖，激发乡村生活活力。

（四）"地方性知识"网络与文化振兴

文化振兴是新时代乡村建设的灵魂。盘活和合理利用乡村传统民俗文化资源，发挥村民公共文化场所的凝聚性，通过村民集会活动增强体验感、参与性；发展农村公共文化，通过农村娱乐活动等方式，增加农民之间的公共交往，在交往中获得人生体验，恢复农民生活的主体性价值②；培育农民的公

---

① 郭占恒：《新时代乡贤助力乡村振兴和共同富裕的浙江实践》，《湖州师范学院学报》2023年第5期。

② 贺雪峰、谢丁：《乡村建设的中心是文化建设》，《文史博览》2005年第12期。

共理性或公共精神。① 建设特色田园村庄和生态乡风,以推动实施乡村振兴战略。

乡村最大的特点是礼俗社会。乡村的风土风貌、乡规民约、民俗文化、邻里人情等都是乡村文化的鲜明标签,承载着华夏文明生生不息的文化基因,成为联结村民之间的社会资本。② 民众日常生活中的价值规范、伦理道德和行为规则等所构成的文化系统成为有别于国家意识形态、法律法规和精英文化的大传统体系的"地方性知识",在社会发展变迁中,在社会内部冲突的解决中发挥作用,促使社会生活方式更具自然性、和谐性和包容性。③ 这种基于人与人、人与自然、人与社会相统一的乡村文化,邻里关系、人情和面子等人们日常生活的重要网络要素,影响乡村社会关系,并维系乡村社会的生产、生活秩序。④ 个体之间由此形成乡土社会共同体的信任、互惠和集体合作,构成乡村社会发展的社会资本和基础依据。在乡村振兴中,参与主体之间直接或间接的情感,熟人社会关系在促成集体行动中提供合作性动力。⑤

1.在M村文化兴村的过程中,不断表现出村落治理的新生制约或推动力量。上级镇政府对于文化建设的支持成为"微型"权力文化网络的最大支持者,在"文化礼堂"的建设中,镇政府除给予政策上、批准程序上的支持,还引导开发商投资,使得该计划较快投入实践。文化礼堂成为村民聚集生活的公共领域,村内外的人在此聚集、进行情感交流,逐渐形成一种"精神共同体",这一共同体也是一种新的"社会文化网络",它更多的是村际之间文化交流与社会资本建构的功能。现任书记在新型城镇化背景下,规划

---

① 吴理财:《个体化趋势带来多重挑战乡村熟人社会的重构与整合——湖北秭归"幸福村落"社区治理建设模式调研》,《国家治理》2015年第11期。

② 刘志刚:《乡村振兴战略背景下重建乡村文明的意义、困境与路径》,《福建论坛》(人文社会科学版)2019年第4期。

③ 高丙中:《现代性与民族生活方式的变迁》,天津人民出版社,1997年。

④ 赵霞:《传统乡村文化的秩序危机与价值重建》,《中国农村观察》2011年第3期。

⑤ 李金成:《社会资本视角下乡村振兴动力探析》,《农村经济与科技》2018年第17期。

新农村建设。建设美丽庭院,整治河道,处理堆积垃圾,使得整个村落看上去处在一片生态良好,欣欣向荣的环境中,村民的心情、精神状态均得到改善。①

M村镇在"优美庭院"建设中,受益的是生于斯、长于斯的村民,而这项工作的持续推进,更离不开他们的助力。广大农户拉起左邻右里同心共筑和谐人居活动。邻里之间,家家行动、人人参与争创"优美庭院"的热潮。每天早上起来,大麻镇Y村村民CJC总要把屋里、院里收拾得干干净净的,然后再对院里栽培的花花草草进行修整。除了装点好自己的小家,她还积极带头动员邻居妇女主动融入,积极作为。社会文化与人们的日常生活互渗,实践既是策略性的个人行动,也是文化再造和社会秩序重塑的途径。大麻镇这种邻里相互招呼,一起做事的习惯,在新乡村活动中保留下来,成为相互之间一种默契;村民之间形成的各种形态的组织,不仅是个人的集合体,它还具有系统的功能与作用,能够把个人的行为及力量汇聚起来,形成具有强大能量的网络,组织成员在网络系统中为了共同的目标而相互作用,共同努力。

2. 在D村红色文化和古集古会文化的发展带动下,M村形成了新时期的农村文化共识,也无形中培育和强化了农村文化自信。文化自信是乡村文化振兴的精神指引。红色文化与乡村传统文化融合发展,以资源化整合形成乡村振兴的资源优势,发挥文化产业的经济振兴作用,并以经济发展推动文化扩散与传承。当前,M村在胜利广场新建"华东野战军'攻济打援'指挥部纪念馆"新展厅,3D技术赋能,及多渠道线上传播,让村内外的更广的群体体验、认识和升华理解革命精神,强化了乡村治理中的村民"共同在场",促进村庄集体归属感和荣誉感的提升。②在纪念馆复建过程中,还设计营造"游客服务中心""新时代文化艺术中心""射击馆""国防教育拓展体

---

① 张静:《乡村振兴背景下的乡贤与地方社会治理》,《生态经济评论》,北京:中国社会科学出版社,2018年。

② 邬家峰:《网络技术结构性赋能与乡村治理数字化转型——基于江西省赣州市村务微信群的考察》,《南京农业大学学报》(社会科学版)2022年第3期。

验区"及"少年军校"等,且在建设过程中,乡镇干部代表等入场,为村民参与乡村治理提供了国家权力依靠,形成了国家与村民对乡村发展的"双重注视",推动着乡村治理和发展的现代化、多元化。

综合探索乡村治理与乡村振兴的道路与实践。以经济发展为动力,促进产业振兴;以村级组织执行力为保障,促进政策实施;以村民主体自觉,在集体事务中,强化集体感,聚集"精神共同体";以地方性知识构建新时期"社会文化网络",促进村际之间文化交流与社会资本建构。此外,警惕不同地域,不同镇、村之间盲目的学习。区域不平衡、地区平衡性发展是社会,尤其是发展程度不同的乡村社会运行的总体状态,这要求不同区域,不同镇、村在实践中,应根据当地实际,利用自身优势的同时,取长补短。从整体性视角,凝聚结合地方特色和优势的共建行动力,最终实现共享乡村振兴的成果。

二、建立长效机制,促进乡村秩序重构

当前,M村家纺企业走向更加健康、共富、和谐的方向。如何处理中国农村工业化进程中的地方政府、市场与农民的关系。农民、农村社区、农村基层政权三位一体,不可分割;在村治理发展中,需要思考传统文化、基层政权在农村工业化、现代化发展中的作用,同时挖掘在市场经济发展的背景和活力下,农民如何更好地发挥自身的主观能动性,适应和融入市场,致富安居。同时,要因地制宜地推动村干部的职业化和专业化,持续完善村级组织的队伍建设。如在M村及所在镇进行的"网格治理""微治理",划小治理单元,实现治理的简约和高效。最后,让"文明宜居"成为村常态。推动新时代乡村振兴战略需要激发乡村治理活力,推进乡村文化自觉和文化转型。M村利用自身优势,因时制宜,传承优秀民俗,建设现代文化礼堂,培育生态文化理念,引导村民自觉文化意识和接受多样性文化,辅助和加强乡村文化治理,以实现富裕、和谐、文明、宜居新乡村风貌。

在D村传统集市古会活力激发中,衍生更多"集市+"产业形态,带动

更多的自主创业、谋业，吸引周边多村中青年在村就业等；结合红色文化挖掘和全面带动的文旅效应，扩大宣传，辐射更多群体，成为县域青少年红色文化教育的阵地；古会戏剧文化的发扬，通过更多民俗曲艺的展演，丰富农村老年人的精神生活，也将传统精粹文化，在儿童、青少年一代传承。同时，在经济与文化双重带动下，村两委创新更多治理和发展方式，增强村民的主动性、自主性，结合村历史及当前优势，抓住机遇，推进乡村全面发展。

在两村发展、治理经验总结中，强化村务规范，执行有效，村民参与和创新机制等共同发挥作用，形成乡村建设和发展的长效机制，实现乡村治理振兴。

（一）构建乡村治理的长效机制

第一，以整体性为原则，推进乡村五位一体发展。在两村的发展与治理实践中，以乡村能人为治理主体，以村原有的集市、家纺经济为支柱，挖掘传统古会文化、红色文化和遗产文化，推进文化振兴，同时结合政策指引，美化村容村貌，促进生态文明建设。虽然 D 村在村务治理、文旅全面发展，但是吸引年轻人就业和 M 村在家纺转型、生态建设可持续性上仍在探索。

全面小康，覆盖的领域要全面，是五位一体全面进步，促进现代化建设各个环节、各个方面协调发展。[1]乡村振兴总体布局是经济、政治、文化、社会、生态文明建设全面发展的总体布局，蕴含着富强、民主、文明、和谐、美丽的目标。这就要求以"整体性治理"（holistic governance）[2]探索各要素之间的配合和协调，统筹不同社会系统的作用。整体性治理主张社会治理从分散走向集中，从部分走向整体，从破碎走向整合，以传统有效手段和当前信息技术相结合，以整体性视角对个体与家庭发展，经济转型，乡村文化活力和社会整体运作进行公共资源配置，以上下顶层设计与地方发展特殊

---

[1] 郭如才：《学习习近平总书记关于全面建成小康社会重要论述》，《学习时报》2021年7月12日，第5版。

[2] 竺乾威：《从新公共管理到整体性治理》，《中国行政管理》2008年第10期。

性的配合，全面把握国家大传统体系与地方小传统的统筹、平衡。有序的社会运行，需要主体上（镇）基层权力主体，村委一层乡村精英和村民三方在各自运行空间，有序，且做到相互信任、协调、合作；需要资源上传统与当下需求结合，进而传承和转化、创新；需要环境上的政策支持、市场活力和精神文明建设相辅相成。最后，主体、资源和环境在三维空间里通力合作，实现平衡有序发展。（见图7-1）

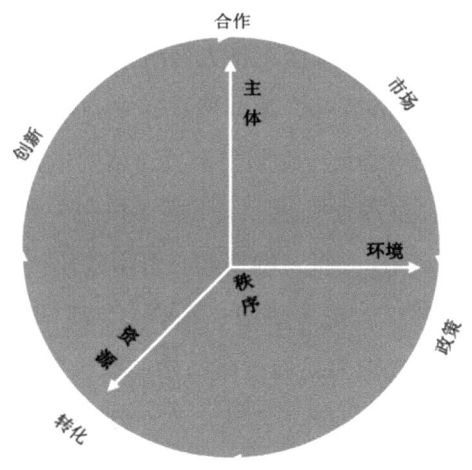

图7-1 主体、资源、环境关系示意

第二，以微治理为手段，构建传统与现代的联结。（1）"微治理"主体全覆盖。"治理有效"强调乡村公共事务治理主体的多元化。以乡村建设为出发点，推进乡村振兴，要在政府主导下的村庄经营中坚持农民主体性原则。[1]如在D村当前以发展乡村文旅为主要内容的村庄经营中，既要吸纳更多村庄内部村民的主动参与，也要由农民共享相应经营收益。（2）从传统村庄单元拓展到"微治理"多元形式。在乡村发展和振兴背景下，乡村治理不断从单一主体、从上而下的治理发展到多元主体合作，上下互动相结合的治理格局。在社区体系上，要高度重视社区的适度规模问题，按照党

---

[1] 卢丛丛：《行政替代自治：乡村振兴背景下乡村建设的实践困境》，《地方治理研究》2022年第2期。

的群众工作的规律来选定基本治理单元。乡村治理效果看为民办的"小事"上，看细节。D村传统村庄治理单元以村两委为执行主体，以集市、村民小组为主要治理单位。但新时期，在集市和文化营造下，村内新就业创业群体、外来群体、文旅吸纳等多元群体类型，也应称为共治共享主体。M村及所在镇近年来实行"网格连心、组团服务"，在全镇12个村，建立了42个网格，300个微网格，以"平安建设"为目标，积极探索微网格、微治理、微服务，完善治理服务体系。在当下M村的网格治理、微治理中，实行三级公开制，打通连心体系。A村级：指大网格，包括行政村（社）基本情况（面积、人口、户数、网格情况、微网格数、中心户数、党员人员等），组织架构（党支部书记→网格长→专职网格员→微网格长→中心户），工作机制（先锋引领机制、信息排查机制、上下联动机制、矛盾化解机制）。B组级：指我们的微网格，制作一批"网格连心组团服务"公示牌，把微网格长（建议不拘一格选"家长"，把有热情、有热心、有知识的小组长、妇女组长、党员、群众骨干挑选作为我们的微网格"家长"），把人员身份、工作职责、服务承诺、联系群众、领办实事、工作实效亮牌。通过"微网格"日记本，记录工作点滴，突显工作成效。C户级：指我们的党员中心户，中心户带头人就是我们微网格长的助手，设计一张党员连心卡，口号："有事找党员"，一个党员中心户带头人要管好自己的这个"小圈子"，做到矛盾纠纷解决在圈内、解决在网内。（3）拓展当前的"微治理"平台，包括虚拟空间"微平台"。一是继续发挥传统载体作用，除村两委，如M村的"麻花议事团""乡贤参事会"等组织参与社会治理，拓展平安志愿服务渠道，推进基层平安志愿服务常态化、制度化、高效化。但在乡村振兴的实践中，原有社会系统的结构对于新行动有"制约"和"使动"两个方面的作用，即在限制或拒绝某种行动时，有助于开启另外行动的可能性。[①]如传统乡贤（能人）思想在当下社会受到诟病，一定程度上，村民对新乡贤集体发挥作用并未有

[①] 谢立中：《超越个人与社会之间的二元对立——"社会互构论"理论意义浅析》，《社会学研究》2015年第5期。

较大信心,或对于他们的活动漠不关心;但在实践中,新乡贤又组织和发挥着作用,如在集体行动中,发挥动员、增强凝聚力的作用。更多参与主体也会提高自身主体地位和文化感受能力。在这样的矛盾与统一中,我们也应辩证看待乡村振兴实践中的具体举措,结合地域特色,并给予一定的探索、试验空间。二是在当前"互联网+"环境下,创新多种"微空间"。现 M 村和 D 村在村务治理、村民协调中,运用多种类型的微信群,集中议事,体现民意和协商,同时通过村、镇相关官方公众号,及时通知、宣传村内外相关事宜,如村容整治效果,美丽庭院评比,村文化礼堂活动,红色文旅宣传等,以虚拟方式,超越时空局限,全民共享发展成果。(4)聚焦"微事务",促进乡村全面发展。在两村除传统村务治理,集市、家纺发展,文化传承及乡村生态等主要内容上,D 村也在数字经济推动下,发展农村电商和文旅产业数字化,这需要进一步完善政策支持,形成基于产业特色的品牌效应及专业电商人才;[1]M 村在家纺企业转型之中建立大型家纺产业园区,聚集产业规模。基于网格治理,专门针对园区设置网格与厘清责任,为园区企业良好有序发展提供治理支持。通过对微网格长进行岗前培训,在企业相关法律、税务、安全生产等业务知识上进行培训,提升共建共治共享水平;由微网格长牵头,对网格内涉及平安建设、企业经营发展中遇到的问题等进行协商,形成网格事网格内议机制;建立评优机制,年终对一批发挥好作用的微网格长进行表彰奖励等。在 M 村的非遗文化中,茧乡丝绸品牌效应扩大,还需要结合市场环境、文化传统元素的时代打造,拓展外部市场等。

第三,以内源式为根本,实现发展的可持续性。两个调研村——集市村与企业村在乡村发展中运用本土内源性资源进行治理与振兴。其一,聚焦乡村的精英、组织和文化资源,作为行为主体在乡村治理实践中,发挥精英优势,运用强有力的组织和执行力进行乡村合作治理;作为村民主体,村民能够对与自身利益紧密相关的公共事务自主付出、参与,促进强化利益共同

---

[1] 游雅娟:《数字经济背景下农村电商发展现状、困境及完善路径》,《商业经济研究》2024 年第 3 期。

体,提升乡村自治功能的有效性。[①] 在两个村原有的经济基础上形成的社会资本网络:集市圈和家庭企业亲属圈,在家庭、村庄发展中不断适应现代化挑战;乡村原有的历史传统文化资源,红色文化,非物质文化遗产等在当下社会的生命力彰显,乡村精英将这些丰富优秀的文化资源运用在乡村发展和治理中。其二,以家庭和社区为单位的乡村振兴实践中,乡村治理精英运用家和公共空间——社区、佛堂、虚拟空间,通过全民参与的社区文化活动,重新营造精神生活;在全面建成小康社会,追求发展治理和人民生活质量的目标下,乡村利用本土资源优势,创新多样化的文化治理、生态治理路径,打造乡风文明,村容整洁的生态景观。其三,乡土传统内源性资源也在挑战中不断探索新路子。传统乡村集市发展出网络赶集,在红色文化挖掘下乡村发展迎来新生机,如开展文明实践,围绕多核心、多主题的文化活动主题,联动全镇居民,参与文明建设活动。基于红色文旅宣传,举办形式多样的文艺汇演,知识竞赛,手工艺大赛等;家庭、企业和组织文化长期形成的乡村伦理秩序,在竞争市场转型中,整合配置各类资源,并激发乡村社会最本源的自组织能力,激活主体行动的"有效性"[②],新兴村内企业发展和电商经济。经济发展,物质生活丰富的现代乡村,丰富和催生文化生活的活力,不断提高人民生活幸福感,正成为当下乡村振兴的重要课题。

总之,乡村社会治理方法的创新,就是要牢牢把握推进国家治理体系和治理能力现代化的总要求,主动适应新形势,切实增强工作前瞻性,研究新时代乡村治理的规律,坚持立足当前与着眼长远相结合,遵循客观规律与坚持一切从实际出发相结合,形成有效推进乡村社会治理的路径、步骤、手段和方式,将资源、人力和治理问题转化成治理能力,引进新的治理理念和方法,进行细化和深化。最后,在参与观察基础上,总结乡村治理和发展对乡村社会秩序的影响和重构;两村在发展、治理中的经验;总结乡村经营和可

[①] 叶巨、马华:《乡村"微自治":实践检视与路径建构——基于"治理有效"的分析视角》,《理论与改革》2023年第1期。
[②] 陈智:《巩固拓展脱贫攻坚成果同乡村振兴有效衔接——论国家治理的"有效"与"长效机制"》,《西部论坛》2022年第6期。

持续发展的可能模式。

（二）推动乡村秩序的再造与平衡

当下新型城镇化背景下，我国乡村治理要想取得长足的发展，必须要把普遍性与特殊性结合起来。一方面要看到大村与其他村庄对于国家政策需求的共同性，另一方面也要抓住我们国家幅员辽阔，地区与地区之间经济发展速度、水平和历史文化背景的不同，完善对于乡村社会的治理的因地制宜性，在具体分析本地区政治、经济、文化等方面的特点之后，再来采取相应有效的政策措施。本文在对乡村研究的"村落""集市"范式的总结，兴村治理理论和治理内源性资源分析的基础上，着重分析了当前我国实施新农村建设、新型城镇化战略这一大背景之下村庄治理过程中呈现出来的内源性资源及优势，在面临外部环境及政策影响下，也存在治理资源的现代化挑战及问题。任何一个个案都有其自身的特殊性，大村的内源性资源的存在、利用和利弊不仅对于大村自身发展有影响，大村能人对资源的发掘、利用，大村集市在市场化中的演变，浙北村生态文明建设实践和两村文化资源的开发等对于其他农村发展与治理不无启发性意义。同时，两村基于治理主体、内源式资源和内外环境机遇，不断调整和重构乡村秩序。

1. 充分吸纳多元精英，完善乡村自治秩序

人，是乡村社会，是整个国家发展的根本力量和落脚点。在不同地域、领域行业，需要给不同类型的人提供发展，发挥才能的机会。在乡村振兴中，需要多元化的经营主体，如返乡就业、创业的高校毕业生，在外创业成功的返乡"乡贤"，校企合作的专业技术者、规划者和指导者，新生力量将资本、信息汇集，引入前沿发展方式，如文创、休闲、旅游、养生、运动、培训等，给乡村注入新的力量。

家庭形态随社会运转和家庭周期的不同而不同，在熟人社会的市场交换圈有人情的关系，有"礼""面子""阶序性"等乡土文化关系。家与亲属关系的文化逻辑和层次性结构是中国乡村社会维系的基本原则，以父子关系为主轴，向外扩展组成血缘群体，地缘群体和业缘群次等次级关系网络。当代

中国乡村社会，家庭在不同环境中的适应问题，已不再是一个被动的过程，常常也会是一个主动调整的过程，即更加有"策略"地来适应新的环境，像不断开大的家庭鞋厂作坊，则是在市场机遇下不断地谋业的典型；家纺企业的家族继承在少子化下，也不断调整企业结构，运营机制，转向职业经理人发展，所以家庭在很多方面，是作为"策略"的家庭从整体上能动地适应社会经济变动的格局。

以村集体（村支部、村委会）为主导的多元经营主体完善村自治体系，根据乡村功能对内外环境的要求，运用多元手段，对乡村各种可经营资源进行市场化、集约化运作，以实现这些资源资本在容量、结构、秩序和功能上的最大化与最优化，从而实现乡村建设投入和产出的良性循环、乡村功能提升、和谐可持续发展。如两村强有力的政策执行力，使得乡村将内部资源与政策机遇结合下，走在乡村建设前列。两村实践也体现出基层政府职能转变，党员干部作风建设。在社会事务向乡村延伸，促进乡村社会治理方面作了探索和创新，形成了不少有效做法；村级组织积极配合上级指示和政策，调动村民参与实践，创新了不少有效载体和富有特色的做法，形成村庄经验；通过多年的基础设施建设、人居环境改造，美丽乡村建设取得显著成效。

2. 夯实经济发展基础，构建经济及组织网络秩序

在传统商会组织和家纺企业组织转型中，经济发展仍需借助中介、平台，不断拓展经济网络。D村集市保留传统民间文化，摊贩经济特色的同时，也需以集市为载体，拓展交易网络，增加营收路径；M村家纺企业需要在集聚生产和园区模式下，继续进行产业升级。在M村，仍多为小规模企业，以家庭成员，亲属成员组成，以及雇佣外来务工人员的中小规模企业。青年一代因为求学、外出务工、婚嫁等，逐渐脱离家庭企业组织父传子的家庭企业模式，也在现代市场环境下不断转型。

无论集市还是家纺企业，均需要在现在市场环境下，构建新型经济、网络，形成乡村振兴中强有力的经济发展共同体。D村除传统集市经济形式，可统合村多种经济发展，如家庭作坊，家庭养殖，规模种植等业主，升级

"商会"组织,以组织协调合作,规范经济往来,拓宽内外市场,不断增加业主收入和村集体收入;M村在原有家纺小规模生产基础上,通过政策、资金支持,联合村内部家纺企业之间的经济网络和合作,形成村内经济共同体;同时不断向外拓展业务,巩固村际合作,扩大更广的外部市场。

3. 挖掘传统文化底蕴,强化乡村礼俗性秩序

人的存在是多元关系的集合,而亲属关系的存在是不同个体之间超越边界的"互渗"。传统古集古会具有经济和文化双重属性,家纺业也在多代升级中形成地方特有的经济—社会网络,在集市圈、家庭企业圈等长期交往活动中,也形成或加强了邻里之间的"婚姻圈",人际交往圈。在亲属之间的婚丧嫁娶之事上,人情、随礼成为往来的中介,也以"互惠"的形式,加强了彼此的联系,强化乡村礼俗社会底色。

家庭开门七件事,柴米油盐酱醋茶。在个体家庭生活里,日常生活除了三餐,还包括工作,子女教育,赡养老人,维系人际关系等。家庭同时也是一个文化单位:传统上,在村、镇集体事务上,并不是每一个个体家庭都有机会参与其中。如村务相关的事情,多是村小组组长家庭,村内党员家庭等参与。但当下,在M村、镇组织的一系列乡村振兴活动中,在妇联组织的家庭活动、文艺活动中,每个家庭都有机会参与,且家庭积极性较以往也大大增强。在"最美"家庭的评选中,类别多样,互助家庭、友爱家庭、敬老家庭、党员之家等,给个体家庭提供了更多的参与机会,同时在实践中促进家风乡风文明建设;"共建共享"乡村振兴和发展的成果,让家庭参与到实践中,也是乡村发展的目的。在县镇推进D村的红色文旅建设中,同时推进文化体育、公园广场、农贸市场、物流配送、社区管理等服务设施,配套文体场馆、社区综合服务设施建设,不断推进乡村高质量生活服务。此外,两村在村容村貌整治中,形成示范村,发展乡村,邻村旅游一条线,激励村民长期参与共建共享美丽乡村实践。

总之,乡村社会是集生产与生活,传统与现代,集体与个体,保守与创新于一体的整体。在乡村振兴实践中,就地取材、充分利用内源式资源,将传统要素和新需求相结合,打造不同类型乡村特色。具体实践中坚持因村制

宜，调动乡村多元主体积极性，增强组织性，迎合乡土社会"安居乐业"的心态，激发新活力，又让其参与到文化生活中。乡村社会利用礼俗社会网络，将各部分力量共同凝聚到组织行动中。

余论　探寻乡村治理的可持续性

本书主要研究结论如下：第一，在乡村本土资源（人力、经济、文化和组织等）的利用上，乡村政治精英起着核心领导作用，并与经济、文化精英合作，共同致力于乡村发展。具体实践中，村中政治精英——村支书起领导和带头作用，妇联组织一系列的活动和实践，调动着村民的积极性，同时也和村委一起参与到全面建成小康、乡村振兴的过程中。乡贤文化精英，在无形中发挥辅助性作用，他们一直不是乡村发展的主力，但是不可或缺的力量。第二，乡村社会除了人力资本，在发展的过程中，还应充分挖掘乡村的历史文化、民俗、非遗资源，与现代市场、精神建设和生态秩序重构相结合。将资源、人力和治理问题转化成治理能力，引进新的治理理念和方法，进行细化和深化。第三，行为主体、资源和环境有着各自运行的系统和逻辑。不同行为主体——乡村基层政权、村精英和村民个体三者博弈、合作；传统和当代政治精英，文化精英，经济领军人等相互协调、配合，并在各自领域发挥优势；环境上，乡村社会本土环境，与城市、市场、国家宏观政策环境，建设目标环境等相联，适应和调适。三者在各自运行中实现有序，最后主体、资源与环境又相互交织，形成乡村整体秩序的运转和平衡发展。

整体上，"治理人才""治理能力"和"治理振兴"成为关键词。第一，在乡村治理人培育和建设实践中，乡村党组织、居民自治组织和其他社会组织带头人是第一资源。要抓住人才，促进多元带头人在认知结构、思维方式、工作理念、技能水平、综合素养方面的提升，适应新时代乡村社会治理工作的需要。重点是党员干部，特别是党组织书记队伍的建设和模范带头作用，增强其正能量的感召力。群众是乡村社会治理的主体，充分发挥群众的主体作用至关重要。新时代，首要的是树立以人民为中心的发展理念，以满足人民群众对美好生活和美好生态的需求，倾听群众的意见，了解群众的需求，创新载体、畅通渠道，充分保障人民参与、表达和监督权。第二，乡村社会治理能力建设中，一是传统乡村保留的丰富的本土资源，有重要的再挖掘和利用价值。二是乡村治理与振兴：抓住和利用传统乡土资源，在外部资源机遇下，寻求新的发展机遇——企业；提高基层组织执行力和综合治理能力；加强人力资本建设和利用，乡村能人，精英，新乡贤共同参与到乡村治理中；创造多元治理方法，因地制宜，因村制宜，利用本土资源，发挥特色；最后激发乡村文化活力，治理活力和共建共享活力。第三，在乡村振兴和治理中，要充分发挥政策环境支持和平台等基础性作用，利用传统治理基础，结合信息社会平台建设，提高社会治理社会化、法治化、智能化、专业化水平，实现经济振兴，文化振兴，精神建设和秩序建设。

乡村振兴实践中，不同地域充分利用政策优势，地方资源和发展机遇，实现全面推进。在乡土中国，绿水青山、民房耕地、民俗人文、经营模式、制度创新、乡村品牌等都是乡村资源。在利用发展的基础上，需要注意资源有机配置、高效和可持续利用。D村重点在集市网络和红色文旅开发，但在村治体系建设和乡村生态整体发展上，还需做好长期规划，保持后期发展；镇政府作为乡村社会发展的领军力量，在政策支持和执行中，还需要扩展与外界的联系，将本土的传统、品牌、优势资源推出去，与资金、企业、市场有机融合，同时引入更多的经济发展资本，技术人才等，做好长期规划；M村家纺经济基础扎实，结合现代市场，实现了转型升级，经济发展也为乡村治理现代化，村容整治，文化文明建设提供支持，整体上，M村呈现全面发展之势。在长效持续和振兴持续性上，M村在新型城镇化建设和地域优势下，不断拓展现代企业，"互联网+"产业，继续推进产业振兴，人才振兴。

总的来说，在中西方社会学对社会秩序的关注中，强调国家与社会关系视角下社会分工，变化和秩序重构，关注文化因素对社会影响的同时，更加注重实践中的行为者，启示我们关注社会系统平衡，要兼顾客观环境和主观能动性，从社会整体性视角出发，兼顾国家上层变动对社会系统的调整，地方社会的反应及行动策略，即实践中的个人与社会互动。最后，社会自身不仅要具有应变的主动性，还应具有预防、前瞻性，以减少社会失序与重新达到平衡的反应时间差。在中国"情境"下的社会秩序维系分析中，分"国家-社会"层面和"社会-家庭（个人）"层面。"国家-社会"层面更加关注整体性，宏观性国家政策、经济制度对社会的调整和冲击，社会运用自身的力量进行的回应。不同的研究案例、村庄所反映的地域性的关键要素是不同的，但最核心的离不开乡土中国的"人"。让那里的人感受到，参与和自主自觉是发展的动力，也是发展的落脚点。无论是乡土中国，乡土重建，还是乡村振兴，最终目的都是让当地普通的农人参与到乡村发展中，并共享建设成果。乡村再次成为人们乐道的，温暖的共同体。

参考文献

书籍

[1] BAKER H. *Chinese Familvand Kinship*. Columbia University Press, 1979.

[2] BOURDIEU P. *Outline of a Theory of Practic*. Cambridge University Press, 1977.

[3] CRISSMAN L. *Town and Country: Central-place Theory and Chinese Marketing Systems,with Particular Reference to Southwestern Changhua Hsien,Taiwan*. Unpublished Ph.D Dissertation, Cornell University, 1973.

[4] DIAMOND N.*K'un Shen, A Taiwan village*. New York: Holt, Rinehart and Winston,1969.

[5] GIDDENS A.*The Consequences of Modernity*. Stanford University Press,1990.

[6] HANNERZ U. *Exploring the City: Inquiries After Urban Form*. Columbia University Press, 1992.

[7] KINGSLEY H E,FOTHERINGHAM A S. *Gravity and Spatial Interaction Models*, Beverly Hills: Sage Publications, 1984.

[8] LEACH E.*Social Anthropology*.London: Fontana ,1982.

[9] MALINOWSKI B. *The Sexual Life of Savages*. Harcourt, Brace and World ,1932.

[10] POTTER J M. *Capitalism and the Chinese Peasant:Social and Economic Change in a Chinese Village*. Cambridge University Press,1698.

[11] STEWARD J H. *Theory of Culture Change: The Methodology of Multilinear*

Evolution. University of Illinois Press, 1984.

［12］VENDER PLOEG J D, LONG A. *Born from Within: Practice and Perspectives of Endogenous Rural Development.* Assen:Van Gorcum，1994.

［13］（美）埃里克·沃尔夫：《欧洲与没有历史的人民》，赵丙祥等译，上海世纪出版集团2006年版。

［14］（法）爱弥尔·涂尔干：《涂尔干文集，第二卷，职业伦理与公民道德》，渠东、付德根译，上海人民出版社2001年版。

［15］（英）安东尼·吉登斯：《社会的构成》，李康、李猛译，生活·读书·新知三联书店1998年版。

［16］（法）布迪厄：《实践感》，蒋梓烨译，译林出版社2003年版。

［17］（美）白苏珊：《乡村中国的权力与财富：制度变迁的政治经济学》，郎友兴、方小平译，浙江人民出版社2009年版。

［18］曹锦清、张乐天、陈中亚：《当代浙北乡村的社会文化变迁》，上海远东出版社2001年版。

［19］（美）杜赞奇：《文化、权力与国家：1900—1942年的华北农村》，王福明译，江苏人民出版社2003年版。

［20］范红杰、郁震宏：《重订大麻志》草稿，2008年版，未出版。

［21］范丽珠：《乡土的力量》，上海人民出版社2014年版。

［22］费孝通：《论小城镇及其他》，天津人民出版社1986年版。

［23］费孝通：《江村经济——中国农民的生活》，江苏人民出版社1986年版。

［24］费孝通：《论文化与文化自觉》，群言出版社2007年版。

［25］（美）费正清：《美国与中国》，世界知识出版社2000年版。

［26］（法）弗朗索瓦·佩鲁：《新发展观》，张宁、丰子义译，华夏出版社1987年版。

［27］高丙中、纳日碧力戈：《民俗文化与宗教信仰》，北京大学出版社1997年版。

［28］高丙中：《现代性与民族生活方式的变迁》，天津人民出版社1997年版。

［29］贺雪峰：《乡村的前途》，山东人民出版社2007年版。

［30］（美）黄宗智：《华北的小农经济与社会变迁》，中华书局2000年版。

［31］（美）黄宗智：《长江三角洲小农家庭与乡村发展》，中华书局2000年版。

［32］（美）孔飞力：《中华帝国晚期的叛乱及其敌人：1796—1864年的军事化与社会结构》，中国社会科学出版社1990年版。

［33］（美）克利福德·格尔兹：《文化的解释》，纳日碧力戈等译，上海人民出版社1999年版。

［34］（美）克利福德·格尔兹：《地方性知识：阐释人类学论文集》，王海龙、张家译，中央编译出版社2000年版。

[35]（美）鲁比·沃森：《兄弟并不平等：华南的阶级与亲族关系》，上海译文出版社2008年版。

[36]卢成仁：《道中生活：怒江傈僳人的日常生活与信仰研究》，人民出版社2014年版。

[37]联合国教科文组织：《内源发展战略》，社会科学文献出版社1988年版。

[38]李珂：《集市乡村的再造：一个中国西南村落精英的成长历程》，社会科学文献出版社2012年版。

[39]李培林：《村落的终结：羊城村的故事》，商务印书馆2004年版。

[40]林耀华：《金翼——中国家族制度的社会学研究》，庄孔韶、林宗成译，生活·读书·新知三联书店2008年版。

[41]陆学艺：《内发的村庄》，社会科学文献出版社2001年版。

[42]陆益龙：《农民中国——后乡土社会与新农村建设研究》，中国人民大学出版社2009年版。

[43]麻国庆：《家与中国社会结构》，文物出版社1999年版。

[44]（英）莫里斯·弗里德曼：《中国东南的宗族组织》，刘晓春译，上海人民出版社2000年版。

[45]（英）马林诺夫斯基：《原始的性爱》，王启龙、邓小咏译，中国社会出版社2000年版。

[46]马戎、刘世定、邱泽奇主编：《中国乡镇组织变迁研究》，华夏出版社2000年版。

[47]（美）马歇尔·萨林斯：《石器时代的经济学》，张经纬、郑少雄、张帆译，生活·读书·新知三联书店2009年版。

[48]潘维：《农民与市场：中国基层政权与乡镇企业》，商务印书馆2005年版。

[49]（俄）普列汉诺夫：《普列汉诺夫哲学著作选集（第二卷）》，曹葆华译，生活·读书·新知三联书店1984年版。

[50]（美）乔尔·S.米格代尔：《社会中的国家——国家与社会如何相互改变与相互构成》，李杨、郭一聪译，江苏人民出版社2013年版。

[51]秦晖：《传统十论——本土社会制度、文化及其变革》，复旦大学出版社2013年版。

[52]秦红增：《乡土变迁与重塑——文化农民与民族地区和谐乡村建设研究》，商务印书馆2012年版。

[53]（美）施坚雅：《中国农村的市场和社会结构》，史建云、徐秀丽译，中国社会科学出版社1998年版。

[54]（美）萨林斯：《历史之岛》，芝加哥大学出版社1985年版。

［55］田广、罗康隆：《经济人类学》，宁夏人民出版社2013年版。

［56］田广、周大鸣：《工商人类学》，宁夏人民出版社2012年版。

［57］桐乡市大麻镇人民政府：《浙江省非物质文化遗产普查成果——汇编嘉兴市桐乡市大麻镇卷（第二卷）》2008年版。

［58］（意）维尔弗雷多·帕雷托：《精英的兴衰》，刘北成译，上海人民出版社2003年版。

［59］万红：《中华西南民族市场论》，中国经济出版社2006年版。

［60］吴光芸：《多中心治理：新农村的治理模式》，社会科学文献出版社2008年版。

［61］吴理财：《改革与重建——中国乡镇制度研究》，高等教育出版社2010年版。

［62］吴晓燕：《集市政治交换中的权力与整合》，中国社会科学出版社2008年版。

［63］吴毅：《小镇喧嚣——一个乡镇政治运作的演绎与阐释》，生活·读书·新知三联书店2007年版。

［64］（美）西摩·马丁·李普塞特：《一致与冲突》，张华青译，上海人民出版社1995年版。

［65］熊培云：《一个村庄里的中国》，新星出版社2011年版。

［66］徐勇：《中国农村村民自治》，华中师范大学出版社1997年版。

［67］徐勇：《乡村治理与中国政治》，中国社会科学出版社2003年版。

［68］阎云翔：《礼物的流动：一个中国村庄中的互惠原则与社会网络》，上海人民出版社1999年版。

［69］阎云翔：《私人生活的变革：一个中国村庄里的爱情、家庭与亲密关系1949—1999》，龚小夏译，上海书店出版社2006年版。

［70］杨懋春：《一个中国村庄——山东台头》，张雄、沈炜、秦美珠译，江苏人民出版社2001年版。

［71］杨庆堃：《中国社会中的宗教：宗教的现代社会功能与其历史因素之研究》，上海人民出版社2007年版。

［72］俞可平：《治理和善治》，社会科学文献出版社2000年版。

［73］袁中金：《中国小城镇发展战略》，东南大学出版社2007年版。

［74］赵树凯：《乡镇治理与政府制度化》（修订版），商务印书馆2018年版。

［75］张静：《基层政权：乡村制度诸问题》，浙江人民出版社2000年版。

［76］张银锋：《村庄权威与集体制度的延续：明星村个案研究》，社会科学文献出版社2013年版。

［77］张仲礼：《中国绅士》，上海社会科学出版社1991年版。

［78］折晓叶：《社区的实践："超级村庄"的发展历程》，浙江人民出版社2000年版。

［79］折晓叶：《村庄的再造》，中国社会科学出版社1997年版。

［80］郑杭生、杨敏：《社会互构论：世界眼光下的中国特色社会学理论的新探索——当代中国"个人与社会关系研究"》，中国人民大学出版社2010年版。

［81］郑振满、陈春声：《民间信仰与社会空间》，福建人民出版社2003年版。

［82］周大鸣：《凤凰村的变迁：华南的乡村生活追踪研究》，社会科学文献出版社2006年版。

［83］周泓：《群团与圈层：杨柳青绅商与绅神的社会》，上海人民出版社2008年版。

［84］中共桐乡市委党史研究室：《桐乡特色产业发展》，吴越电子音像出版社2015年版。

［85］庄孔韶：《银翅——中国的地方社会与文化变迁》，生活·读书·新知三联书店2000年版。

［86］庄孔韶：《人类学通论》（第三版），中国人民大学出版社2016年版。

［87］庄英章、林圯埔：《一个台湾市镇的社会经济发展史》，上海人民出版社2000年版。

新闻文章

［1］《关于建立国际经济新秩序的宣言》，联合国，1974年5月1日。

［2］姜亦炜：《新乡贤组织助推乡村振兴》，《中国社会科学报》2018年9月12日，第6版。

［3］李然：《集市：人类学透视社会整合新视野》，《中国社会科学报》2013年4月22日。

［4］《中国共产党第十九次全国代表大会关于〈中国共产党章程（修正案）〉的决议》，《人民日报》2017年10月25日。

［5］《中共中央国务院关于实施乡村振兴战略的意见》，《人民日报》2018年2月5日第1版。

［6］《中共中央关于党的百年奋斗重大成就和历史经验的决议》，新华社，2021年11月18日。

［7］《2020年中央一号文件公布，提出两大重点任务》，新华社，2020年2月5日。

［8］《2021年中央一号文件公布，提出全面推进乡村振兴》，新华社，2021年2月21日。

期刊

[1] HOMMON N P, CARLEY K.Social Network as Normal Science. *Social Network*, 1993.

[2] LITTLE W E. Mayas in the Marketplace: Tourism, Globalization, and Cultural Identity. *Journal of Latin American Anthropology*, 2005.

[3] MARCUS, COOPER C, BARNES M. Gardens in Healthcare Facilities: Uses, Therapeutic Benefits, and Design Recommendations, Martinez. *CA: Center for Health Design*, 1995.

[4] SHERRY J F. Dealers and dealing in a periodic market: informal retailing in ethnographic perspective. *Journal of Retailing*, 1990.

[5] SKINNER W G. Rural Marketing in China: Repression and Revival. *China Quarterly*, 1985.

[6] SMART J. Ethnic entrepreneurship, transmigration, and social integration: An ethnographic study of Chinese restaurant owners in rural Western Canada. *Urban Anthropology,2003*.

[7] SMITH C A. Economics of marketing systems: models from economic geography. *Annual Review of Anthropology,* 1974.

[8] Tong Y, Liu J, Liu S. China is implementing "Garbage Classification" action,*Environmental Pollution,* 2020.

[9] WILLIAMS C C. Why do people use alternative retail places? Some case study evidences from English urban area.*Urban Studies*, 2002.

[10] 安勇:《浅析家规家训在乡风文明建设中的作用》,《经济研究导刊》2018年第17期。

[11] 北京市政府赴日本考察团:《日本东京都垃圾管理经验与启示》,《城市管理与科技》2010年第1期。

[12] 操建华:《乡村振兴视角下农村生活垃圾处理》,《重庆社会科学》2019年第6期。

[13] 曹大明:《萨林斯的学术思想及其源流》,《世界民族》2013年第1期。

[14] 曹海林:《乡村社会变迁中的村落公共空间——以苏北窑村为例考察村庄秩序重构的一项经验研究》,《中国农村观察》2005年第6期。

[15] 陈春阳、林国平:《文化节与闽台民间信仰——以福建东山关帝文化节和湄洲妈祖文化节为中心》,《东南学术》2019年第3期。

［16］陈栋良、郝少云：《异化与重塑：农村人情的变化、逻辑与调适——基于村庄社会结构的视角》，《安徽乡村振兴研究》2023年第5期。

［17］陈潭、刘祖华：《精英博弈、亚瘫痪状态与村庄公共治理》，《管理世界》2004年第10期。

［18］陈兴贵、王美：《文化生态适应与人类社会文化的演进——人类学家斯图尔德的文化变迁理论述评》，《怀化学院学报》2012年第9期。

［19］陈野：《"后城镇化时代"村庄共同体重建的文化路向——以杭州市西湖区骆家庄为个案的研究》，《浙江社会科学》2016年第5期。

［20］陈野：《文化治理功能的浙江样本浅析——以农村文化礼堂为例》，《观察与思考》2017年第4期。

［21］陈云龙：《从"承中有变"到"变中有承"：透过婚礼实践看儒家伦理的地方化运行》，《社会发展研究》2023年第3期。

［22］陈智：《巩固拓展脱贫攻坚成果同乡村振兴有效衔接——论国家治理的"有效"与"长效机制"》，《西部论坛》2022年第6期。

［23］程军：《共性引导与分类推进：新型村庄共同体的重构》，《云南社会科学》2019年第5期。

［24］邓大才：《超越村庄的四种范式方法论视角——以施坚雅、弗里德曼、黄宗智、杜赞奇为例》，《社会科学研究》2010年第2期。

［25］邓大才：《中国乡村治理研究的传统及新的尝试》，《学习与探索》2012年第1期。

［26］邓万春：《内生或内源性发展理论》，《理论月刊》2011年第4期。

［27］狄金华：《中国农村田野研究单位的选择——兼论中国农村研究的分析范式》，《中国农村观察》2009年第6期。

［28］丁礼兵：《从集市看赣鲁两地农村经济历史差异——以改革开放后平原恩城与铅山汪二集市为例》，《上饶师范学院学报》2011年第5期。

［29］杜靖：《关于对话的对话——评周泓〈群团与圈层——杨柳青：绅商与绅神的社会〉》，《中国社会历史评论》2010年第11期。

［30］董运生、张立瑶：《内生性与外生性：乡村社会秩序的疏离与重构》，《学海》2018年第4期。

［31］费孝通：《我看到的中国农村工业化和城市化道路》，《浙江社会科学》1998年第4期。

［32］费孝通、李亦园：《从文化反思到人的自觉——两位人类学家的聚谈》，《战略与管理》1998年第6期。

［33］付翠莲：《乡村振兴视域下新乡贤推进乡村软治理的路径研究》，《求实》2019

年第 4 期。

[34] 高峰：《空间的社会意义：一种社会学的理论探索》，《江海学刊》2007 年第 2 期。

[35] 高涩尘、黄正东：《回归与重塑：农村社区内生式发展模式研究——基于湖北省鄂州市农民意愿的调查》，《现代城市研究》2016 年第 9 期。

[36] 公凤华、王顺冬：《现阶段农村集市的文化功能探析——以鲁南蒙阴为例》，《新西部》（下半月）2007 年第 8 期。

[37] 郭如才：《学习习近平总书记关于全面建成小康社会重要论述》，《学习时报》2021 年 7 月 12 日，第 5 版。

[38] 郭于华：《农村现代化过程中的传统亲缘关系》，《社会学研究》1994 年第 6 期。

[39] 郭于华：《传统亲缘关系与当代农村的经济、社会变革》，《读书》1996 年第 10 期。

[40] 郭月菊：《贸易经济——论社会主义新农村建设进程中的农村集贸市场》，《商场现代化》2008 年第 12 期。

[41] 郭艳军、刘彦随、李裕瑞：《农村内生式发展机理与实证分析——以北京市顺义区北郎中村为例》，《经济地理》2012 年第 9 期。

[42] 郭永园：《理论创新与制度践行：习近平生态法治观论纲》，《探索》2019 年第 4 期。

[43] 郭占恒：《新时代乡贤助力乡村振兴和共同富裕的浙江实践》，《湖州师范学院学报》2023 年第 5 期。

[44] 郭忠华等：《国家如何塑造乡村精英？——关于乡村精英变迁中的国家角色述评》，《上海行政学院学报》2022 年第 1 期。

[45] 韩长赋：《大力推进质量兴农绿色兴农 加快实现农业高质量发展》，《甘肃农业》2018 年第 5 期。

[46] 韩旭东、郑风田、郑淋议：《能人型村干部如何影响村庄新内源式发展：基于全国性村级面板数据的分析》，《中国软科学》2023 年第 6 期。

[47] 韩泽东、李相儒、毕峰等：《我国农村生活垃圾分类收运模式探究——以杭州市为例》，《农业环境科学学报》2019 年第 3 期。

[48] 贺飞：《我国农村社会转型中的精英能动性及其局限》，《湖北大学学报》（哲学社会科学版）2007 年第 2 期。

[49] 贺雪峰、谢丁：《乡村建设的中心是文化建设》，《文史博览》2005 年第 12 期。

[50] 侯爱敏、袁中金、涂志华：《小城镇生态建设面临的问题与对策》，《城市问题》2007 年第 3 期。

［51］奂平清：《农村居民的社会分化及社会整合的政策调适》，《中国人民大学学报》2005年第2期。

［52］黄德林、李媛媛：《武汉市城市生活垃圾处理中存在的问题及改进建议》，《资源与产业》2012年第3期。

［53］黄火明：《传统与变革：乡村集市文化与新农村文化建设的和谐整合》，《山东农业大学学报》（社会科学版）2007年第3期。

［54］黄季焜、刘莹：《农村环境污染情况及影响因素分析——来自全国百村的实证分析》，《管理学报》2010年第11期。

［55］黄华等：《基于内生理论的我国乡村发展模式研究》，《小城镇建设》2021年第3期。

［56］黄祖辉、钱泽森：《做好巩固拓展脱贫攻坚成果同乡村振兴有效衔接》，《南京农业大学学报》（社会科学版）2021年第6期。

［57］黄宗智、李怀印：《中国社会经济史研究的范式及其危机》，《世界经济与政治论坛》1992年第5期。

［58］纪莺莺：《文化、制度与结构：中国社会关系研究》，《社会学研究》2012年第2期。

［59］姜利娜、赵霞：《农村生活垃圾分类治理：模式比较与政策启示——以北京市4个生态涵养区的治理案例为例》，《中国农村观察》2020年第2期。

［60］蒋培：《规训与惩罚：浙中农村生活垃圾分类处理的社会逻辑分析》，《华中农业大学学报》（社会科学版）2019年第3期。

［61］蒋永甫、宁西：《乡村振兴战略：主题转换、动力机制与实践路径——基于文献综述的分析》，《湖北行政学院学报》2018年第3期。

［62］江维国、李立清：《顶层设计与基层实践响应：乡村振兴下的乡村治理创新研究》，《马克思主义与现实》2018年第4期。

［63］康佳宁、王成军、沈政等：《农民对生活垃圾分类处理的意愿与行为差异研究——以浙江省为例》，《资源开发与市场》2018年第12期。

［64］兰林友：《宗族组织与村落政治：同姓不同宗的本土解说》，《广西民族大学学报》（哲学社会科学版）2011年第6期。

［65］蓝万炼：《论乡村工业的未来与农村小城镇的发展阶段》，《经济地理》2001年第6期。

［66］蓝宇蕴：《城中村：村落终结的最后一环》，《中国社会科学院研究生院学报》2001年第6期。

［67］蓝宇蕴：《都市村社共同体——有关农民城市化组织方式与生活方式的个案研究》，《中国社会科学》2005年第2期。

［68］郎友兴：《对"老板型"官员宽容一些》，《人民论坛》2008年第10期。

［69］郎友兴：《政治吸纳与先富群体的政治参与——基于浙江省的调查与思考》，《浙江社会科学》2009年第7期。

［70］李博、杨朔：《乡村振兴中"治理有效"的实践路径与制度创新——基于陕南汉阴县"321"乡村治理模式的分析》，《云南社会科学》2019年第3期。

［71］李春茹、黄君录：《数字治理赋能乡村共同体建设的实践经验及价值指向——基于苏南L村的考察》，《南京农业大学学报》（社会科学版）2024年第1期。

［72］李国庆：《关于中国村落共同体的论战以"戒能—平野论战"为核心》，《社会学研究》2005年第6期。

［73］李涵：《文化理性下的日常生活解读——以马歇尔·萨林斯的文化理论为研究视域》，《云南大学学报》（社会科学版）2017年第4期。

［74］李金成：《社会资本视角下乡村振兴动力探析》，《农村经济与科技》2018年第17期。

［75］李然：《集市：人类学透视社会整合新视野》，《中国社会科学报》，2013年4月22日。

［76］李文钢、张引：《当乡村振兴遭遇发展主义——后发展时代的人类学审思》，《西北民族大学学报》（哲学社会科学版）2018年第6期。

［77］李玉敏、白军飞、王金霞等：《农村居民生活固体垃圾排放及影响因素》，《中国人口·资源与环境》2012年第10期。

［78］李亚平：《贯彻新思路抓住新机遇围绕新要求认真谋划好"十三五"水利发展新蓝图》，《江苏水利》2015年第4期。

［79］李子娟：《国内外集市研究综述》，《科技和产业》2011年第12期。

［80］李志军：《从碎片化到系统化：乡村精英参与新农村建设转型的路径选择》，《渤海大学学报》（哲学社会科学版）2017年第6期。

［81］厉华笑、郭波：《城市土地集约利用的内涵判定及评价指标体系构建》，《长江流域资源与环境》2010年第8期。

［82］梁永佳：《中国农村宗教复兴与"宗教"的中国命运》，《社会》2015年第1期。

［83］林聚任、马光川：《改革开放四十年来的中国村庄的发展与变迁》，《社会发展研究》2018年第2期。

［84］林丽梅、刘振滨、黄森慰等：《农村生活垃圾集中处理的农户认知与行为响应：以治理情境为调节变量》，《生态与农村环境学报》2017年第2期。

［85］刘成斌：《农民经商与市场分化——浙江义乌经验的表达》，《社会学研究》2011年第5期。

［86］刘鹏林：《浙江丝绸文化与旅游融合发展路径探析》，《山东纺织经济》2023年第3期。

［87］刘清华、向盛银、龙克慈：《花被，充访史记忆的老街》，《湖北画报：湖北旅游》2014年第2期。

［88］刘伟：《论乡村环境协同治理的行动者网络及其优化策略》，《学海》2018年第2期。

［89］刘亚秋：《费孝通社会学思想中的主体性研究》，《西南民族大学学报》（人文社科版）2020年第4期。

［90］刘振群：《从历史上看农村集市贸易》，《商业研究》1963年第3期。

［91］刘志刚：《乡村振兴战略背景下重建乡村文明的意义、困境与路径》，《福建论坛》（人文社会科学版）2019年第4期。

［92］龙云、杨燕曦：《非正式制度影响下的农村集市市场主体行为分析》，《湖南商学院学报》2006年第1期。

［93］卢成仁：《社会主义思潮、政治哲学与人类学研究的方法论——重读莫斯的〈礼物〉》，《世界民族》2017年第3期。

［94］卢丛丛：《行政替代自治：乡村振兴背景下乡村建设的实践困境》，《地方治理研究》2022年第2期。

［95］马蓓：《乡村振兴，基层干部是关键》，《人民论坛》2018年第28期。

［96］马荟、庞欣、奚云霄等：《熟人社会、村庄动员与内源式发展——以陕西省袁家村为例》，《中国农村观察》2020年第3期。

［97］马伟华、张亦弛：《生成、建构与维护：兵团老兵屯垦建设记忆的口述史呈现》，《中央民族大学学报》（哲学社会科学版）2023年第1期。

［98］马彦涛：《谁来担负乡村振兴的重任》，《人民论坛》2018年第12期。

［99］毛丹：《中国城市基层社会的型构——1949—1954年居委会档案研究》，《社会学研究》2018年第5期。

［100］毛一敬、刘建平：《乡村文化建设与村落共同体振兴》，《云南民族大学学报》（哲学社会科学版）2021年第3期。

［101］毛佑全：《云南农村集贸市场的经济文化辐射功能及其特征》，《云南财贸学院学报》2005年第1期。

［102］莫艳清：《村庄再造的内驱力：社区精英及其创新——基于城市化背景下W村跨越式发展的观察与阐释》，《浙江社会科学》2014年第12期。

［103］莫艳清：《从保护人到企业家：乡村精英的角色演变及其内在逻辑》，《温州大学学报》（社会科学版）2016年第2期。

［104］慕良泽：《农村集市场域中的政治与市场——基于对甘肃省东部景乡集市的

调查分析》,《地方财政研究》2007年第9期。

[105] 倪云、徐文辉:《杭州市"美丽乡村"庭院景观营造模式研究》,《中国园艺文摘》2013年第5期。

[106] 牛耀红:《在场与互训:微信群与乡村秩序维系——基于一个西部农村的考察》,《新闻界》2017年第8期。

[107] 渠敬东:《职业伦理与公民道德——涂尔干对国家与社会之关系的新构建》,《社会学研究》2014年第4期。

[108] 任放:《施坚雅模式与国际汉学界的中国研究》,《史学理论研究》2006年第2期。

[109] 任姝玮:《把"小盆景"连成"风景"》,《浦东开发》2018年第8期。

[110] 沈世培:《集市贸易在近代社会转型中的作用——以安徽地区为例》,《安徽师范大学学报》(人文社会科学版)2008年第3期。

[111] 盛方富、马回、田水连:《我国乡村发展历程及未来政策走向研究——基于对20个中央"一号文件"的研究》,《农业考古》2019年第1期。

[112] 石峰:《西方人类学汉人民间神灵的解释模式评论——兼对涂尔干宗教社会学理论的再思考》,《世界民族》2010年第3期。

[113] 宋林飞:《经济社会学研究的最新发展》,《江苏社会科学》2000年第1期。

[114] 宋娜:《文化自信视域下红色文化推动乡村文化振兴的价值研究》,《农业经济》2022年第8期。

[115] 孙剑:《农村居民选择超市或集市购买的决定因素与比较——来自全国28个县(市)1308名农村居民的调查》,《中国流通经济》2012年第3期。

[116] 孙健:《乡村振兴与共同富裕耦合机制建设》,《农业经济》2023年第9期。

[117] 谭萌:《集市:民俗学理解日常生活的新视野》,《民俗研究》2022年第1期。

[118] 陶俊:《农村赶集的发展现状与未来发展对策分析》,《湖南农机》2012年第1期。

[119] 田广、张林林:《经济人类学中国本土化路径模式:解读相际经营原理》,《青海民族研究》2014年第4期。

[120] 田广:《企业家研究的人类学模式与路径》,《北方民族大学学报》(哲学社会科学版)2015年第3期。

[121] 田文军:《"文化失调"与"礼俗"重构——梁漱溟论"教化""礼俗""自力"与乡村建设》,《孔子研究》2018年第4期。

[122] 田絮崖:《商业网络、人际交往与信用体系的构建——以中大布匹市场为个案》,《北方民族大学学报》2020年第1期。

[123] 田毅鹏、齐苗苗:《城乡接合部"社会样态"的再探讨》,《山东社会科学》

2014 年第 6 期。

［124］田鹏颖、田菁：《动态演进视角下新时代人民美好生活的新特征、新要义》，《学习论坛》2020 年第 6 期。

［125］王博、朱玉春：《论农民角色分化与乡村振兴战略有效实施——基于政策实施对象、过程和效果的考评视角》，《现代经济探》2018 年第 5 期。

［126］王存：《微信群的社会功能研究》，《湖北成人教育学院学报》2019 年第 3 期。

［127］王露璐：《乡村伦理共同体的重建：从机械结合走向有机团结》，《伦理学研究》2015 年第 3 期。

［128］王铭铭：《小地方与大社会——中国社会人类学的社区方法论》，《民俗研究》1996 年第 4 期。

［129］王文龙：《新乡贤与乡村慈善：资源整合、项目对接与激励机制创新》，《云南民族大学学报》（哲学社会科学版）2020 年第 2 期。

［130］王志刚、黄棋：《内生式发展模式的演进过程——一个跨学科的研究述评》，《教学与研究》2009 年第 3 期。

［131］魏宏运、李金铮：《从 11 村个体农民生产消费看近代中国农村变迁——评侯建新〈农民、市场与社会变迁〉》，《中国经济史研究》2004 年第 3 期。

［132］邬家峰：《乡村治理共同体的网络化重构与乡村治理的数字化转型》，《江苏社会科学》2022 年第 3 期。

［133］吴晶、周膺：《生态美学的衍化：从社会城市到浙江大花园》，《浙江学刊》2020 年第 3 期。

［134］吴克领：《新农村集贸市场化缓慢的原因探析——基于淮安市 W 村的社会学研究》，《安徽农业科学》2008 年第 28 期。

［135］吴理财、夏国锋：《农民的文化生活：兴衰与重建——以安徽省为例》，《中国农村观察》2007 年第 2 期。

［136］吴理财：《个体化趋势带来多重挑战 乡村熟人社会的重构与整合——湖北秭归"幸福村落"社区治理建设模式调研》，《国家治理》2015 年第 11 期。

［137］吴理财、魏久朋、徐琴：《经济、组织与文化：乡村振兴战略的社会基础研究》，《农林经济管理学报》2018 年第 4 期。

［138］吴茂英、张镁琦、王龙杰：《共生视角下乡村新内生式发展的路径与机制——以杭州临安区乡村运营为例》，《自然资源学报》2023 年第 8 期。

［139］吴晓凯：《精准扶贫过程中村庄共同体风险及其治理探索——基于 G 省长村扶贫实践的调查》，《兰州学刊》2020 年第 1 期。

［140］吴亚慧：《妇联组织参与社会治理问题研究述评》，《探求》2018 年第 4 期。

［141］吴莹：《空间变革下的治理策略——"村改居"社区基层治理转型研究》，

《社会学研究》2017 年第 6 期。

［142］吴永明：《振兴乡村文化 激发农村发展的活力》，《农家参谋》2020 年第 4 期。

［143］吴振其、郭诚诚：《从高音喇叭到低声微信群：乡村公共性再生产与社会治理转型——基于一个华北村庄的田野调查》，《中国农村观察》2023 年第 2 期。

［144］肖百灵：《妇联组织在促进妇女参与社会管理中的角色和作用》，《湖南社会科学》2007 年第 6 期。

［145］肖海军：《论我国商会制度的源起、演变与现状》，《北方法学》2007 年第 4 期。

［146］肖国安、陈谦、王文涛：《乡村振兴战略背景下我国农村电商发展路径研究》，《贵州社会科学》2022 年第 10 期。

［147］谢会昌：《乡村文化礼堂内涵建设研究》，《甘肃科技》2016 年第 6 期。

［148］谢立中：《超越个人与社会之间的二元对立——"社会互构论"理论意义浅析》，《社会学研究》2015 年第 5 期。

［149］谢宇：《时空情境视角下的越轨行为及治理》，《广东社会科学》2018 年第 5 期。

［150］徐楠：《温铁军在首届新乡村建设论坛上的讲话，乡村建设的开篇之笔——记晏阳初乡村建设学院首期培训》，《中国改革》（农村版）2004 年第 6 期。

［151］徐顽强、王文彬：《乡村振兴的主体自觉培育：一个尝试性分析框架》，《改革》2018 年第 8 期。

［152］许海兵：《乡村振兴，人才为先》，《人才资源开发》2018 年第 21 期。

［153］许日升、秦耕：《临安"文化礼堂"与农村文化生活重建》，《杭州（我们）》2016 年第 4 期。

［154］许增巍、姚顺波：《社会转型期的乡村公共空间与集体行动——来自河南荥阳农村生活垃圾集中处理农户合作参与行为的考察》，《理论与改革》2016 年第 3 期。

［155］薛玲、苏志国、张淑萍等：《农村生活垃圾四分类法的实验研究》，《中国人口·资源与环境》2016 年第 S2 期。

［156］闫丽娟、孔庆龙：《村庄共同体的终结与乡土重建》，《甘肃社会科学》2017 年第 3 期。

［157］闫宇、汪江华、张玉坤：《新内生式发展理论对我国乡村振兴的启示与拓展研究》，《城市发展研究》2021 年第 7 期。

［158］燕妮：《抗战老兵口述历史资料档案化管理的重要意义研究》，《陕西档案》2023 年第 3 期。

［159］杨海滨：《加强企业科技创新，促进经济转型升级》，《江苏政协》2012 年第 11 期。

［160］杨海晨、吴林隐、王斌：《走向相互在场："国家—社会"关系变迁之仪式性体育管窥——广西南丹黑泥屯"演武活动"的口述历史》，《体育与科学》2017年第3期。

［161］杨善华、侯红蕊：《血缘、姻缘、亲情与利益——现阶段中国农村社会中"差序格局"的"理性化"趋势》，《宁夏社会科学》1999年第6期。

［162］杨善华、刘小京：《近期中国农村家族研究的若干理论问题》，《中国社会科学》2000年第5期。

［163］杨守宝、王全美：《资源再造和内源性机制形成的路径选择——新农村建设的能人视角》，《乡镇经济》2008年第1期。

［164］杨郁、刘彤：《国家权力的再嵌入：乡村振兴背景下村庄共同体再建的一种尝试》，《社会科学研究》2018年第5期。

［165］叶敬忠、张明皓：《豆书龙乡村振兴：谁在谈，谈什么？》，《中国农业大学学报》（社会科学版）2018年第3期。

［166］叶巨、马华：《乡村"微自治"：实践检视与路径建构——基于"治理有效"的分析视角》，《理论与改革》2023年第1期。

［167］叶玲玲：《编纂好村史村志的意义和方法》，《新农村》2023年第11期。

［168］叶诗瑛、汪爱民、褚巍等：《安徽省新农村建设中居民生活垃圾管理对策》，《安徽农学通》2007年第8期。

［169］殷冬水：《20世纪90年代以来中国村民自治实践海外研究的跟踪分析》，《国外理论动态》2014年第10期。

［170］尹成杰：《实施乡村振兴战略要坚持走绿色发展的路》，《农村工作通讯》2018年第2期。

［171］余建杰：《新形势下农民市场主体地位的缺失与确立路径》，《科学社会主义》2011年第6期。

［172］袁祖社：《"治理型发展"的价值逻辑与美好生活实践的中国智慧》，《贵州社会科学》2020年第1期。

［173］张丙宣、华逸婕：《激励结构、内生能力与乡村振兴》，《浙江社会科学》2018年第5期。

［174］张环宙、黄超超、周永广：《内生式发展模式研究综述》，《浙江大学学报》（人文社会科学版）2007年第2期。

［175］张慧：《经济人类学本土研究范式的新转型》，《中央民族大学学报》（哲学社会科学版）2015年第6期。

［176］张慧、舒平、徐良：《基于内生式发展的乡村社区营建模式研究》，《现代城市研究》2017年第9期。

［177］张婧：《支撑与收容——北方农村集市个案研究》，《中国商贸》2009年第5期。

［178］张静、宋志方：《家庭本位与经济-社会网络——对D镇乡村家纺企业的经济人类学分析》，《湖北民族学院学报》（哲学社会科学版）2019年第4期。

［179］张静：《浙江桐乡"并家婚姻"策略的人类学解读》，《广西民族研究》2017年第1期。

［180］张静：《"并家婚"中亲属称谓的人类学解读》，《贵州民族研究》2017年第8期。

［181］张静：《内源性发展理论视角下集市村自发展研究——以山东大村为例》，《生态经济评论》（第七辑），中国社会科学出版社2018年版。

［182］张静：《乡村振兴背景下的乡贤与地方社会治理》，《生态经济评论》（第八辑），中国社会科学出版社2018年版。

［183］张静：《乡村振兴与文化活力——人类学参与观察视角下浙江桐乡M村经验分析》，《中华文化论坛》2018年第4期。

［184］张丽凤、占鹏飞、吕赞：《农村"空心化"环境下的社区建设模式与路径选择》，《农业经济问题》2014年第6期。

［185］张佩国：《近代江南乡村妇女的"财产权"》，《史学月刊》2002年第1期。

［186］张佩国：《私产的发育和共有的习惯——改革以来长江三角洲农民家庭财产关系的实践形态》，《东方论坛（青岛大学学报）》2004年第1期。

［187］张其春：《城镇化进程中农村集市贸易的演变及政策取向分析》，《江西农业大学学报》（社会科学版）2007年第3期。

［188］张齐超：《试论历史与文化的关系——以格尔茨、萨林斯和沃尔夫为例》，《世纪桥》2015年第1期。

［189］张世平：《儒家文化与经济发展——国外研究述评》，《社会学研究》1994年第3期。

［190］张树旺、卢倩婷：《论治理有效的新时代乡村治理体系的塑造——基于广州南村治理创新模式的考察》，《华南理工大学学报》（社会科学版）2018年第4期。

［191］张万朋、张瑛：《乡村振兴背景下教育"扶智扶志"长效机制的构建》，《苏州大学学报》（教育科学版）2023年第1期。

［192］张小军：《象征地权与文化经济——福建阳村的历史地权个案研究》，《中国社会科学》2004年第3期。

［193］张先友：《论新中国党的集市贸易政策的形成和发展》，《湖南经济管理干部学院学报》2005年第1期。

［194］张勇：《"修村史促村治"：推进农村基层治理的创新实践——以东莞市为例》，《南方农村》2017年第6期。

[195]张跃、王晓艳:《少数民族地区集市的文化内涵分析——透视昙华彝族"赶街"》,《思想战线》2010年第6期。

[196]张玥、王新艳、郑振涛等:《浅析"生态文明"视野下济南市生活垃圾源头分类收集》,《山东化工》2013年第8期。

[197]赵霞:《传统乡村文化的秩序危机与价值重建》,《中国农村观察》2011年第3期。

[198]赵晓峰:《认识乡村中国:农村社会学调查研究的理想与现实》,《中国农村观察》2021年第3期。

[199]赵旭东:《从社会转型到文化转型——当代中国社会的特征及其转化》,《中山大学学报》(哲学社会科学版)2013年第3期。

[200]赵旭东:《微信民族志时代即将来临——人类学家对于文化转型的觉悟》,《探索与争鸣》2017年第5期。

[201]赵旭东、李育珍:《对话的人类学:以费孝通先生与李亦园先生交往为例》,《中南民族大学学报》(人文社会科学版)2018年第5期。

[202]赵旭东:《乡村振兴三部曲——从乡土中国到理想中国小康生活的文化路径追溯》,《社会科学》2020年第5期。

[203]折晓叶、陈婴婴:《产权制度选择中的"结构—主体"关系》,《社会学研究》2000年第5期。

[204]郑瑞涛:《社会转型期农村的非正式公共空间:集市》,《长春市委党校学报》2009年第2期。

[205]朱娅、李明:《乡村振兴的新内源性发展模式探析》,《中共福建省委党校学报》2019年第6期。

[206]竺乾威:《从新公共管理到整体性治理》,《中国行政管理》2008年第10期。

[207]庄孔韶、方静文:《从组织文化到作为文化的组织——一支人类学研究团队的学理线索》,《浙江大学学报》(人文社会科学版)2012年第5期。

[208]庄孔韶、张静:《"并家婚"家庭策略的"双系"实践》,《贵州民族研究》2019年第3期。

[209]庄孔韶:《过化、权力、采借与情感——中国汉人社会多点研究归纳》,《中南民族大学学报》(人文社会科学版)2020年第3期。

学位论文

[1] 陈晓艺:《文化礼堂建设对乡村社会秩序重构的意义研究》,浙江工商大学,2015年。

[2] 程素:《岳阳市民间商会参与地方治理的制度研究》,湖南大学,2018年。

[3] 郭彩云:《农村民间组织与乡村治理研究》,中央民族大学,2012年。

[4] 何煦:《村落还是共同体吗?》,复旦大学,2016年。

[5] 刘悦萍:《乡村集市与民俗生活的互动关系——以河北新城县集市例》,西北民族大学,2003年。

[6] 倪云:《美丽乡村建设背景下杭州地区乡村庭院景观设计研究》,浙江农林大学,2013年。

[7] 彭彤:《能人治村与村级治理问题研究》,山东大学,2009年。

[8] 唐永:《善治视角下乡村内源性治理资源开发与运用》,浙江师范大学,2017年。

[9] 武晋维:《吉登斯结构化理论研究》,山西大学,2012年。

[10] 谢元:《基于行动者网络理论视角下的村支书乡村治理研究》,南京大学,2018年。

[11] 徐敏:《乡村治理转型视角下新农村社区治理研究》,山东大学,2013年。

[12] 许增巍:《农村生活垃圾集中处理农户合作行为研究》,西北农林科技大学,2016年。

[13] 杨志新:《乡村集市与社区民俗生活——以宁夏灵武市崇兴镇集市为例》,西北民族大学,2004年。

[14] 张成林:《信息化视角下的农村社区建设和治理研究》,苏州大学,2012年。

[15] 赵春晓:《农村老太念佛的实证研究》,浙江师范大学,2011年。

[16] 赵明:《定位与功能:转型期中国妇联组织角色研究》,武汉大学,2009年。

[17] 赵霞:《乡村文化的秩序转型与价值重建》,河北师范大学,2012年。

[18] 周朗生:《寻求秩序》,吉林大学,2006年。

附　录

一、D村书记访谈小记

2013年12月25日中午，我随D村田野介绍人，高中同学DLJ及她父亲DGF访谈前村书记崔书记（CXN）。印象深刻的是，在访谈到村文化发展时，书记热情地介绍村里编纂了村志，并走到里屋拿出仅剩的2本村志送给了我们。

之后，他向我们详细介绍了D村的历史及发展。"D村在整个宁阳县，历史都算是比较久远的。隋朝建村时，全县只有几十个村庄。姓毕的最早在这里建村，村志上都有记载，叫'大毕村'（大村村原名）。为什么叫这个名呢？以前呢（现在也是），谁有权威，谁面子大，谁说了算，另一个因素是谁家富裕，谁做土。而当时的毕姓一族是大户，家境也好，所以他家威望大，说了算。以前呢，大村和现在的小伯（现在大村村邻村）应该都属于'大毕村'。区分大小是按地域面积，就像南刘庄和北刘庄是按地域方位来区分一样。包括一些人也纠结'大村'的'大'是念da还是dai，我说这个绝对是念da。包括外面过来的人，看见这个字就发愁，到底念什么？按方言就是dai，但普通话标准音是da。为什么？大村的西边是小伯，大村和

崔书记家

小伯的前身就是'大毕村'。就像座位一样,在上座的是东为上,西为下,大村相对于小伯在东边,所以是大的。后来'大毕村'改为大村,小毕村改为小伯村,而不是小伯集,因为它们那边没有集市。这些呢,在一些史料上一般不怎么记载,因为有的传说无法论证,所以就没写,但不写可以说。记得有位山东大学的教授,进来就问,为什么叫这个名呢?凭什么都喊你们'大爷'呢(一些地方大伯的同义词就是大爷),这不是沾人家的光嘛?(笑,我们也在笑,表示认同。)'大毕村'村名从隋朝一直沿用到元朝,而后来之所以改为大村,有一定的原因:这个村的地势,周围全是平原,易于人居,水利条件不旱不涝,适合耕种,所以引来了许多人居住,包括万、彭等姓,现在这些姓有地名,但已经没有人家了。当时谁家打井浇地,这口井就以他家姓氏为名,如'胡家井''赵家林'等。"

除了村历史,他特地介绍了村组织编撰村志的过程。在村志第一页记录了参与编辑的主要人员、村志资助者。相关省领导为村志题词,历史学界的老师对这本村志评价很高,大伯村志也成为山东省一些地方编撰村志的范本。

2013年的第一次与第二次田野调研仅相差半年时间,但村容村貌和乡村规划都有了很大发展和变化;2015年12月的田野访谈,让我认识到新农村建设正走在一条不断实践的道路上。生态文明建设在党的十八大被提出来后,越发受到重视,在新农村建设中转化为实践成果。农村集市在现代商贸和古集古会的融合中欣欣向荣地发展,革命纪念馆和一系列文化基础设施不断建成并对外开放，整齐整洁的村貌，彰显着乡村全面振兴。

二、2017 年春节前走访 M 村小记

M 村是我博士论文写作的田野调查点。2017 年 1 月 25 日（腊月二十八），我入住师妹（田野介绍人）家，在村里过春节，并观察访谈对象。

2017 年 1 月 26 日（腊月二十九）九点半左右，我和师妹按计划先到了村委会，村支部委员 GZQ 和小宋在。GZQ 已做村务工作近 20 年，主管村务多条线，包括会计、纪检、宣传、调解、综治等。小宋是刚到村工作一年的大学生村官，主管文化、医保等。妇女主任青妹有事出去了。他们还是像平常一样忙，小宋是知道我来的，GZQ 不知道，所以表现出一些惊讶，说道："是啊，年前忙到年后了，我还是很忙，忙得家里顾不上了。"

他说着，就拿着一个本子接待来咨询办事的村民，顾不上和我"抱怨、诉苦"了。上午十点多，一般是村委最忙的时候，村民一般在这个时候来办理各种事务。我在村委停留了大概十五分钟，有三位村民来村委办事情。虽然是年前最后一天正式上班，但村委的工作场景和平常相比，并没有显得轻松，反而有些事情更紧密，需要年前处理好。村书记去市里开年终大会，说要下午回来。我和小宋随便聊了一些日常：近期忙不忙啊，平时什么活动，过年这几天怎么值班之类的。接着我们就去镇里和熟悉的几位镇干部打招呼了。

"我在镇里工作这么多年，以前过年确实是单位同事闲谈交流最集中的时候，因为总有那么几天大家都比较空闲。不过近两年来空闲的时日越来越少，也越来越迟了，这其中应该有中央狠抓效能建设，抓作风建设的影响。"镇村基层工作人员感叹着年前工作烦琐，虽然也说着年味淡了，没什么好准备的，但他们也开始"畅想"春节的七天假期……

后　记

　　行文将止,在书稿最后完善阶段,我把自己写好的案例片段发给两个案例村熟悉的访谈人,他们在帮我校对信息是否准确的同时,又不停地给我补充着新材料……

　　所谓"十年磨一剑",2014年暑期和春节前后,我两次到大伯集村——D村调研,借助我的高中好朋友DLJ及她父母的熟人关系、支持,带我到村里走访,先后去了原村书记CXN、乡村教师ZBJ、集市商会会长、回乡创业的大学生、热心村民等人的家中,或白天或黑夜。2024年北方小年前后几天,我又回到D村,补充调研。就在今年五一在家完善书稿休息的片刻,恍然才觉,十年了!我从一开始稍佛系的出版心态,到书稿完善过程中,与访谈人不停地交流,他们带给我的热情、感动中,转变到希望不负众望,竭尽所能,完善拙作。十年磨好第一剑!

　　案例D村是我的家乡,也是我在浙大攻读硕士学位期间选定的毕设调研点,以北方"赶集"文化为切入,讨论村庄的政治、文化和组织网络。从选定主题到入村调研,得到了硕士导师阮云星教授的细心、耐心指导,并从"政治人类学"视角落脚去讨论相关理论。因在浙大硕博连读,硕士论文行文虽完成,但并未答辩和完善,就转向博士阶段的学习。

　　案例M村则是我继续在浙大攻读博士学位期间,在浙北调研时,选定的博士主题的田野村。博士论文是以村子流行的新婚俗——并家婚现象为切入，去讨论该村年轻人及家庭如何突破传统婚俗，去调适婚嫁和生育困境（后续博士论文将出版专著）。驻村调研前后有8个月，对村子的参与观察还是相对深入、详细，我也常随村委会工作人员走在村子的大街小巷，或在村委会下班后自己溜达的小路上，或在去村民家的入户访谈中，观察着与华北自己家乡村子的不同与相同。我常在田野间一个人安静待着时，询问导师关于乡村，关于婚俗，关于村经济、文化等学术关联的问题。

感谢博士导师庄孔韶教授一直以来对我的指导，知识的传授和学术的引导，直到我在去年决定出版硕士论文小作，以及思考如何与博士调研村相结合，从比较视野去讨论时，也常常在开会间歇和每一次见面时，向他提及、请教。2024年3月，随他一起去参加上海大学学术会议时，向他汇报已经敲定出版社，今年要出版这本小作并请他作序支持，庄老师给予了很多肯定，并且对于我能捡起硕士论文，不断追踪调研补充作了鼓励。

记得是在2024年1月26日，我到北京与学苑出版社陈佳编辑详细交流了如何修改之前整理的书稿，调研计划及交稿日期等。陈佳编辑送了我四本学苑出版的和我写作主题相关的新著，这也是我近半年写作、修改文献、排版等工作的重要参考资料。她送了我一本社里出版的新年日历，日历以绿色植物为主题，充满着生命力和希望。

北京行程结束后，我回到济南家中住了一晚，2月1日，父亲开车，妹妹陪同，为了我的书稿完善和出版，我们驱车回老家补充调研。在这之前，我们电话给好朋友DLJ的父母联系好，请求他们提前帮忙联系了村里现任书记GJG，这次主要访谈人和多个案例资料补充人，如村小学原教师DAS，以及需要参观的纪念馆等联系人。这一天是农历十二月二十二，也是北方小年夜前一天。"天公作美"，从济南出城，就是大雪纷飞，很快一路上就是冰雪成块，车子以平均25迈速度前行，路上走一段就能遇到溜车到旁边河沟的车子，以至于平时1个半小时高速到家的路程，我们那天开车用了5个小时。但我们到达DLJ家中，并没有因为下大雪耽误下午安排好的行程，饭后我们与书记见面，在纪念馆内外，他给我们讲解了2个小时；随后DAS老师接受访谈，补充了很多书稿中重要的案例；第二天我们再次体验了小年的"年集"景况。在我的记忆里，我应该高中毕业后就再也没有回老家赶过年集，几乎也没有机会到 D 村赶集等，但小时候对古集古会的记忆却深刻浮起。如同在近期和 DAS 老师聊天，补充古会的场景时，我们作为两代人，却滔滔不绝地聊着各自小时候，随祖辈一起在春会期间，进剧院听戏、吃冰棍的记忆。

春会去"赶会"听戏，是 D 村十里八村老人们一直盼望着的事儿，也是我姥姥盼望着的事儿。今年在春会开办的前一周，她病重，我赶回老家陪着，直到 3 月 17 日葬礼。3 月 19 日春会开始，今年也是剧院继疫情停办后再次开唱，可惜她再也听不到了……以此作为纪念我亲爱的姥姥，村村往来、赶集、听戏的故事，也是她记忆里的美好。2024 年农历三月十九，十里八村的人纷纷到 D 村赶会……

今年的五一，完善书稿，在电脑前工作的五天，平静充实、感动着。校对信息，更新照片，与两个村子的访谈人、熟悉的朋友们微信往来着，在字里行间，我被他们的热情、帮助感动。感谢 D 村及镇长多名村镇干部、工作人员的帮助，我的同学，同学父母，我的老家亲人们，姨家表妹等，为我回村调研做了太多的支持工作，希望他们拿到书时，是满意的，也是高兴的；感谢 M 村，我长期调研的田野村，后续博士专著出版时，也会有大量笔墨再去感谢她们。镇政府、妇联徐主席、村里的沈书记、费大哥（现在的费书记）、高大哥、青妹姐姐、以及每次接我到村子，送我到村民家访谈的小宋，就在今天还帮我更新照片的艳丽，村家纺老板陈大哥，我住在他家的费老师及奶奶，等等众多的访谈人，无论在我住村调研，还是多次返回村子，补充调研、看望他们时，他们都接纳我为村里人，给了我从老一辈人类学书里提到的那种田野中能得到的支持，招待甚至反馈。

感谢我的大朋友何彬老师，给予我书稿修改的建议，以及写作完善中多次的精神食粮；感谢学姐好友王莎莎，帮我介绍了出版社以及给予的出版经验；感谢我的几位可爱的学生麻紫潇、柏星雨、贾甜甜，他们也在劳动节辅助我校对文稿、修改、完善文献。

最后，感谢我最爱的家人。我的父母在我的学业、工作中，一直没有改变过对我的无条件支持，让我能在两个村子安心地调研，在大雪纷飞中，陪我回村访谈，在我写作的深夜里，听我发唠叨的语音，不断给我认可和鼓励；感谢妹妹静雯，她画了本书两案例村的村落简图，放在扉页，她还帮我整理访谈的部分录音、参与书稿美编等。

村子在欣欣向荣发展，愿我们能多回到家乡，多反观田野，彼此关注，共同成长！

张　静

2024 年 5 月 5 日